AF557975

HEINRICH AUGUST WINKLER

NATIONALSTAAT WIDER WILLEN

HEINRICH AUGUST WINKLER

NATIONALSTAAT WIDER WILLEN

Interventionen zur deutschen und europäischen Politik

C.H.BECK

www.chbeck.de
Umschlaggestaltung: Kunst oder Reklame, München
Umschlagabbildung: Die Fahnen der EU, der Ukraine und Deutschlands wehen vor dem Reichstag anlässlich der Rede des ukrainischen Präsidenten Wolodymyr Selenskyi im Bundestag. © picture alliance/dpa, Foto: Bernd von Jutrczenka
Satz: Janß GmbH, Pfungstadt
Druck und Bindung: Druckerei C.H.Beck, Nördlingen
Printed in Germany
ISBN 978 3 406 79110 9

myclimate

klimaneutral produziert
www.chbeck.de/nachhaltig

Für Dörte

INHALT

II. VOM ERBE EINER DIKTATUR

III. STREITFRAGEN DER INNEREN POLITIK

IV. WEGE UND IRRWEGE DER EUROPÄISCHEN EINIGUNG

V. MORAL VERSUS INTERESSE

ANHANG

VORWORT

Die Wiedervereinigung Deutschlands im Jahr 1990 bildet eine tiefe Zäsur nicht nur der deutschen, sondern auch der europäischen Geschichte. In der «alten» Bundesrepublik spürte man den Einschnitt des 3. Oktober 1990 freilich sehr viel weniger als in der ehemaligen DDR. Dramatische Umstellungen erforderten die Umwälzungen der Jahre 1989/90 nur von den Ost-, nicht von den Westdeutschen. Die höchst unterschiedlichen Prägungen der Deutschen in den über vier Jahrzehnten des Ost-West-Konflikts wirken bis heute nach. Nirgendwo zeigt sich das so sehr wie im Bereich der politischen Kultur und hier besonders beim Wahlverhalten. Was für Deutschland gilt, trifft ebenso auf «West» und «Ost» innerhalb der Europäischen Union zu.

Dieser Band enthält einige meiner Interventionen zu Streitfragen der deutschen und der europäischen Politik aus den Jahren 1981 bis 2022. Einige Beiträge dokumentieren auch Positionen, die ich später als irrig erkannt und korrigiert habe. Das gilt sowohl für einige meiner Stellungnahmen zur staatlichen Einheit Deutschlands als auch für solche zur europäischen Integration.

In den achtziger Jahren, in denen ich an der Albert-Ludwigs-Universität in Freiburg im Breisgau lehrte, war ich wie viele Westdeutsche zu der Überzeugung gelangt, dass die Bundesrepublik gut beraten war, wenn sie nicht mehr auf die Wiederherstellung eines souveränen deutschen Nationalstaats drängte, sondern ihre gesamtdeutschen Anstrengungen ganz auf eine Demokratisierung der politischen Verhältnisse in der DDR konzentrierte. Erst einige Wochen nach dem Fall der Berliner Mauer am 9. November 1989 wurde mir klar, dass es keine realistische Alternative zur Verwirklichung der deutschen Einheit in Form eines Bundesstaates in den Grenzen von 1945 gab.

Die Frage nach der Finalität des europäischen Einigungsprozesses beantwortete ich noch 2012 mit einem (durchaus zeittypischen) Bekenntnis zur Weiterentwicklung der Europäischen Union vom Staatenverbund zur Föderation. Wie einige der hier abgedruckten Beiträge zeigen, bin ich in diesem Punkt inzwischen sehr viel skeptischer geworden. Die heutige EU nach dem Vorbild des deutschen Föderalismus organisieren zu wollen widerspricht zutiefst den Wünschen fast aller anderen Mitgliedstaaten. Umso erstaunlicher ist es, dass die für das politische Denken der alten Bundesrepublik so bezeichnende Vision eines europäischen Bundesstaates auch heute noch ihren Niederschlag in quasi offiziellen Verlautbarungen wie Wahlprogrammen bis hin zum Koalitionsvertrag der «Ampelparteien» SPD, Grüne und FDP vom November 2021 findet. Viele altbundesdeutsch geprägte Politiker, Publizisten und Intellektuelle hadern offenbar mehr oder minder unbewusst mit der Tatsache, dass Deutschland seit 1990 wieder ein Nationalstaat ist, die Berliner Republik sich also insoweit weniger von den anderen Mitgliedstaaten der EU unterscheidet als die Bonner Republik. So sehr sich dieses Verhalten aus der katastrophalen Selbstzerstörung des ersten deutschen Nationalstaats in den Jahren 1933 bis 1945 erklären lässt, so wenig entbindet diese Geschichte die Deutschen von der Notwendigkeit, die Wahrnehmung ihrer Nachbarn ernst zu nehmen und sich vor altneuen Sonderwegen zu hüten.

Manche Schwerpunkte des vorliegenden Bandes haben einen autobiografischen Hintergrund. Die Beschäftigung mit der Entwicklung der deutschen Sozialdemokratie hat auch mit der Tatsache zu tun, dass ich seit 1962 Mitglied der SPD bin. Mit meiner Berufung an die Humboldt-Universität zu Berlin im Oktober 1991 hängt zusammen, dass diese Hochschule und diese Stadt im Mittelpunkt einiger Aufsätze stehen. Der größere Kontext ist das Zusammenwachsen des vier Jahrzehnte lang getrennten Deutschland in einem Bundesstaat: ein Prozess, der wiederum unlösbar mit einem neuen Stadium der Vereinigung Europas seit der Epochenwende von 1989/90 verknüpft ist. Gemeinsam ist allen Beiträgen die Frage nach der normativen Grundlage der politischen Entscheidungen, die das Thema des jeweiligen Aufsatzes sind. Im letzten Teil des Bandes, der dem Verhältnis von Interesse und Moral gewidmet ist, tritt dieses Erkenntnisinteresse besonders deutlich hervor. Eines der Themen ist dabei der Streit um die deutsche Russlandpolitik. Mit dem Beginn des russischen Angriffskrieg gegen die Ukraine ist nicht nur dieser Disput in ein neues

Stadium getreten. Der 24. Februar 2022 markiert eine tiefe Zäsur: den definitiven Bruch der Großmacht Russland mit der europäischen Friedensordnung, wie sie sich nach 1990 herausgebildet hat, also das Ende der Nach-Kalte-Kriegs-Ära.

Dass einige Argumente, Zitate und Schlüsselbegriffe wie etwa «postnationale Demokratie» und «postklassischer Nationalstaat» mehrfach auftauchen, liegt in der Natur der Sache. Die Rechtschreibung ist jeweils die der Erstveröffentlichung.

I.

VON DER POSTNATIONALEN DEMOKRATIE ZUM POSTKLASSISCHEN NATIONALSTAAT

1. NATION JA – NATIONALSTAAT NEIN

EINE AUSEINANDERSETZUNG MIT THESEN VON GÜNTER GAUS UND HANS MOMMSEN

Februar 1981

Am 30. Januar 1981, kurz vor seinem Ausscheiden aus dem Amt des Ständigen Vertreters der Bundesrepublik in der DDR, beklagte es Günter Gaus in einem Interview mit der Wochenzeitung «Die Zeit», dass «wir die DDR bei uns innerlich noch nicht anerkannt» hätten, und forderte die Bundesrepublik auf, ihren «bürgerlich-klassenmäßig entstandenen» Nationsbegriff gegenüber der DDR aus dem Verkehr zu ziehen. Gaus erntete massiven Widerspruch, erhielt aber auch viel Zustimmung, unter anderem von dem Bochumer Historiker Hans Mommsen, der in der nächsten Ausgabe der «Zeit» von einem längst im Gang befindlichen Prozess der «Bi-Nationalisierung beider Teile Deutschlands» sprach.

Der folgende Text, der in der «Zeit» vom 13. Februar 1981 erschien, ist meine Erwiderung auf die Thesen von Gaus und Mommsen. Ich bejahe darin den Fortbestand einer deutschen Nation, widerspreche aber der Auffassung, daraus folge notwendigerweise das Staatsziel der Wiederherstellung eines souveränen deutschen Nationalstaates, wie das Deutsche Reich einer gewesen war: ein Plädoyer, das ich mit der überwiegend unheilvollen Rolle der Großmacht Deutschland in der ersten Hälfte des 20. Jahrhunderts begründete. Ein fest in die europäische und atlantische Gemeinschaft eingebundener postklassischer Nationalstaat, wie er 1990 entstand, lag in den 1980er Jahren noch jenseits meines Vorstellungsvermögens.

Das Rezept klingt einfach: Wir erkennen die DDR innerlich an, verzichten ihr gegenüber auf den Begriff der Nation, pflegen ein ausschließlich auf die Bundesrepublik Deutschland bezogenes Gefühl nationaler Identität – und schon ist das deutsche Problem gelöst, das uns ja ohnehin nur von einigen reaktionären Träumern, von den letzten Epigonen der Bismarckschen Reichsgründung, eingeredet wird.

Das ist die Quintessenz dessen, was Hans Mommsen in der ZEIT vom 6. Februar zur Verteidigung des spektakulären Vorschlags von Günter Gaus geschrieben hat, wir sollten erwägen, den Begriff der Nation möglicherweise aus dem Verkehr zu ziehen. Ich melde gegen diese Empfehlung Widerspruch an, und zwar aus den folgenden Gründen:

Erstens: Ich stimme mit Hans Mommsen darin überein, daß für die in zwei Staaten organisierten Reste des Bismarckreiches weder der Begriff «Kulturnation» noch der Begriff «Staatsnation» gilt. Einen einheitlichen deutschen Staat gibt es seit 1945 nicht mehr, und kulturell umfaßt Deutschland ein viel größeres Gebiet als das des Reiches von 1871. Aber wenn denn nach den berühmten Worten von Ernest Renan eine Nation ist, was eine Nation sein will, dann ist die These von der Herausbildung einer bundesdeutschen und einer DDR-Nation überaus fragwürdig.

Daß die Deutschen in der DDR eine Nation für sich sein wollen, widerspricht allem, was wir über ihre Wünsche und Empfindungen wissen. Sie haben am Nationalsozialismus nicht mehr Schuld als die Bundesdeutschen, aber sie tragen an den Folgen des Zweiten Weltkrieges viel schwerer als wir. Da, innerdeutsch gesehen, die Bundesdeutschen die Gewinner von 1945 sind, gibt es hierzulande viel mehr Deutsche, die sich mit dem deutschen Status quo abfinden können, als dort, wo die Verlierer leben: in der DDR.

Zwar spricht Hans Mommsen von «historisch gewachsenen Bindungen zu den Deutschen in der DDR», aber ich bin ziemlich sicher: Wenn wir seinem Argument folgen, die Bundesdeutschen, zumal die jüngeren, fühlten sich längst als Nation und die offizielle Politik solle dem endlich Rechnung tragen, wird von praktischer Solidarität mit den Deutschen in der DDR nicht viel übrig bleiben. Ich bezweifle, ob Mommsens Beobachtungen über das angebliche Nationalbewußtsein der Bundesdeutschen mehr sind als flüchtige Impressionen oder Momentaufnahmen. Ich vermute eher, daß er kollektive Verdrängungen mit der Wirklichkeit verwechselt, und ich befürchte, daß eine Preisgabe des Begriffs «deutsche Nation» durch Bundesregierung und Bundestag gerade das hervorrufen würde, was er vermeiden will; einen neuen deutschen Nationalismus von rechts.

Ein einseitiger Ausstieg aus der deutschen Nation wäre ein Triumph des bundesdeutschen Egoismus. Solange die Kriegsfolgen so ungleich verteilt sind, wie es heute noch immer der Fall ist, solange fehlt den Bundesdeutschen die moralische Legitimation, die nationale Solidarität mit den Deutschen in der DDR aufzukündigen.

Zweitens: Hans Mommsen hat recht mit der These, daß das Zeitalter des souveränen Nationalstaates, in Europa jedenfalls, abgelaufen ist. Das liegt nicht zuletzt daran, daß das Deutsche Reich aller Welt bis zum bitteren Ende vorgeführt hat, was extremer Nationalismus bewirken kann. Nach den Erfahrungen, die Europa in diesem Jahrhundert mit Deutschland gemacht hat, wird es sich mit der Wiederherstellung eines deutschen Reiches, wie immer es genannt werden würde, nicht abfinden – und zwar auch nicht in den Grenzen von 1945. Die Interessen der beiden Weltmächte, der USA und der Sowjetunion, schließen eine solche Restauration ebenfalls aus.

Theoretisch denkbar wäre allenfalls ein staatlicher Zusammenschluß von Bundesrepublik und DDR im Rahmen eines europäischen Bundesstaates – also unter so weitgehenden Souveränitätsverzichten, daß ein vereinigtes Deutschland von niemandem mehr als Gefahr betrachtet würde. Aber selbst wenn beide Staaten dazu bereit wären – von ihren Nachbarn könnten sie schwerlich dasselbe Maß an «Entnationalisierung» verlangen.

Die nationalstaatliche Wiedervereinigung Deutschlands ist also kein realistisches politisches Ziel. Die nationale Solidarität mit den Deutschen in der DDR verlangt von den Bundesdeutschen, daß sie sich einsetzen für Verhältnisse, die es ihren Landsleuten jenseits der Elbe erlauben, ihren Staat *innerlich* zu akzeptieren. Die innerliche Anerkennung der DDR, die Günter Gaus und Hans Mommsen von der Bundesrepublik fordern, kann erst erfolgen, wenn die Deutschen in der DDR uns darin vorausgegangen sind. Dieser Gedanke ist übrigens sinngemäß in den späten fünfziger und den sechziger Jahren auch von prominenten Politikern der Union, darunter Konrad Adenauer und Franz Josef Strauß, geäußert worden.

Drittens: Sollten die Deutschen in der DDR eines Tages ihren Staat ebenso annehmen wie die Bundesdeutschen den ihren, dann – aber auch erst dann – ist das Deutschland von 1870/71 zu einem Stück abgeschlossener Geschichte geworden. Darin wäre Bismarcks «kleindeutsche Lösung» endgültig zu jener Episode geworden, als die sie sich erweisen mag. Der Begriff «Kulturnation» gewänne dann neue Aktualität, und es gäbe keine grundsätzlichen Einwände mehr dagegen, die beiden deutschen Staaten von heute als neue politische Nationen zu begreifen.

Solange das nicht so ist, können und dürfen die Bundesdeutschen sich aus ihrer besonderen nationalen Solidarität mit den Deutschen in der DDR nicht selbst entlassen. Günter Gaus und Hans Mommsen wollen das ja auch gar nicht. Warum dann aber ein Begriffsverzicht, der politisch unweigerlich genau das bewirken würde, was es zu vermeiden gilt: daß die Bundesdeutschen aufhören, sich mitverantwortlich zu fühlen für jene Deutschen, denen die innerstaatliche Freiheit immer noch vorenthalten ist?

2. DIE MAUER WEGDENKEN

WAS DIE BUNDESREPUBLIK FÜR DIE DEMOKRATISIERUNG DER DDR TUN KANN

August 1989

In dem folgenden Text spiegeln sich Eindrücke, die ich im Juni 1989 in Leipzig gewonnen hatte. Anlass der Reise war eine Einladung der Sektion Geschichte der Karl-Marx-Universität Leipzig, dort einen Vortrag zur Geschichte der deutschen Arbeiterbewegung in der Weimarer Republik zu halten. Am 8. Juni sprach ich vor etwa 90 Zuhörern, darunter auch Historikern aus Jena, Greifswald und Berlin, über das Thema «Die Revolution von 1918/19 und das Problem der Kontinuität in der deutschen Geschichte» (abgedruckt in Band 250 der «Historischen Zeitschrift» im Juni 1990). Zu meiner Überraschung stieß meine Kritik an den Thesen des Zentralkomitees der SED zum 70. Jahrestag der Gründung der Kommunistischen Partei Deutschlands kaum auf Kritik, ebenso wenig meine These, die Spaltung der deutschen Arbeiterbewegung im Ersten Weltkrieg sei nicht nur eine Vorbelastung, sondern auch eine Vorbedingung der Weimarer Republik gewesen, und das deshalb, weil die ungespaltene, marxistische Vorkriegs-SPD nicht zu jenem Klassenkompromiss mit den gemäßigten bürgerlichen Kräften bereit gewesen wäre, der die Conditio sine qua non der parlamentarischen Demokratie war.

In den folgenden Diskussionen in kleinerem Kreis drehte sich alles um das Thema «Perestrojka in der DDR», also um eine ostdeutsche Variante einer Reformpolitik à la Gorbatschow. Die anwesenden SED-Intellektuellen ließen keinen Zweifel an ihrer Überzeugung, dass die DDR ein «sozialistischer Staat» bleiben müsse, dass es aber auch Privateigentum und Privatinitiative, eine «sozialistische Marktwirtschaft» und ein echtes Mehrparteiensystem geben solle – freilich unter Beibehaltung einer entleninisierten, am Erbe von Rosa Luxemburg ausgerichteten SED als Einheitspartei der Arbeiterklasse.

Auf diese Gespräche gründete sich meine Hoffnung, eine grundlegende demokratische Erneuerung der DDR sei nun kein Ding der Unmöglichkeit mehr, und damit auch nicht ein sehr viel engeres, vertraglich geregeltes Miteinander der beiden deutschen Staaten. Das Beharren auf der staatlichen Einheit Deutschlands erschien mir hingegen als kontraproduktiv, weil es nur dazu diene, die «Hardliner» um Erich Honecker in ihrem Anti-Reform-Kurs zu bestärken. Die folgenden Monate machten deutlich, was ich dabei ausgeblendet hatte: Die Mehrheit der DDR-Bevölkerung dachte gar nicht daran, sich mit einem «demokratischen Sozialismus» im Sinne der intellektuellen SED-Reformer zufriedenzugeben.

Nicht die staatliche Einheit Deutschlands, sondern die Freiheit der Deutschen in der DDR sollten wir anstreben, weil allein dieses Ziel politisch erreichbar sei: In diesen Appell mündete Theo Sommers Artikel in der *Zeit* vom 9. Juni 1989. Dergleichen möge im nächsten Jahrhundert denkbar werden, konterte Helmut Schmidt drei Wochen später.

Was Schmidt Sommer entgegenhält, sind vorrangig innenpolitische Argumente. Ein Verzicht auf die staatliche Einheit Deutschlands ließe «heute innerhalb der Bundesrepublik zwangsläufig die extreme Rechte erstarken und schürte damit erst recht das Mißtrauen unserer Nachbarn. Die mit dem Verzicht gekoppelte Freiheitsforderung an die heutige DDR-Regierung trifft dort auf taube Ohren – und jedenfalls einstweilen auch in Moskau, weil sie die Sorge vor einer Zersetzung des Warschauer Paktes auslösen muß, zumal sie natürlich auf Zustimmung bei den Bürgern der DDR rechnen kann.» Schmidt mahnt abschließend, wer «Kontroversen unter uns» schüre, der verletze unser ohnehin lädiertes Nationalbewußtsein und rufe die Gefahr eines «Umschlags in extremen Nationalismus» hervor.

Ich widerspreche mit Nachdruck. Der Diskurs über die deutsche Frage ist notwendig, um den deutschen Nationalismus, und nicht nur den extremen, geistig zu überwinden. Dieser Nationalismus hat in die deutsche Katastrophe der Jahre 1933 bis 1945 geführt. Heute wächst der Nationalismus dadurch, daß man ihm Zugeständnisse macht. Eben das tun alle jene, die die deutsche Frage, ob in den Grenzen von 1937 oder

1945, zu einem Werkzeug der bundesdeutschen Innenpolitik machen. Nicht um die Bedürfnisse der Deutschen in der DDR geht es ihnen, sondern um die Bedienung einer deutschnationalen Klientel in der Bundesrepublik. Gleichviel, ob die Gralshüter des deutschen Nationalstaates sich bei Schönhubers «Republikanern», auf dem rechten Flügel der Union oder in der konservativen Publizistik tummeln: Sie sind Nationalisten nicht aus Überzeugung, sondern aus Kalkül. Wenn wir ihnen gestatten würden, darüber zu bestimmen, was in Sachen Deutschland gedacht werden darf, wir hätten vor ihnen bereits kapituliert.

Am Beginn des Nachdenkens über die deutsche Frage muß die Einsicht stehen, daß sich der von Bismarck gegründete deutsche Nationalstaat selbst zerstört hat. Angesichts des ausschlaggebenden Anteils, den Deutschland an der Auslösung beider Weltkriege hatte, wollten die Siegermächte 1945 sich gegen die Gefahr einer Wiederholung ein für allemal absichern. In der Teilung Deutschlands sehen sie bis heute ein Mittel zur Stabilisierung Europas. Ein wiedervereinigtes Deutschland würde, wie Peter Bender in seinem jüngsten Buch «Deutsche Parallelen» mit Recht bemerkt hat, «unweigerlich zur Vormacht Europas» werden. «Und das will auch in zwanzig oder dreißig Jahren noch keiner.»

Weil dem so ist, sollten wir nicht mehr von der Wiedervereinigung Deutschlands reden, sondern etwas für die Freiheit der Deutschen in der DDR tun. Das ist leichter gesagt als getan. Aber ob Perestrojka und Glasnost sich auch in der DDR durchsetzen, das hängt nicht zuletzt von der Politik der Bundesrepublik ab.

Polen und Ungarn, so lautet eine gängige und durchaus zutreffende These, bleiben sie selbst, auch wenn ihr Regime sich radikal ändert. Was aber wird aus der DDR, wenn sie sich grundlegend demokratisiert? Würde sie durch die Preisgabe des «real existierenden Sozialismus» nicht ihre Selbstlegitimation und damit ihre «moralische» Daseinsgrundlage verlieren? Heißt Demokratisierung im Falle der DDR mithin nicht zwangsläufig Anbahnung des Anschlusses an die Bundesrepublik?

So sehen das wohl die Führung der SED und große Teile des Parteiapparates. Aber die Anzeichen mehren sich, daß es innerhalb der Staatspartei auch andere Meinungen gibt. Gorbatschows Anhänger in der SED wissen, daß sich die DDR gegen eine Politik der Perestrojka nicht mehr lange wird abschotten können. Für diese Annahme spricht schon der zunehmend desolate Zustand der Wirtschaft. Zwar ist die DDR ökonomisch immer noch erheblich stärker als Ungarn oder gar Polen, aber ihr relativer Vorsprung geht in dem Maß verloren, wie die Reformländer westliche Wirtschaftshilfe erhalten.

Die kostspielige Subventionierung von Mieten und Nahrungsmitteln treibt den anderen deutschen Staat langsam, aber sicher in den Ruin. Rettung versprechen allein die Einführung der Marktwirtschaft und die systematische Förderung von Privatinitiative. Die DDR kann zu einem solchen System übergehen, ohne aufzuhören, ihrem Selbstverständnis nach ein sozialistischer Staat zu sein. Denn eine Abschaffung des gesellschaftlichen Eigentums an den Produktionsmitteln in den Schlüsselsektoren der Wirtschaft steht auch für die konsequentesten Reformer nicht zur Diskussion.

Ein demokratischer Staat wäre die DDR freilich erst dann, wenn ihre Bürger nebst allen anderen klassischen Grundrechten auch die freie Auswahl zwischen mehreren, voneinander unabhängigen Parteien hätten, wenn also keine Partei mehr, wie Erhard Eppler es in seiner großen Rede zum 17. Juni im Bundestag formuliert hat, ein Monopol auf Macht und Wahrheit beanspruchen würde. Gesetzt den Fall, «Reformsozialisten» in der SED visierten einen solchen Zustand an, so hätten sie eine Veränderung von geradezu revolutionärer Qualität im Sinn. Eine derart demokratisierte DDR würde wohl in höherem Maß sozialistisch sein als das Ungarn und das Polen von morgen, müßte ihnen aber in Sachen Demokratie und Pluralismus nicht nachstehen.

Einstweilen ist das alles nur ein utopisches Kontrastprogramm zur tristen Gegenwart der real existierenden DDR. Aber eine konstruktive Utopie vermag als regulative Idee im Sinne Kants zu wirken. Sie kann sich als handlungsleitende Maxime zur Durchsetzung praktischer Vernunft bei der Lösung der deutschen Frage bewähren. Und nicht nur der deutschen Frage. Denn wenn die SED fortfährt, ihren Staat durch Reformverweigerung zu isolieren, beschwört sie eine explosive Situation herauf, die den Prozeß der Erneuerung in ganz Ostmitteleuropa gefährden müßte. Aus der «Insel der Stabilität», als welche die DDR von ihrer Führung gern stilisiert wird, kann binnen kurzem ein europäischer Krisenherd werden.

Was also müßte die Bundesrepublik zugunsten einer Demokratisierung der Deutschen Demokratischen Republik tun? Der erste notwendige Beitrag wäre der Verzicht auf eine nationalstaatliche Wiedervereinigungs-Rhetorik. Der DDR als Langzeitperspektive ihre Abschaffung vor Augen führen heißt, den Reformblockierern in Ost-Berlin ein Alibi frei Haus liefern. Oder anders gewendet: Wer die DDR als Staat in Frage stellt, befestigt das System, das es zu überwinden gilt.

Zweitens muß die Bundesrepublik im Rahmen des verfassungsrechtlich Möglichen alles tun, um der Gefahr einer Massenflucht aus der DDR entgegenzuwirken. In diesem Zusammenhang wäre auch zu prüfen, ob nicht mehr als bisher dem Verlangen nach einer Respektierung einer besonderen DDR-Staatsbürgerschaft Rechnung getragen werden kann. Änderungen der bundesdeutschen Rechtslage wären aber wohl nur durchsetzbar, wenn die DDR konsequent den Weg der Demokratisierung einschlägt.

Der dritte Beitrag wäre eine großangelegte, gezielte Unterstützung beim Umbau der DDR-Wirtschaft. Aktiv unterstützen kann die Bundesrepublik solche Reformen allerdings nur, wenn sie, ernsthaft in Gang gesetzt, mit einer konsequenten Verwirklichung der Menschen- und Bürgerrechte und insbesondere mit der Perspektive der Freiheit des Reisens für alle Deutschen verknüpft werden. Ohne einen Zeitplan für die Beseitigung von Mauer und Stacheldraht sind ein bundesdeutscher «Marshallplan» zugunsten einer sich reformierenden DDR und die Einbeziehung der DDR in entsprechende Bemühungen der Europäischen Gemeinschaft nicht denkbar.

Die überfällige Demokratisierung der DDR würde dem zweiten deutschen Staat jene innere Legitimität verschaffen, die er bis heute nicht besitzt. Die Bedingung der Möglichkeit einer Demokratisierung der DDR ist jedoch die Beseitigung jener traumatischen, gleichwohl objektiv durchaus begründeten Furcht vor Massenflucht und Destabilisierung, die heute noch durchgreifenden Reformen entgegensteht. Ohne Mitwirkung der Bundesrepublik kann diese Furcht nicht abgebaut werden. Daraus ergibt sich die Notwendigkeit, jetzt die Perspektiven zu entwickeln, die einer Politik der inneren Reformen in der DDR zugute kommen würden.

Eine Politik, die den demokratischen Errungenschaften des Westens in der DDR zur Geltung verhilft, sollte im Westen keine Angst vor «deutschen Sonderwegen» auslösen. Die Sowjetunion Gorbatschows würde eine Demokratisierung des zweiten deutschen Staates, wenn sie nicht Destabilisierung, sondern Stabilisierung bewirkt, begrüßen. Eine Deutsche Demokratische Republik, die diesen Namen verdient, könnte einige ihrer sozialen Errungenschaften ganz anders leuchten lassen als bisher. Von einem solchen, sowohl sozialistischen als auch demokratischen Staat würde vielleicht sogar die Bundesrepublik noch etwas lernen können.

Zwischen der Bundesrepublik und einer demokratisierten DDR wäre ein Maß an Zusammenarbeit und Gemeinsamkeit möglich, das über normale zwischenstaatliche Kooperation hinausgeht. Denkbar wäre ein neuer, umfassender Grundlagenvertrag, der die Beziehungen zwischen beiden deutschen Staaten und vielleicht sogar die Schaffung gemeinsamer, von beiden getragener Einrichtungen regelt. Über diesen neuen Grundlagenvertrag könnten in beiden deutschen Staaten Volksabstimmungen stattfinden, die dem geregelten Neben- und Miteinander eine unbezweifelbare demokratische Legitimation geben würden.

Wie fern das Ziel auch sein mag, es ist höchste Zeit, darauf hinzuarbeiten. Wenn wir eine bessere Lösung der deutschen Frage erreichen wollen, müssen wir uns auch den Kopf der DDR zerbrechen. Den Abriß der Berliner Mauer zu fordern, verlangt keine Gedankenarbeit. Aber die Mauer wird nicht fallen, wenn wir sie nicht zuvor, zusammen mit der DDR, weggedacht haben.

Wer uns weismachen will, die deutsche Frage ließe sich auch ohne Zustimmung unserer Nachbarn lösen, zeigt nur, daß er aus der Geschichte nichts gelernt hat. Wir müssen das deutsche Problem einfügen in die Vision eines Europa, das die Gräben des Kalten Krieges überwindet und zu einem Kontinent der Kooperation zusammenwächst. Es gibt keine realistische Alternative zu dieser Perspektive. Offensiv vertreten wird sie soviel Dynamik entfalten, daß die Wortführer der nationalstaatlichen Restauration am Ende als das dastehen werden, was sie sind: die ideenlosen Anwälte einer Vergangenheit, die sich selbst um ihre Zukunft gebracht hat.

3. DER STAATENBUND ALS BEWÄHRUNGSPROBE

DAS ERREICHBARE MASS AN EINHEIT VERTRÄGT KEINEN AUFSCHUB MEHR

Februar 1990

Auch nach dem welthistorischen Ereignis vom 9. November 1989, dem Fall der Berliner Mauer, blieb ich noch längere Zeit der Überzeugung, dass jede Art von Wiedervereinigungsrhetorik überfällige Reformen in der DDR erschwere, wenn nicht verhindere. Stattdessen befürwortete ich eine längerfristig angelegte Konföderation der beiden deutschen Staaten. Die Zehn-Punkte-Erklärung Helmut Kohls vom 28. November 1989, in der der Bundeskanzler sich zum Ziel der Wiederherstellung der staatlichen Einheit Deutschlands bekannte, erschien mir deshalb, laut Tagebucheintrag, als «Schlag ins Kontor der Vernunft».

Erst Mitte Januar 1990 kam ich aufgrund der anhaltenden inneren Krise der DDR und der weiterhin hohen Zahl von Ostdeutschen, die Tag für Tag in die Bundesrepublik übersiedelten, zu dem Schluss, dass «die bundesstaatliche Perspektive» unvermeidbar geworden sei, «wenn die DDR nicht im Chaos versinken soll». So formulierte ich es am 21. Januar 1990 auf einer vom Historischen Seminar der Universität Freiburg veranstalteten Podiumsdiskussion. Eine deutsche Konföderation erschien mir damals, vor allem wegen der ungeklärten Frage der Bündniszugehörigkeit eines wiedervereinigten Deutschland, als ein notwendiges Durchgangsstadium auf dem Weg zu einem gesamtdeutschen Bundesstaat. In dem folgenden Artikel für die «Süddeutsche Zeitung» lege ich die Gründe für die Korrektur meiner Position in der deutschen Frage dar.

Es gilt, Abschied zu nehmen – Abschied von einem ungeschriebenen Gesetz, das vier Jahrzehnte lang die große Politik bestimmt hat: Die Stabilität Europas beruht auf der Teilung Deutschlands. Gegen dieses Gesetz haben seit den Tagen Konrad Adenauers bundesdeutsche Politiker zwar immer wieder angeredet, aber durch ihre Taten haben sie es zugleich bekräftigt. Seit dem Herbst 1989 gilt dieses Gesetz nicht mehr. Denn wie sollte die Teilung Deutschlands Stabilität bewirken, wo doch inzwischen kaum noch jemand bestreitet, daß ohne Aussicht auf die Vereinigung mit der Bundesrepublik eine Stabilisierung der DDR nicht mehr möglich ist?

Bis zum Herbst 1989 hatte viel dafür gesprochen, der innerstaatlichen Freiheit in der DDR absoluten Vorrang vor der staatlichen Einheit zu geben. Die Wiedervereinigungs-Rhetorik orientierte sich nicht an den Bedürfnissen der Deutschen in der DDR, sondern an den Zwecken der bundesdeutschen Innenpolitik, darunter, ganz obenan, der Bedienung einer deutschnationalen Klientel. Den Widersachern Gorbatschows in Ostberlin kamen die nationalen Beschwörungsformeln aus Bonn durchaus zupaß. Nichts hat dem SED-Staat soviel internationalen Rückhalt verschafft wie die von ihm propagierte Alternative: «Wir oder die Wiedervereinigung». Denn nicht nur die Sowjetunion wollte kein einheitliches Deutschland. Die Furcht, daß dieses Deutschland das europäische Gleichgewicht umstürzen und zur deutschen Vorherrschaft führen könnte, bestimmte die Politik der vier Siegermächte – und es gibt keinen europäischen Staat, wo diese Furcht nicht noch lebendig wäre.

Eine DDR, die 1985, nach der großen Wachablösung in Moskau, auf Reformkurs gegangen wäre, stünde heute vermutlich ganz anders, nämlich sehr viel besser da. Die SED hat diese Chance nicht genutzt, und eine widerspruchsvolle bundesdeutsche Politik hat mancherlei getan, um die Reformblockade zu fördern. Einerseits gab die Bundesrepublik, im Interesse menschlicher Erleichterungen, der DDR eine großzügige Wirtschaftshilfe, die ungewollt das «System Honecker» befestigte. Andererseits schwächte Bonn, indem es die DDR zu einem Staat auf Widerruf erklärte, ebenso ungewollt die Gegenkräfte, deren Zukunftsvision nur die Demokratisierung, nicht aber die Beseitigung der DDR sein konnte.

Heute sind wir mit den katastrophalen Folgen der versäumten Umgestaltung der DDR konfrontiert. Der wirtschaftliche Niedergang hat Ausmaße angenommen, die die düstersten Prognosen noch weit übertreffen.

Die großen Errungenschaften der friedlichen Revolution vom Herbst 1989 – Öffnung der Grenzen, Meinungsfreiheit, freie Wahlen – sind eines. Etwas anderes ist die Stimmungslage der Menschen, die von den Erfahrungen des Alltags geprägt ist. Die Zahl von mehr als 2000 Übersiedlern, die täglich in die Bundesrepublik kommen, ist das deutlichste Symptom der Misere.

Die Mehrheit der Deutschen in der DDR gibt ihrem Staat längerfristig offensichtlich keine Chance mehr. Von einem erneuerten Sozialismus wollen die meisten nichts wissen; nur ein völliger Bruch mit dem System des staatlich bewirtschafteten Mangels erscheint ihnen aussichtsreich. Wenn auf den großen Demonstrationen in Leipzig und Rostock, Dresden und Ostberlin bundesdeutsche Fahnen geschwenkt werden und Sprechchöre ein einiges Deutschland fordern, dann ist das beides: Protest gegen Verhältnisse, die unerträglich geworden sind, und Hoffnung auf Gemeinsamkeit mit den Deutschen im Westen, denen es in den letzten vier Jahrzehnten in jeder Hinsicht soviel besser ging als den Deutschen in der DDR.

Heute ist die Aussicht auf staatliche Einheit die einzige Perspektive, die eine Wende zum Besseren verspricht. Wenn wir wollen, daß möglichst viele Menschen in der DDR bleiben und sich dort für den politischen und wirtschaftlichen Neuaufbau engagieren, müssen wir auf die bundesstaatliche Vereinigung der beiden deutschen Staaten hinarbeiten. Wir müssen gleichzeitig Illusionen entgegenwirken und offen aussprechen, daß auf dem Weg zu diesem Ziel noch große Hindernisse zu überwinden sind.

Das erste und massivste Hindernis ist die Tatsache, daß die beiden deutschen Staaten unterschiedlichen Bündnissystemen angehören. *Ein* Vorschlag, dieses Problem zu lösen, scheidet von vornherein aus: die Neutralisierung Deutschlands. Ein neutrales Deutschland wäre für die westlichen Partner der Bundesrepublik nicht annehmbar, weil sich auf diese Weise die geopolitische Balance zu Lasten der USA und zugunsten der Sowjetunion verschieben würde. Auch die Deutschen selbst können, wenn sie nicht von den Wechselfällen der sowjetischen Politik abhängig werden wollen, eine Neutralisierung Deutschlands nicht anstreben. Eine solche Lösung wäre im übrigen ein Rückfall in das Zeitalter der Nationalstaaten, und damit ein Schritt in die falsche Richtung.

Ähnlich illusionär wäre die Forderung, das Gebiet der NATO bis zur polnischen Westgrenze auszudehnen. Die Sowjetunion muß, wenn sie als Großmacht nicht definitiv abdanken will, ein solches Ansinnen zurückweisen. Ganz ungewiß ist im Augenblick, ob Moskau bei den bevorstehenden Verhandlungen der beiden deutschen Staaten mit den vier Siegermächten des Zweiten Weltkrieges die Mitgliedschaft eines vereinten Deutschland im atlantischen Bündnis vorläufig hinnimmt, sofern das NATO-Gebiet auf das Territorium der heutigen Bundesrepublik beschränkt bleibt. Aber eine dauerhafte Lösung des Sicherheitsproblems wäre auch das nicht.

Dauerhaften Bestand kann nur eine Konstruktion haben, die den Gegensatz zwischen Ost und West aufhebt. Wenn die Wiener Verhandlungen über konventionelle Abrüstung zum Erfolg führen, und die Zeichen dafür stehen günstig, wird sich das Verhältnis der beiden Militärblöcke zueinander grundlegend ändern. Der eine, der Warschauer Pakt, ist bereits dabei, sich in seiner bisherigen Form als Militärorganisation aufzulösen. Daß die NATO hiervon unberührt bleibt, ist unwahrscheinlich. Es gibt jedoch Aufgaben, für die die beiden Bündnisse noch gebraucht werden. NATO und Warschauer Pakt werden sich künftig verstärkt um politische Aufgaben, um Rüstungskontrolle und Abrüstung kümmern. An die Stelle der Sicherheit vor- und gegeneinander wird die Organisation einer gemeinsamen Sicherheit treten. Am Ende dieses Prozesses können die beiden Allianzen in einem gemeinsamen europäischen Sicherheitssystem aufgehen, in das sowohl die Sowjetunion als auch die USA und Kanada eingebunden sind. In dieser neuen Friedensordnung würde auch ein geeintes Deutschland seinen Platz finden.

Das zweite Hindernis, das der staatlichen Einheit Deutschlands entgegensteht, sind Ängste unserer Nachbarn. Die Erinnerung, daß der deutsche Nationalstaat, das 1871 gegründete Deutsche Reich, in dem knappen Dreivierteljahrhundert seiner Existenz zweimal, 1914 und 1939, versucht hat, Europa seiner Hegemonie zu unterwerfen, ist noch überall lebendig. Einen dritten Anlauf in dieser Richtung zu verhindern, war nach 1945 ein gemeinsames Interesse der Siegermächte. Gewiß glaubt heute kaum noch jemand, daß ein geeintes Deutschland Europa und die Welt in einen neuen Krieg stürzen würde. Aber allein die Tatsache, daß ein einheitliches Deutschland mit 80 Millionen Einwohnern der bei weitem volkreichste und wirtschaftlich mächtigste Staat Europas westlich des Bug wäre, reicht aus, Furcht vor einer deutschen Hegemonie zu wecken. Das ist der Grund, weshalb das Stichwort «Wiedervereinigung» unsere Nachbarn, und nicht nur die unmittelbaren, beunruhigt.

Wir tun gut daran, Besorgnisse ernst zu nehmen, die auf das Konto unserer Geschichte gehen – einer Geschichte, die gerade jetzt nicht ad acta gelegt werden kann, sondern die es in einer neuen, deutsch-deutschen Anstrengung aufzuarbeiten gilt. Ein wichtiger Beitrag zur Überwindung europäischer Besorgnisse wäre es gewiß, wenn Bundestag und freigewählte Volkskammer gemeinsam erklären würden, daß die Oder-Neiße-Grenze nach deutschem Willen die endgültige Westgrenze Polens ist. Aber wir müssen mehr tun. Es ist unser ureigenstes Interesse, mitzuwirken an der Entwicklung eines geeinten Europa, in dem kein Staat mehr den anderen dominieren kann. Der souveräne deutsche Nationalstaat ist an sich selbst gescheitert und nicht wiederherstellbar. Eine Vereinigung der beiden deutschen Staaten kann sich nur im Einvernehmen mit unseren Nachbarn und im Zuge des Zusammenwachsens der getrennten Teile Europas vollziehen – oder es wird diese Vereinigung nicht geben.

Der Weg zur bundesstaatlichen Einheit wird selbst dann noch einige Zeit in Anspruch nehmen, wenn sich die Sowjetunion in der Frage der Bündniszugehörigkeit ausgesprochen konziliant verhält und wenn eine Konferenz aller am Helsinki-Prozeß beteiligten Staaten einer Vereinigung der beiden deutschen Republiken grundsätzlich zustimmt. So lange können aber die Deutschen in der DDR nicht warten. Deshalb kommt es darauf an, eine Übergangslösung vorzubereiten, die sich schon kurz nach den Volkskammerwahlen vom 18. März verwirklichen läßt: eine deutsche Konföderation.

Einem deutschen Staatenbund, dessen gemeinsame Einrichtungen ihren Sitz in beiden Teilen Berlins haben würden, steht nicht im Wege, daß beide deutsche Staaten unterschiedlichen Bündnissen angehören. Eine deutsche Konföderation wäre das politische Dach, dessen auch eine Währungsunion zwischen Bundesrepublik und DDR bedarf. Eine Konföderation mit paritätisch besetzten Kommissionen und einem ebenfalls paritätischen Parlamentarischen Rat könnte sicherstellen, daß die Deutschen in der DDR von der wirtschaftlich so viel mächtigeren Bundesrepublik nicht «überfahren» werden. Eine Konföderation böte den Deutschen in der DDR in einer Zeit historischer Weichenstellungen jenen Majorisierungsschutz, auf den sie einen moralisch begründeten Anspruch haben.

Auch außenpolitisch spricht alles für das Durchgangsstadium einer Konföderation. Ein deutscher Staatenbund kann Besorgnisse abbauen, daß mehr Gemeinsamkeit zwischen Bundesrepublik und DDR zu Lasten Europas gehen müsse. Er kann die deutsche Position bei den Verhandlungen mit den «Großen Vier» verstärken und aktiv an der Herstellung einer europäischen Friedensordnung mitwirken. Er kann zu einem Motor der politischen Einigung Europas von Polen bis Portugal werden. Die deutsche Konföderation als europäische Bewährungsprobe der Deutschen: Das ist eine Herausforderung, der wir uns stellen sollten.

4. DEUTSCHLANDS ZWEITE CHANCE

ZUR HISTORISCHEN BEDEUTUNG DES 3. OKTOBER 1990

Oktober 1990

Das schwierigste Hindernis auf dem Weg zur deutschen Einheit, die ungeklärte Frage der Bündniszugehörigkeit eines wiedervereinigten Deutschland, räumte Michail Gorbatschow, der Generalsekretär der Kommunistischen Partei der Sowjetunion, aus dem Weg, als er sich in einem Gespräch mit dem amerikanischen Präsidenten George H. W. Bush in Washington am 31. Mai 1990 damit einverstanden erklärte, dass das vereinte Deutschland selbst darüber entscheiden müsse, welchem Bündnis es angehören wolle. Das Ergebnis intensiver internationaler und deutsch-deutscher Verhandlungen war der Beitritt der DDR zur Bundesrepublik Deutschland am 3. Oktober 1990. Diesem Ereignis ist der folgende Beitrag gewidmet.

Selten sind innerhalb so kurzer Zeit so viele Vorhersagen so gründlich widerlegt worden wie in den letzten beiden Jahren. Noch im Sommer 1989 ging alle Welt davon aus, daß es auf unabsehbare Zeit zwei deutsche Staaten geben würde. Als unverbesserlicher Optimist galt, wer der DDR die Prognose stellte, auch sie werde nicht mehr lange an grundlegenden politischen und wirtschaftlichen Reformen vorbeikommen. Die Behauptung aber, innerhalb eines Jahres werde sich eine demokratische DDR mit der Bundesrepublik zu einem Staat vereinigen, wäre auch noch Anfang Oktober 1989 als Ausgeburt eines aberwitzigen Wunschdenkens verlacht worden.

Daß der 3. Oktober 1990 als Tag der deutschen Einheit in die Geschichtsbücher eingehen wird, ist in der Tat nicht das Ergebnis einer langfristig angelegten Bonner Wiedervereinigungspolitik. Wer hierzulande in den letzten Jahren die staatliche Wiedervereinigung Deutschlands beschwor, dachte im Zweifelsfall eher an den Gefühlshaushalt eines konservativen Wählerspektrums in der Bundesrepublik als an die «Brüder und Schwestern» in der DDR. In der politischen Praxis hatte jedenfalls seit den Tagen Konrad Adenauers die Westintegration der Bundesrepublik Vorrang vor dem Ziel der deutschen Einheit.

Der Preis, um den eine Wiedervereinigung allenfalls zu haben gewesen wäre, erschien dem ersten Bundeskanzler aus guten Gründen zu hoch: Eine Neutralisierung Deutschlands hätte Europa in das Zeitalter der nationalen Rivalitäten zurückgeworfen und das Gleichgewicht der Kräfte zugunsten der Sowjetunion verschoben. Ein isoliertes Deutschland wäre, schon wegen des damals noch längst nicht bewältigten Verlusts der Ostgebiete, vor nationalistischen Versuchungen mitnichten gefeit gewesen. Eine solche Perspektive war nicht nur für Adenauer erschreckend, sondern erst recht für alle Nachbarn Deutschlands. Mag sein, daß Adenauer die deutschen Ereignisse von 1990 mit dem berühmten Satz kommentiert hätte: «Die Situation ist da.» Tatsächlich ist die deutsche Vereinigung, die sich jetzt vollzieht, die Lösung der deutschen Frage, die er für die einzig annehmbare hielt: die feste Anbindung Deutschlands an den Westen. Aber möglich wurde diese Lösung erst durch die Ostpolitik seiner sozialdemokratischen Nachfolger. Die SPD, die sich während der Kanzlerschaft des überzeugten Europäers Adenauer als Wiedervereinigungspartei profiliert und damit den nationalen Part in der bundesdeutschen Politik übernommen hatte, zog nach dem Bau der Berliner Mauer im Jahre 1961 die Konsequenzen aus der Tatsache, daß die Spaltung Deutschlands im Zeichen der «Politik der Stärke» immer tiefer geworden war. Mit dem ersten Berliner Passierscheinabkommen von 1963 begann jene Neuorientierung der deutschen Politik, die in den Ostverträgen der Regierung Brandt-Scheel gipfelte. Die Anerkennung der Nachkriegsrealitäten im östlichen Mitteleuropa, einschließlich der staatlichen Existenz der DDR, hat jenen Wandel in Gang gesetzt, dessen Höhepunkt die friedlichen Revolutionen des Jahres 1989 bildeten.

Der Ruf nach der staatlichen Einheit Deutschlands hingegen hat den Wandel in der DDR nicht beschleunigt, sondern eher gebremst. Denn das wirkungsvollste Argument, das Honeckers SED zugunsten ihrer Reformblockade vorbringen konnte, war die Alternative: «Wir oder die Wiedervereinigung». Die Liquidation der DDR als Endstation einer Politik der Umgestaltung: Das konnte auch Gorbatschow nicht wünschen, und deswegen übte Moskau bis zum Herbst 1989 keinen Druck aus, um der Perestrojka zwischen Elbe und Oder zum Durchbruch zu verhelfen. An der Nahtstelle der beiden Militärblöcke hatte äußere Stabilität Vorrang vor innerem Wandel.

Doch nicht nur die Sowjetunion ließ sich von diesem Grundsatz leiten. Die ganze Nachkriegszeit über galt das ungeschriebene Gesetz, daß der Friede in Europa auf dem Gleichgewicht der Weltmächte und dieses auf der Teilung Deutschlands beruhe. An dieses Gesetz hielten sich alle Bündnispartner der Bundesrepublik und im Grunde auch diese selbst. Solange das so war, bestand realistische Deutschlandpolitik vor allem darin, die Folgen der Teilung erträglicher zu machen.

Freilich ging das nur in Zusammenarbeit mit der Führung in Ost-Berlin, die durch eben diese Politik gestützt wurde. Auf eine Demokratisierung der DDR zu drängen, kam unter diesen Umständen fast einer Quadratur des Kreises gleich. Und doch war es die einzige Perspektive, die den Realitäten Rechnung trug und zugleich in die Zukunft wies.

Der Zusammenbruch der SED-Herrschaft begann in dem Augenblick, als aller Welt und damit auch der Sowjetunion klar wurde, daß dieses Regime keinerlei Stabilität mehr verbürgt. Die Massenflucht über die bundesdeutschen Botschaften in Warschau und Prag und über die ungarisch-österreichische Grenze markiert den historischen Wendepunkt: Für die völlige Einmauerung der DDR und die Unterdrückung der inneren Opposition war das «System Honecker» aus eigener Kraft nicht mehr stark genug. Die Sowjetunion aber konnte der SED nicht zu Hilfe kommen, ohne den von Gorbatschow eingeleiteten Reformkurs insgesamt zu liquidieren und damit eine Weltkrise auszulösen.

Die sowjetische Nicht-Intervention war die folgenschwerste Intervention Moskaus seit 1945. Der Kreml stellte sich damit der Tatsache, daß die DDR sich in einen internationalen Krisenherd zu verwandeln begann. Eine destabilisierte DDR konnte nicht mehr die geostrategische Funktion erfüllen, die dem zweiten deutschen Staat seit seiner Gründung zugefallen war: Er war das Unterpfand des sowjetischen Anspruchs auf weltpolitische Parität mit den USA. Indem Moskau die DDR freigab, nahm es Abschied vom Kernstück seiner weltpolitischen Bestrebungen und leitete so das definitive Ende der Nachkriegszeit ein. Bis zur Öffnung der Mauer am Abend des 9. November 1989 hatte so gut wie niemand in der DDR die Vereinigung mit der Bundesrepublik gefordert. Wenn die Demonstranten in Leipzig, Dresden und Ost-Berlin «Wir sind das Volk!» riefen, meinten sie das innere Selbstbestimmungsrecht und nicht die deutsche Einheit. Erst seit Mitte November kam ein anderer Sprechchor auf und wurde immer lauter: «Deutschland einig Vaterland».

Die nationale Parole war das Losungswort der bisher schweigenden Mehrheit, nicht das der aktiven, überwiegend intellektuellen Opposition. Die Parole machte Karriere, weil sich in ihr alles bündeln ließ, was die Massen der DDR ausdrücken wollten: ihren Zorn über die Zumutungen des real existierenden Sozialismus, die Absage an einen dritten Weg ins Niemandsland zwischen Kapitalismus und Kommunismus, den Anspruch auf materielle Gleichberechtigung mit den privilegierten Deutschen in der Bundesrepublik. Der Ruf nach staatlicher Einheit war ein Ausdruck der Ungeduld – überraschend für alle, die in den Jahren zuvor an den Deutschen in der DDR vor allem eines irritiert hate: ihre, verglichen etwa mit den Polen, schier grenzenlose Geduld. Dennoch wurde diese Forderung nicht zur Unzeit laut. Nach der Einheit riefen die Deutschen in der DDR erst, als dieser Ruf die neu errungene Freiheit nicht mehr gefährden konnte. Selten haben Massen realpolitischer gehandelt als im Spätjahr 1989 in der DDR.

Die deutsche Einheit wurde möglich, weil Moskau sich entschieden hatte, ihr keine Hindernisse mehr in den Weg zu legen. Sie wurde notwendig, weil die Deutschen in der DDR sie wollten. Sie, die zwischen 1933 und 1945 nicht schuldiger geworden waren als die späteren Bundesdeutschen, waren die eigentlichen Verlierer des Zweiten Weltkrieges. Sie hatten das moralische Recht, eine gerechtere Lösung der «deutschen Frage» zu verlangen. Und was immer früher einmal möglich gewesen sein mag: So wie die Lage sich nach dem Fall der Berliner Mauer entwickelte, konnte diese Lösung nur noch die baldige Vereinigung beider deutscher Staaten sein.

Den Wohlstand in Deutschland gerechter zu verteilen: Dies wird die große innenpolitische Aufgabe der kommenden Jahre sein. Wir haben allen Anlaß, den 3. Oktober 1990 als Tag der deutschen Einheit zu feiern. Aber am 4. Oktober beginnt der gesamtdeutsche Alltag. Dann geht es darum, in der ehemaligen DDR Umwelt und Städte zu sanieren, das Wirtschaftsleben wieder in Gang zu setzen, das Verkehrswesen zu modernisieren. Die Aufgaben sind immens, und sie werden den ehemaligen Bundesbürgern, allen amtlichen Beteuerungen zum Trotz, Opfer abverlangen.

Und es ist noch mehr gefordert, nämlich ein tiefgreifender Bewußtseinswandel. Nach dem 3. Oktober kann nicht alles so bleiben, wie es ist. Das vereinte Deutschland wird nicht nur eine größere, es wird in mancher Hinsicht eine andere Republik sein. Auch manches Bewährte bedarf einer neuen Legitimation. Das gilt selbst für den Bereich der Verfassung.

So berechtigt der Stolz ist, mit dem die Bundesdeutschen auf ihr Grundgesetz blicken, so haben sie doch kein Recht, den Deutschen der ehemaligen DDR eine Diskussion über mögliche Verbesserungen zu verweigern. Und was spräche dagegen, das, worauf sich ein Verfassungskonvent mit Zweidrittelmehrheit verständigt hat, den Entwurf einer gesamtdeutschen Verfassung also, dem Urteil des deutschen Volkes zu unterwerfen? Auch in der Hauptstadtfrage darf nicht westdeutsche Bequemlichkeit Trumpf sein. Das vereinte Deutschland braucht eine Hauptstadt, die das Zusammenwachsen beider Teile des Landes als ihre ureigenste Aufgabe begreift – eine Hauptstadt, die den deutschen Gegensätzen nicht ausweicht, sondern sie aushält, die den Deutschen der ehemaligen DDR das Bewußtsein vermittelt, daß sie der Bundesrepublik nicht einfach «angeschlossen» worden sind, sondern in das neue Deutschland etwas Wichtiges eingebracht haben.

Bonn sollte auch in Zukunft einen Teil der Ministerien beherbergen und eine Art Verwaltungshauptstadt bleiben. Das wäre nicht nur aus praktischen und Kostengründen gut so, sondern auch, weil jeder Zentralismus von Übel ist. Aber die politische Hauptstadt, der Parlaments- und Regierungssitz, kann nur Berlin sein. Deutschland gewinnt durch seine Vereinigung an politischem Gewicht. Die Bundesrepublik war eine größere Mittelmacht; das geeinte Deutschland wird wohl den kleineren Großmächten zugerechnet werden. Das bringt einen Zuwachs an Verantwortung mit sich. Einem Ersuchen der Vereinten Nationen, deutsche

Soldaten zeitweilig dem Befehl der Weltorganisation zu unterstellen, wird sich Deutschland, die entsprechende Änderung des Grundgesetzes vorausgesetzt, nicht entziehen können. Aber es gibt auch Aufgaben, die gewissermaßen vor der Haustür liegen. Innerhalb der Europäischen Gemeinschaft muß sich Deutschland zum Anwalt der neuen Demokratien Ostmitteleuropas machen und damit eine Bringschuld abtragen: Ohne den hartnäckigen Kampf von Solidarność in Polen, ohne das ermutigende Beispiel von Charta 77 in der Tschechoslowakei und die Revolution von oben in Ungarn hätte es 1989 keine «Wende» in der DDR gegeben. Das Zusammenwachsen Deutschlands kann Europa helfen, seine Trennung zu überwinden. Ob sich die deutsche Einigung so auswirkt, hängt vor allem von der künftigen Politik Deutschlands ab.

Das vereinte Deutschland ist, anders als die bisherige Bundesrepublik, ein Nationalstaat, aber keiner der klassischen Art. Es ist von vornherein eingebunden in die Europäische Gemeinschaft und eine atlantische Allianz, die dabei ist, ein neues, kooperatives Verständnis von europäischer Sicherheit zu entwickeln. Diese supranationale Einbindung ist, zusammen mit der von Deutschland akzeptierten Beschränkung seines militärischen Potentials und dem Verzicht auf ABC-Waffen, geradezu eine Vorbedingung seiner Einheit. Das neue Deutschland wird überdies nicht weniger föderalistisch sein als die bisherige Bundesrepublik, und es wird sich auch dort zu einer multikulturellen Gesellschaft entwickeln müssen, wo es dies noch nicht ist: auf dem Gebiet der bisherigen DDR.

Deutschland erhält am 3. Oktober 1990 eine zweite Chance, sich als Demokratie zu bewähren. Die erste Demokratie, die Republik von Weimar, ist in letzter Instanz daran gescheitert, daß es den Deutschen nicht gelang, das Erbe des kaiserlichen Obrigkeitsstaates zu überwinden. Nach dem Zweiten Weltkrieg bekam nur ein Teil der Deutschen eine neue Chance, ein demokratisches Gemeinwesen aufzubauen. Erst jetzt, 57 Jahre nach der Machtübertragung an Hitler, wird ganz Deutschland wieder zu einem demokratischen Staat. Das macht den historischen Rang des 3. Oktober 1990 aus. Es ist eine neue Epoche der deutschen Geschichte, die mit diesem Tag beginnt.

5. HAUPTSTADT BERLIN – EINE UNBEQUEME NOTWENDIGKEIT

Mai 1991

Der Einigungsvertrag zwischen der Bundesrepublik Deutschland und der Deutschen Demokratischen Republik von 1990 erklärte Berlin zur deutschen Hauptstadt, ließ die Frage des Parlaments- und Regierungssitzes aber noch offen. In der ersten Hälfte des Jahres 1991 wurde in den politischen Parteien und in der deutschen Öffentlichkeit heftig über die Alternative «Bonn oder Berlin?» gestritten. In mehreren Zeitungsartikeln, darunter dem nachstehenden aus dem «Mannheimer Morgen», sprach ich mich für Berlin aus. Am 20. Juni 1991 entschieden die Abgeordneten des Deutschen Bundestages mit der knappen Mehrheit von 338 zu 320 Stimmen in diesem Sinne.

Drei Gründe sind es, die mich veranlassen, für Berlin als nicht nur nominelle, sondern als wirkliche Hauptstadt Deutschlands einzutreten.

Erstens: Ein Parlament, das ein feierliches Versprechen bricht, setzt seine Glaubwürdigkeit aufs Spiel. Der Deutsche Bundestag hat sich 1949 zu Berlin als der deutschen Hauptstadt bekannt und diesen Beschluß niemals rückgängig gemacht. Bis 1989 war sich die «politische Klasse» völlig einig: Sollte es zu einer Vereinigung beider deutscher Staaten kommen, konnte nur Berlin die Hauptstadt sein. An diesem Bekenntnis wird erst gedeutelt, seit Anfang 1990 die von kaum jemandem mehr erwartete staatliche Einheit Deutschlands in greifbare Nähe rückte. Mit «Hauptstadt» war stets der Regierungs- und Parlamentssitz gemeint, nicht die Residenz des Bundespräsidenten.

Die künstliche Unterscheidung zwischen Hauptstadt einerseits, Regierungs- und Parlamentssitz andererseits ist ein Trick, erfunden von Leuten, die ihr schlechtes Gewissen beruhigen wollen. Oder noch schärfer ausgedrückt: Wer Regierung, Bundestag und Bundesrat in Bonn behalten und nur das Staatsoberhaupt nach Berlin abschieben will, der versucht, der Bevölkerung Sand in die Augen zu streuen. Mit Recht hat sich Richard von Weizsäcker geweigert, an einem solchen Täuschungsmanöver mitzuwirken.

Zweitens: Alle gesellschaftlichen Machtzentren liegen in der alten Bundesrepublik, keines in den neuen Bundesländern. Der Westen Deutschlands beherbergt die größten Industrieunternehmen und Banken, die Versicherungsgesellschaften und die Hochburgen von «hightech», dazu die meisten Pressekonzerne. Dieses strukturelle Ost-West-Gefälle wird noch auf Jahrzehnte erhalten bleiben. Es wäre ein schlichter Akt der Gerechtigkeit, wenigstens das politische Entscheidungszentrum in den Osten zu verlegen. Damit gäbe es ein bescheidenes Gegengewicht zur realen Machtverteilung im neuen Deutschland: ein Gegengewicht, auf das die Deutschen in der ehemaligen DDR, die viel mehr als die Westdeutschen unter den Folgen des Zweiten Weltkrieges zu leiden hatten, einen Anspruch haben.

Drittens: Die Entscheidung, Parlament und Regierung nach Berlin zu verlegen, würde auf die neuen Bundesländer eine neue Signalwirkung ausüben. Für die Deutschen in Rostock und Dresden, in Cottbus und Magdeburg macht es einen großen Unterschied aus, ob über ihr Geschick im fernen Bonn oder im sehr viel näheren Berlin entschieden wird. Sie könnten sich, läge die tatsächliche Hauptstadt im Osten, mehr als Subjekt und weniger als Objekt der deutschen Politik fühlen.

Je mehr Berlin zum politischen Entscheidungszentrum wird, desto größer auch die Chance, daß sich die verantwortlichen Politiker mit den alltäglichen Sorgen Ostdeutschlands einschließlich Ostberlins vertraut machen. Auch dies wäre ein Beitrag zur Überwindung der fortdauernden Teilung zwischen dem reichen Westen und dem armen Osten Deutschlands. Wirtschaftlich würde die Entscheidung für Berlin einen Wachstumsschub nicht nur für die Hauptstadt, sondern für ihr Umland im weitesten Sinn, also für die Gesamtheit der neuen Bundesländer, bedeuten.

Gegen Berlin als Regierungs- und Parlamentssitz wird vielerlei ins Feld geführt. Da sind einmal die Kosten, wobei die Anhänger Bonns meist gewaltig übertreiben. Für den Umzug der Lobbyisten, Journalisten und

Diplomaten muß schließlich nicht der deutsche Steuerzahler aufkommen. Bonn würde überdies, darin besteht weiterhin Konsens, große Teile des Beamtenapparates, ja ganze Ministerien behalten, also eine Art Verwaltungshauptstadt bleiben. Und daß ein Berlin, das nur nominell den Titel «Hauptstadt» trägt, erst recht gewaltige Summen aus der Bundes- und den Länderkassen benötigen würde, wird meist ebenso verschwiegen wie die Absicht, Bonn für seine Einnahmenverluste auf anderen Gebieten, etwa durch seinen Ausbau zu einem europäischen Wissenschafts- und Kongreßzentrum, zu entschädigen.

Ein anderes Argument der Berlin-Gegner ist die Vergangenheit der ehemaligen preußischen und Reichshauptstadt. Diese Vergangenheit wird oft reichlich vergröbert und verzerrt dargestellt. Berlin sei die Verkörperung des preußischen Militarismus gewesen, heißt es etwa. Aber Berlin war im Kaiserreich eine Hochburg der Linksliberalen und Sozialdemokraten, und nirgendwo hat es 1914 so machtvolle Demonstrationen gegen den Krieg gegeben wie hier. In den zwanziger Jahren stand Berlin für das neue, das republikanische Deutschland, und eben darum war es den Gegnern der Demokratie von Herzen verhaßt.

Während des letzten Bundestagswahlkampfs hat die Bayernpartei in einem Fernsehspot Berlin die «Hauptstadt des Nationalsozialismus und des Kommunismus» genannt. Im Eifer des Gefechts war den wackeren weiß-blauen Patrioten offenbar entfallen, daß die Nationalsozialisten in München, der «Hauptstadt der Bewegung», groß geworden waren, während sie in Berlin bei allen Wahlen, die diesen Namen verdienten, stets sehr viel schlechter abschnitten als im Reichsdurchschnitt. Und was wäre aus der Bundesrepublik und Westeuropa geworden, wenn nicht die Westberliner im Verein mit den westlichen Alliierten dem kommunistischen Herrschaftsanspruch seit den ersten Nachkriegsjahren die Stirn geboten hätten?

Westberlin stand seit den Tagen der Blockade 1948 für die Westbindung des freien Teils von Deutschland – bereits zu einer Zeit also, als es die Bundesrepublik noch gar nicht gab. Von Bonn aus ist in der Folgezeit viel zur Festigung der Westintegration geschehen, aber wo wäre die deutsch-amerikanische Freundschaft häufiger und glaubhafter beschworen worden als in Berlin? Alle freien Menschen, wo immer sie leben mögen, seien

Bürger Berlins, rief im Juni 1963 John F. Kennedy vom Balkon des Schöneberger Rathauses aus, um dann den berühmten Satz hinzuzufügen: «Ich bin ein Berliner.»

Wer die Verlagerung des Regierungs- und Parlamentssitzes nach Berlin als deutsche Absage an den Westen hinstellt, und das tun manche Anhänger der «Bonn-Partei», der hat entweder ein kurzes Gedächtnis oder spekuliert auf die Vergeßlichkeit anderer. Berlin als tatsächliche Hauptstadt: Das bedeutet nicht eine Veröstlichung Deutschlands, sondern ganz im Gegenteil ein Stück Verwestlichung jenes Teils von Deutschland, der erst seit dem Herbst 1989 die Chance erhalten hat, sich der politischen Kultur des demokratischen Westens zu öffnen.

Berlin gefährdet auch nicht, wie man mitunter hören kann, den deutschen Föderalismus. Der deutsche Bundesstaat ist heute so stark, daß er sich eine wirkliche Hauptstadt leisten und vor negativen Wirkungen einer solchen Metropole sehr viel sicherer sein kann als zentralistische Staaten wie Frankreich und England. Wenn Bundestag und Bundesrat, das Bundeskanzleramt und einige Schlüsselministerien, darunter das Auswärtige Amt, vom Rhein an die Spree umziehen, können gleichzeitig einige der in Berlin ansässigen Bundeseinrichtungen an die neuen Länder abgegeben werden. Das neue Deutschland wird, wenn es nur will, nicht weniger dezentral regiert werden als die alte Bundesrepublik. Wer einen «Wasserkopf Berlin» an die Wand malt, betreibt entweder Propaganda oder leidet an einem föderalistischen Minderwertigkeitskomplex.

Bonn ist in vieler Hinsicht die bequemere Hauptstadt – für die Westdeutschen. Aber es geht nicht um westdeutsche Bequemlichkeiten, sondern um gesamtdeutsche Notwendigkeiten. Wer die faktische Hauptstadt am Rhein belassen will, der denkt in den Bahnen der alten, nicht der neuen Bundesrepublik. Die alte Bundesrepublik war ebensowenig das ganze oder das eigentliche Deutschland, wie die Europäische Gemeinschaft das ganze oder eigentliche Europa ist.

Berlin als tatsächliche Hauptstadt eröffnet die Chance, daß aus dem Anschluß der DDR doch noch eine deutsche Vereinigung wird. Ein Parlaments- und Regierungssitz Berlin würde uns täglich vor Augen führen, daß Europa und der Westen nicht an der Elbe enden. In Berlin müssen sich die Deutschen einer Vergangenheit stellen, die sich von Bonn aus leicht verdrängen ließ. Berlin erzwingt die Auseinandersetzung mit den drängenden Problemen der Gegenwart, die in Bonn oft nur verspätet und gefiltert wahrgenommen werden. Berlin bedeutet schließlich ein Ja zu zwei der großen Herausforderungen der Zukunft: dem Zusammenwachsen von zwei deutschen Gesellschaften zu einer einzigen und zu dem Brückenschlag zwischen den beiden Teilen Europas, die nach vier Jahrzehnten der Trennung begonnen haben, sich wieder aufeinander zu zu bewegen.

6. WESTBINDUNG ODER WAS SONST?

EIN SAMMELBAND VERKÜNDET EINE SCHILLERNDE BOTSCHAFT

1994

Seit einiger Zeit sagen die Auguren einen neuen Historikerstreit voraus: eine große Kontroverse über das betont westliche Geschichtsbild, das sich im Verlauf von vier Jahrzehnten in der alten Bundesrepublik herausgeformt hat. Da Deutschland nach den Worten von Lothar de Maizière infolge der Wiedervereinigung östlicher, preußischer und protestantischer geworden ist, liegt eine solche Debatte geradezu in der Luft. Die Umrisse des Diskurses sind mittlerweile zu erkennen: Für die einen bleiben die altbundesdeutsche Öffnung zum Westen und die damit verbundene selbstkritische Geschichtskultur Errungenschaften, die es im vereinten Deutschland zu bewahren gilt. Die anderen halten es für notwendig, dass der neue deutsche Nationalstaat die politische wie die geistige Westbindung hinterfragt und wenn nicht abstreift, so doch lockert.

Die Herausgeber des hier anzuzeigenden, im Propyläen-Verlag erschienenen Bandes «Westbindung. Chancen und Risiken für Deutschland» – *Rainer Zitelmann*, *Karlheinz Weißmann* und *Michael Großheim* – lassen keinen Zweifel daran, wo sie stehen: auf dem zweiten Standpunkt. Das Bekenntnis zur «westlichen Wertegemeinschaft» habe «fast den Charakter einer auf die totalitäre Durchdringung der gesamten Gesellschaft gerichteten politischen Utopie» angenommen, heißt es in der Einleitung. Belegt wird dieses Verdikt mit einer Bemerkung von Jürgen Habermas aus dem Jahr 1989: Der Prozess der kulturellen Verwestlichung werde erst irreversibel, wenn diese die «Mentalität der gesamten Bevölkerung durchdrungen haben wird».

Aus der Sicht der Herausgeber ist das Bekenntnis zum Westen zu einer «neuen politischen Religion» mit den dafür typischen Frageverboten und Tabus geworden. Da es in England und Frankreich ein solches Bekenntnis nicht gebe, handle es sich um ein «spezifisch deutsches Sonderbewusstsein», das im Grunde «die spiegelbildliche Entsprechung jenes älteren ‹Sonderbewusstseins› darstellt, gegen das es sich richtet». Die Kritik an der These vom illiberalen, antiwestlichen deutschen «Sonderweg» ist das *eine* Anliegen der Initiatoren des Sammelbandes. Das *andere* ist die Auslotung der Chancen und Risiken der Westorientierung. Die Chancen werden als offensichtlich bezeichnet und zunächst nicht näher kommentiert. Zu den Risiken rechnen die Herausgeber die «Utopie einer Totalwestintegration Deutschlands in einen europäischen Bundesstaat» und rückblickend auch die von Adenauer eingeleitete Politik der Westintegration, die der Bundesrepublik nicht nur «neue Chancen» geboten, sondern auch «mögliche Wiedervereinigungs-Alternativen in den vier Jahrzehnten vor 1989 torpediert» habe.

Eine Deutungsvorgabe für die Beiträge war das Credo der Herausgeber offenbar nicht. Von der Kritik an Adenauer heißt es in der Einleitung sogar ausdrücklich, dass ihr von manchen Autoren widersprochen werde. Am ausführlichsten tut das *Christian Hacke*, der abschließend urteilt, Adenauers Ideen der Westbindung und der Integration seien auch heute noch gültig. Ähnlich prowestlich äußert sich *Bernd Faulenbach*. Er zitiert zustimmend Habermas' These, die «vorbehaltlose Öffnung der Bundesrepublik gegenüber der politischen Kultur des Westens» sei die große intellektuelle Leistung der Nachkriegszeit. *Eckhard Jesse*, der dasselbe Diktum anführt, kann die Einleitung von Zitelmann, Weißmann und Großheim nicht gekannt haben. Der Autor meint nämlich, Habermas baue einen Popanz auf, wenn er vor der Preisgabe der vorbehaltlosen Öffnung zum Westen warne.

Auch in anderen Bereichen gelangen die Autoren zu Schlussfolgerungen, die einander ausschließen. *Ludwig Watzal* plädiert gegen Maastricht und für den «multikulturellen Nationalstaat», während Tilman Mayer die «multikulturelle Gesellschaft» eine Utopie nennt. *Erwin* und *Ute Scheuch* meinen, der Nationalsozialismus habe «keine tiefen Spuren in der Einstellung der meisten Menschen» hinterlassen. Das verträgt sich kaum mit Watzals Polemik gegen die «Mea-Culpa-Mentalität», die 47 Jahre nach dem Ende des Zweiten Weltkriegs «geradezu anachronistisch» geworden sei.

Eine Reihe von Beiträgen sind gelungene historische Miszellen. Sie passen eher in eine Festschrift als in eine Streitschrift, wie man sie nach der Lektüre der Einleitung erwartet. Ist es ein Ausdruck der «Liberalität» der Herausgeber, dass sie auch solche Texte und manche dezidiert prowestlichen Artikel in den Band aufgenommen haben, oder gibt es einfach nicht genug Autoren, die auf ihrer Linie denken? Einige der Verfasser immerhin werden den Absichten der Herausgeber gerecht und übertreffen deren eigene Aufsätze ganz beträchtlich, was die Radikalität der Aussagen angeht.

Panajotis Kondylis, der laut Kurzbiographie als Privatgelehrter abwechselnd in Athen und Heidelberg lebt, ist zu dieser Gruppe zu zählen. Für den Wahldeutschen aus Hellas ist klar, weshalb sich «die gegenwärtig herrschende negative ‹Sonderweg›-Theorie mit ihrem Dogma von der ‹verspäteten Nation›» in Deutschland nach dem Zweiten Weltkrieg durchsetzen konnte: «nicht infolge einer allmählichen Annahme und Ausarbeitung von Vorstellungen, die die linke oder liberale Intelligenz in der Vergangenheit hier entwickelte, sondern zunächst durch die unvermeidliche Dominanz der Auffassungen, die die Sieger über Wesen und Geschichte der Besiegten hatten».

Kondylis' psychologische Erklärung des Erfolgs der «Sonderwegsthese» ist nicht ohne Raffinesse. Der Autor sieht einen engen Zusammenhang zwischen kollektivem Schuldbekenntnis und kollektivem Wohlstand: «Die ‹einmaligen Verbrechen› wurden ja auf eine wahrhaft einmalige Art und Weise geahndet: Das Verbrechervolk durfte in zunehmendem Maße exportieren, konsumieren und reisen, es durfte aber nicht etwa Atomwaffen besitzen oder weltpolitische Verantwortung tragen.» Ähnlich «materialistisch» ist seine Begründung dafür, dass es eine Vergangenheit gibt, die nicht vergehen will: «In Wirklichkeit wäre die Vergangenheit längst verblasst, wenn das gegenwärtige Deutschland ein mäßig mechanisiertes Agrarland wäre.» Ein solches Land hätte freilich auch nicht die technischen Möglichkeiten gehabt, den Holocaust zu organisieren und durchzuführen – aber das ist nicht Kondylis' Thema.

Auf der Klaviatur des nationalen Ressentiments wissen auch andere Autoren souverän zu spielen. *Eberhard Straub* nennt den Westen «eine Art

Religionsersatz, eine innerweltliche Kirche». Als Mittel zur Entkirchlichung empfiehlt er eine «Historisierung» des Nationalsozialismus. Dazu gehört für Straub die Einsicht, dass «die Verträge von Versailles, Trianon und Saint Germain ‹den Westen› völlig diskreditiert» haben, woraus folgt, dass das Scheitern der Weimarer Demokratie vorrangig auf das Konto des Westens geht. Den Rest besorgten die Umstände. «Nicht die deutsche Geschichte ermöglichte Adolf Hitler, sondern das konkrete Verhalten bei nicht minder konkreten Herausforderungen, die eine Antwort erheischten, entsprechend den zeitlich gegebenen Möglichkeiten … Mit der ‹Historisierung› des Nationalsozialismus würde aber auch der ‹Gründungsmythos› der Bundesrepublik, nämlich der des ‹Westens›, historisiert und relativiert.»

Vergleichsweise schlicht ist die Botschaft des Bonner Politologen *Hans-Helmuth Knütter*, der sich mit «Deutschfeindlichkeit im westlichen Ausland» befasst: «Die einfache Bevölkerung des westlichen Auslands hat ein eher positives, allenfalls gleichgültiges Deutschenbild, das allerdings der Beeinflussung zugänglich ist», erfahren wir. Deutschfeindlichkeit sei eine Sache intellektueller Meinungsführer. «Die politische Manipulation … muss bekämpft werden. Jene Interessenvertreter zu entlarven, denen es darum geht, das Deutschenbild in manipulativer Absicht zu benutzen, um finanzielle Leistungen oder politisches Verhalten mit dem Mittel des psychischen Drucks und des erpresserischen Hinweises auf die deutsche Vergangenheit zu erlangen, ist eine wichtige Aufgabe von Wissenschaft, Politischer Bildung und Publizistik.» Das bedeutet aber keineswegs nur Auslandsarbeit. «Besondere Aufmerksamkeit verdienen jene Deutschen, die bereit sind, die Vorurteile des Auslands zu unterstützen.»

Was immer die Herausgeber bewogen haben mag, diesen Beitrag passieren zu lassen: Er ist nicht der einzige, der sich wie ein Aufguss der nationalkonservativen Geschichtsschreibung der späten vierziger Jahre liest. Wer von dem Sammelband neue Argumente zum langanhaltenden Streit über den «deutschen Sonderweg» erwartet, sieht sich enttäuscht. Die These vom «Sonderweg» wird, der einfacheren Widerlegbarkeit halber, in einer Weise präsentiert, die, gelinde gesagt, nicht dem gegenwärtigen Diskussionsstand entspricht. Nicht «Rückständigkeit» und «Verspätung» als solche machen die «deutsche Abweichung vom Westen» aus, sondern die Widersprüche des deutschen Modernisierungsprozesses – darunter, mit am wichtigsten, die Ungleichzeitigkeit der Demokratisierung des Wahlrechts und des Regierungssystems. An den Autoren des Bandes, die sich gegen die These vom «deutschen Sonderweg» aussprechen, scheint diese Debatte jedoch spurlos vorbeigegangen zu sein.

Ähnlich unbefriedigend ist die Auseinandersetzung mit den Positionen der «Sonderwegshistoriker» in der Diskussion über die nationale Frage nach 1945. Da ich in diesem Zusammenhang mehrfach persönlich angesprochen werde (von Jesse, Weißmann und *Ansgar Graw*), möchte ich auch persönlich antworten. Wie die meisten Historiker, die der sozialliberalen Richtung zugerechnet werden, habe ich an die Wiederherstellung eines souveränen deutschen Nationalstaates nicht mehr geglaubt und einer Wiedervereinigungsrhetorik widersprochen, die vorwiegend innenpolitischen Zwecken diente, also taktisch gemeint war.

Mein wiederholter Hinweis darauf, dass die deutsche Teilung in letzter Instanz eine Folge von deutscher Politik und deutscher Schuld war, erscheint mir auch im Rückblick richtig. Dafür spricht, von der historischen Evidenz abgesehen, auch die Umkehrüberlegung, dass ein deutscher Nationalismus, der sich gegen diese Einsicht gesperrt hätte, gewiss *nicht* geeignet gewesen wäre, die Vereinigung der beiden Staaten zu fördern. Falsch war es hingegen, aus der Genesis der Teilung zu folgern, es müsse bei diesem Zustand auf Dauer bleiben. Ich habe, als ich 1986, im Zuge des «Historikerstreits», diese Schlussfolgerung unter Berufung auf die «Logik der Geschichte» zog, mehr zu wissen geglaubt, als ich als Historiker wissen konnte.

Die Kritik an den Historikern, die, durchaus «lagerübergreifend», einen souveränen deutschen Nationalstaat für nicht mehr möglich oder erstrebenswert hielten, wäre freilich überzeugender, wenn sie nicht so pauschal vorgetragen würde. Vom Streit um die «Bi-Nationalisierung» Deutschlands (bei dem ich als Gegner dieser These mit Hans Mommsen als einem ihrer Befürworter im Februar 1981 in der « ZEIT» die Klingen kreuzte) ist in keinem der Beiträge die Rede. Ebensowenig gehen die Kritiker auf den innersozialdemokratischen Disput um die zweite Phase der Ostpolitik in den achtziger Jahren ein, der im Wesentlichen eine Auseinandersetzung um das Verhältnis zu den Bürgerrechtsbewegungen in Ostmitteleuropa, einschließlich der DDR, war. Da ich zu denen gehörte, die dem Stabilitätsfetischismus der sozialdemokratischen Parteiführung öffentlich widersprochen haben, erstaunt mich Jesses Behauptung, ich hätte den «Status quo bedingungslos festschreiben» wollen.

In einem der brillantesten Essays des Sammelbandes kritisiert *Karl Schlögel* das «Lagerdenken», das er den «Inbegriff der politischen Kultur der BRD» nennt. In der deutschen Einigung und der Wandlung des europäischen Szenarios sieht er die Chance, die «Lagermentalität» zu zerbrechen, zu deren Auflösung die Bundesrepublik aus eigener Kraft nicht in der Lage gewesen sei. Die Herausgeber und viele der anderen Autoren scheinen diese Ansicht nicht zu teilen. Sie machen Front gegen alle, die den Prozess der Verwestlichung Deutschlands fortführen wollen, und sie appellieren an antiwestliche Ressentiments, an denen es im Osten Deutschlands, zumal unter ehedem regimenahen Intellektuellen, nicht mangelt. Im Endeffekt läuft das auf eine neue Lagerbildung hinaus.

Eine Auflockerung der Fronten wird so nicht zustande kommen. Dabei ist sie in der Tat überfällig. In den neuen Bundesländern verstärkt sich eine Haltung, die man eher «Nischennostalgie» als «DDR-Nostalgie» nennen sollte. Im Westen Deutschlands gibt es eine «postnationale» Nostalgie, eine Sehnsucht nach der heilen Welt der alten Bundesrepublik. Die wechselseitige Entfremdung, die sich in vier Jahrzehnten staatlicher Trennung vollzogen hat, geht so tief, dass das Zusammenwachsen Deutschlands fast schon einer Neubildung der deutschen Nation gleichkommt.

Gelingen wird dieser Prozess aber nur, wenn der Begriff «Nation» nicht länger tabuisiert wird. Die Vorbehalte gegen diesen Begriff sind in Deutschland auch deshalb so stark, weil sich damit hierzulande seit dem frühen 19. Jahrhundert nicht die westliche Idee der demokratischen Staatsbürgergemeinschaft, sondern die Vorstellung einer ethnischen Abstammungsgemeinschaft verbindet. Die alte Bundesrepublik hat es nicht vermocht, sich von dieser antiwestlichen Hypothek zu befreien. Die Verwestlichung Deutschlands ist daher noch immer ein unvollendetes Projekt. Würde sich die Einsicht durchsetzen, dass die Verwestlichung oder Demokratisierung des deutschen Begriffs von Nation und die Neubildung der deutschen Nation zusammengehören, hätte das alte Lagerdenken keine Zukunft mehr.

Der Sammelband des Propyläen-Verlages bietet auf diesem Weg wenig Hilfe. Das liegt auch daran, dass der Begriff des «Westens» durchgängig unscharf bleibt. Einige Autoren behandeln ihn als reinen Kampfbegriff, sprechen ihm also die historische und die normative Substanz ab. Am präzisesten umschreibt *Karl Feldmayer* in seinem analytisch bestechenden Aufsatz «Die NATO und Deutschland nach dem Ende des Ost-West-Gegensatzes», was er meint, wenn er vom Westen spricht: «‹Der Westen›, das ist die Interessengemeinschaft der Demokratien rund um den Nordatlantik, so wie sie sich nach dem Zweiten Weltkrieg herausgebildet hat.»

Das Ende der Nachkriegszeit, das 1989/90 definitiv gekommen ist, verlangt eine Überprüfung des zeitgebundenen Begriffs des Westens. Sinnvoll wäre es vermutlich, zwischen einem Westen im engeren und einem Westen im weiteren Sinn zu unterscheiden. Der Westen im engeren Sinn: das sind die Länder, die die politische Kultur der Demokratie hervorgebracht haben – allen voran die Vereinigten Staaten, England und Frankreich. Der Westen im weiteren Sinn ist der historische Okzident. Dazu gehören jene Teile Europas, in denen sich seit der mittelalterlichen Trennung von Imperium und Sacerdotium ein geistiger und gesellschaftlicher Pluralismus entfalten konnte, und die von diesem Europa geprägten Teile der Neuen Welt. Nicht dazu gehören die Länder des byzantinischen Cäsaropapismus, in denen sich die Strukturen einer pluralistischen Gesellschaft nicht oder nur rudimentär entwickelt haben.

Deutschland und die neuen Demokratien Ostmitteleuropas sind ein Teil des historischen Okzidents. Im Verhältnis zu den Ländern des östlichen Mitteleuropa macht es keinen Sinn, Deutschland eine neue (oder vielmehr alte) Rolle als Macht der «Mitte» oder als «Brücke zwischen Ost und West» zuzuschreiben. Im Verhältnis zu Russland aber würde sich Deutschland hoffnungslos übernehmen, strebte es abermals eine besondere Mittleraufgabe an. Im Propyläen-Band plädieren einige Autoren, am nachdrücklichsten Tilman Mayer und Ansgar Graw, für eine derartige deutsche Mission. Nirgendwo wird deutlicher als hier, wohin die vermeintliche Entmythologisierung des Westens führen kann: zurück zu den deutschen Mythen der Zwischenkriegszeit. Bis in den Duktus der Sprache hinein glaubt man mitunter einen Nachhall jener «konservativen Revolution» zu hören, die in den Jahren der Weimarer Republik zum Kampf um deutsche Selbstbehauptung gegen den Westen aufrief.

So weit gehen die Herausgeber und die meisten Autoren nicht. Aber die Vorbehalte gegenüber dem Westen und einem europäischen Bundesstaat sind in vielen Beiträgen so stark, dass man künftige Weiterungen nicht ausschließen kann. Der Sammelband ist zu sehr das, was die Angelsachsen eine «mixed bag» nennen, als dass sich an ihm ein neuer Historikerstreit entzünden dürfte. Aber ein Symptom ist der Band schon – für Gärungen bei einer intellektuellen Rechten, die noch nicht genau weiß, wohin sie ihre Revisionen tragen werden.

7. VON DER POSTNATIONALEN DEMOKRATIE ZUM POSTKLASSISCHEN NATIONALSTAAT

November 1996

Mitte der achtziger Jahre schien es, als sei die «alte» Bundesrepublik Deutschland zum vollen Bewußtsein ihrer selbst gelangt. Zwei Begriffe, die noch heute im Umlauf sind, begannen damals Karriere zu machen: die Begriffe «postnationale Demokratie» und «Verfassungspatriotismus». Beide Begriffe hatten zu jener Zeit bereits ihre Geschichte. Im Jahre 1976 hatte der Bonner Politikwissenschaftler Karl Dietrich Bracher im Nachwort zur fünften Auflage seines Buches *Die deutsche Diktatur*, einer Darstellung der nationalsozialistischen Zeit, die Bundesrepublik als «postnationale Demokratie unter Nationalstaaten» bezeichnet. Doch erst als Bracher zehn Jahre später, 1986, im ersten Teilband des fünften Bandes der *Geschichte der Bundesrepublik Deutschland* die Formel wiederholte, setzte ihr Siegeszug ein. *Verfassungspatriotismus* war der Titel eines Leitartikels des Heidelberger Politikwissenschaftlers und Publizisten Dolf Sternberger, erschienen am 23. Mai 1979 in der *Frankfurter Allgemeinen Zeitung*. 1982 begründete Sternberger in einem Vortrag ausführlicher, warum er der Bundesrepublik die Pflege eines «Verfassungspatriotismus» empfahl. Zum politischen Schlagwort machte den Begriff aber nicht Sternberger, sondern Jürgen Habermas. In seinem ersten großen Beitrag zum «Historikerstreit» um die nationalsozialistische Judenvernichtung, veröffentlicht im Juli 1986, steht der seitdem vielzitierte Satz: «Der einzige Patriotismus, der uns dem Westen nicht entfremdet, ist ein Verfassungspatriotismus.»

Von einem anderen Philosophen stammt das Wort: «Die Eule der Minerva beginnt erst mit der einbrechenden Dämmerung ihren Flug.» Der Satz steht in der Vorrede zu Hegels *Grundlinien der Philosophie des*

Rechts aus dem Jahre 1820. Vielleicht mußte die alte Bundesrepublik fast vier Jahrzehnte alt sein, um eine Forderung zu erfüllen, die einige eher konservative Publizisten, Politikwissenschaftler und Historiker schon in den sechziger Jahren erhoben hatten: die Forderung, sich selbst anzuerkennen. Denn ein Stück «Selbstanerkennung» enthielten beide Begriffe, «postnationale Demokratie» ebenso wie «Verfassungspatriotismus»: Sie schlossen den Verzicht auf jenen «Provisoriumsvorbehalt» in sich, unter den sich die Bundesrepublik bei ihrer Gründung 1949 selbst gestellt hatte. Anders gewendet: Die Wiedervereinigung Deutschlands hatte spätestens in den achtziger Jahren aufgehört, westdeutschen Intellektuellen noch als realisierbares politisches Ziel oder nur als wünschenswerte Perspektive zu erscheinen. Daß um diese Zeit, genauer gesagt seit dem Beginn der Ära Gorbatschow im März 1985, bereits die «Dämmerung» der alten Bundesrepublik angebrochen war: Das haben in jenen Jahren weder die politischen Akteure noch diejenigen geahnt, die Anteil hatten an der Bildung von öffentlicher Meinung.

Der «Historikerstreit», im Juni 1986 ausgelöst durch die revisionistischen Thesen Ernst Noltes in der *FAZ* über die «Vergangenheit, die nicht vergehen will», wurde nicht zufällig zum Katalysator einer Debatte über das Selbstverständnis der alten Bundesrepublik. Noltes Versuch, den Holocaust aus dem Archipel Gulag «abzuleiten», das zeitliche «Prius» der Verbrechen Stalins in ein logisches «Prius» gegenüber den Verbrechen Hitlers zu verwandeln, also einen «kausalen Nexus» zwischen bolschewistischem Klassenmord und nationalsozialistischem Rassenmord herzustellen und Hitler eine Art von Putativnotwehr im Verhältnis zu Bolschewismus und Judentum zugute zu halten: Dieser Versuch lief auf eine nivellierende Einebnung des schrecklichsten Kapitels der deutschen Geschichte in nationalapologetischer Absicht hinaus. Damit kündigte Nolte den informellen intellektuellen Konsens auf, der der politischen Kultur der Bundesrepublik zugrunde lag: die Annahme der deutschen Schuld am Zweiten Weltkrieg und an der Ausrottung der europäischen Juden. Die erste deutsche Demokratie hatte nicht die moralische Kraft gefunden, eine wesentliche deutsche Mitschuld am Ausbruch des Ersten Weltkriegs anzuerkennen, und auch daran ist die Weimarer Republik gescheitert. Die zweite deutsche Demokratie, die Bonner Republik, stellte sich der Schuld an der Entfesselung des Zweiten Weltkrieges und der Ermordung der Juden, und sie wurde erst in dem Maß zu einer westlichen Demokratie, wie sie dies tat.

Entsorgung der deutschen Vergangenheit?: Hans-Ulrich Wehlers «polemischer Essay» zum Historikerstreit trägt seinen Titel zu Recht. Es ging Nolte und einigen konservativen deutschen Historikern darum, die Schrecklichkeit des Holocaust durch die Konstruktion angeblicher Parallelen und Kausalitäten zu «entsingularisieren». Es war richtig und notwendig, dieser Absicht entgegenzutreten, wie es immer richtig und notwendig ist, historische Legenden zu bekämpfen. Die Gegenoffensive, die Habermas 1986 einleitete, war erfolgreich: Die nationalapologetische Umdeutung der deutschen Geschichte des 20. Jahrhunderts hat sich *nicht* durchgesetzt. Die selbstkritische Aufarbeitung deutscher politischer Traditionen geht weiter.

Selbstkritisch sollte sich aber auch ein Teilnehmer des Historikerstreits zehn Jahre danach mit dieser Debatte auseinandersetzen. Ich war damals einer der Kritiker des nationalapologetischen Revisionsversuchs, und deswegen beginne ich mit Fragen, die sich mir heute, nach der Wiedervereinigung Deutschlands und dem Zusammenbruch des sowjetischen Imperiums, bei der Lektüre meines Beitrags zum Historikerstreit aufdrängen. Die nationalsozialistische Diktatur wird dort als das menschenfeindlichste Regime der Geschichte bezeichnet. Richtiger wäre es gewesen zu sagen, daß die nationalsozialistische Diktatur von keinem Regime je an Menschenfeindlichkeit übertroffen wurde. Denn daß die Systeme Stalins, Pol Pots oder Idi Amins *weniger* menschenfeindlich, also menschenfreundlicher waren als das «Dritte Reich», wird im Ernst niemand behaupten wollen. Mit der Steigerung von «menschenfeindlich» ist kein Erkenntnisgewinn verbunden, und Schrecklichkeitsskalen für Menschheitsverbrechen können leicht in Zynismus umschlagen. Das deutsche Skandalon ist und bleibt, daß das Menschheitsverbrechen des Holocaust von einem Volk begangen wurde, das stolz darauf war, frühzeitig einen Rechtsstaat hervorgebracht zu haben. Daran kann kein Vergleich mit anderen Staatsverbrechen etwas ändern.

Irritierend erscheint mir heute die Sicherheit, mit der ich 1986 Prognosen über die fernere Zukunft abgab. Ich meine das Verdikt: «Angesichts der Rolle, die Deutschland bei der Entstehung der beiden Weltkriege gespielt hat, kann Europa und sollten die Deutschen ein neues Deutsches

Reich, einen souveränen Nationalstaat, nicht mehr wollen. Das ist die Logik der Geschichte, und die ist nach Bismarcks Wort genauer als die preußische Oberrechenkammer.» Es war richtig und notwendig, deutschem Nationalismus entgegenzuwirken und darauf hinzuweisen, daß die Teilung Deutschlands in letzter Instanz eine Folge von deutscher Politik und deutscher Schuld war. Die Folgerung aber, es werde nie wieder einen einheitlichen deutschen Staat geben, hatte mit Geschichtswissenschaft nichts, mit säkularisierter Geschichtstheologie einiges zu tun.

Daß die «rechte» Seite beim Historikerstreit Geschichtspolitik betrieben hat, ist unbestritten. Aber hat es die «linke» Seite nicht auch getan? Nietzsche hat einmal bemerkt, die Deutschen wären Hegelianer, auch wenn es nie einen Hegel gegeben hätte. Im Hinblick auf die deutsche Teilung erwies sich Hegels berühmtes Diktum als nützlich: «Was vernünftig ist, das ist wirklich; und was wirklich ist, das ist vernünftig.» Die Maxime, sie stammt ebenfalls aus der Vorrede zur *Rechtsphilosophie*, wirkt wie eine Anleitung zu jener historischen Sinnstiftung, an der wir, die Kritiker der Nationalapologeten, uns vor 1986 und danach versuchten.

Historische Sinnstiftung ist nur ein anderer Ausdruck für Geschichtspolitik, aber wahrscheinlich immer noch eine Untertreibung. Meine Vermutung ist, daß es in der alten Bundesrepublik neben der «rechten» Strategie zur Entsorgung der Vergangenheit auch «links» der Mitte einen verbreiteten, freilich eher unbewußten Entsorgungswunsch gab. Ein Zitat aus Robert Musils Roman *Der Mann ohne Eigenschaften* mag verdeutlichen, was gemeint ist: «Vielleicht darf gesagt werden, in Veränderung eines Sprichworts, daß ein schlechtes Gewissen beinahe ein besseres Ruhekissen darbietet als ein gutes, sofern es nur schlecht genug ist! Die unablässige Nebentätigkeit des Geistes in der Absicht, aus allem Unrecht, in das er verwickelt ist, ein gutes persönliches Gewissen als Abschluß zu gewinnen, ist dann eingestellt und läßt dem Gemüt eine ungemessene Unabhängigkeit zurück.»

Ich füge ein anderes Zitat hinzu: «Wer gegenwärtig über Deutschland nachdenkt und Antworten auf die deutsche Frage sucht, muss Auschwitz mitdenken. Der Ort des Schreckens, als Beispiel genannt für das bleibende Trauma, schließt einen zukünftigen deutschen Einheitsstaat aus»: Das hat kein «kritischer» Historiker gesagt oder geschrieben, wohl aber Günter Grass Anfang 1990 aus Anlaß der immer wahrscheinlicher werdenden Wiedervereinigung Deutschlands, an die einige Jahre zuvor kaum noch jemand geglaubt hatte. (Vermutlich gibt es auch schon sehr viel frühere Belege für diese verbreitete Auffassung.) Die These vom «kausalen Nexus» zwischen dem Holocaust und der Teilung Deutschlands war historisch falsch, aber geschichtspolitisch wirksam: im Sinne einer spezifisch westdeutschen Entsorgung der deutschen Vergangenheit. Der These lag die kaum je offen ausgesprochene Annahme zugrunde, das deutsche Menschheitsverbrechen werde sich durch die Hinnahme der Teilung sühnen lassen. Das Ja zur Teilung als Sühneopfer: Das dachten und sagten zwar auch manche Bürgerrechtler in der DDR, aber sie waren ja wirklich Opfer der Teilung, was man von der westdeutschen Linken nicht behaupten kann. Von der alten Bundesrepublik aus war es jedenfalls vergleichsweise leicht, die Fortdauer eines Zustands zu rechtfertigen, der die Ostdeutschen seit Jahrzehnten ungleich schwerer belastete als die Westdeutschen.

Die intellektuelle Absage an den Provisoriumsvorbehalt war die Antwort auf eine altbundesrepublikanische Lebenslüge, die ihren Ursprung rechts der Mitte hatte: die (von Konrad Adenauer aufgestellte, von seiner Partei noch im Juni 1988 wiederholte) Behauptung, die Wiedervereinigung Deutschlands in Freiheit sei das vordringlichste Ziel bundesdeutscher Politik. Aber war die These von der moralisch verdienten Teilung dagegen gefeit, sich ihrerseits zu einer Lebenslüge zu entwickeln? War diese These nicht auch ein Versuch, die Tatsache zu verdrängen, daß die Last der gemeinsamen deutschen Geschichte nach 1945 höchst ungleich verteilt worden war? War es wirklich so moralisch, wie es klang, wenn der Aufruf zum Verzicht auf Wiedervereinigung von *der* Seite kam, die, innerdeutsch gesehen, als Siegerin aus der Nachkriegsgeschichte hervorgegangen war?

Mit der Wiedervereinigung Deutschlands traten der Deutschlandvertrag vom 5. Mai 1955 und damit auch die westalliierten Vorbehaltsrechte «in bezug auf Berlin und auf Deutschland als Ganzes» außer Kraft. Geblieben sind bis heute entsprechende intellektuelle Vorbehalte im Westen Deutschlands – nicht nur auf der linken Seite des politischen Spektrums und nicht auf der Linken insgesamt, aber doch eher «links» als «rechts» verortbar. Die Verteidigung der Zweistaatlichkeit hatte in den letzten beiden Jahrzehnten der alten Bundesrepublik teilweise groteske Züge angenommen – bis hin zu der von einigen Politikwissenschaftlern und Historikern vertretenen Theorie von der «Binationalisierung» Deutschlands, einem westdeutschen Gegenstück zur Behauptung der SED, in der DDR entwickle sich eine neue, eine «sozialistische deutsche Nation». Die Rechtfertigung der Zweistaatlichkeit war für manche westdeutschen Linken in einem solchen Maß zum geistigen Besitztitel, zur zweiten Natur, zur raison d'être geworden, daß sie selbst darüber sich in eine mentale «Lega West» verwandelten. Auch wenn sie die Wiedervereinigung nicht als Störfall oder gar als Katastrophe empfanden (manche taten und tun es): Freude löste bei denen, die so dachten, der 3. Oktober 1990 nicht aus.

Mit dem Zusammenbruch des «Dritten Reiches» im Mai 1945 war eine Entwicklung an ihr Ende gelangt, die oft mit dem (umstrittenen, aber meiner Meinung nach gut zu legitimierenden) Begriff des «deutschen Sonderwegs» bezeichnet wird: die historische Abweichung Deutschlands von der politischen Kultur der westlichen Demokratie. Daß es auch nach 1945 deutsche Sonderwege gegeben hat, wird uns erst allmählich bewußt. Brachers Formel von der Bundesrepublik als «postnationaler Demokratie unter Nationalstaaten» enthält einen ausdrücklichen Hinweis darauf. Der «internationalistische» Sonderweg der DDR war formell eine Entsprechung hierzu: Als Ideologiestaat ohne nationale Identität unterschied sich die DDR deutlich von anderen Mitgliedstaaten des Warschauer Pakts. Formell war die Analogie insofern, als der «sozialistische Internationalismus» der DDR bloß eine Doktrin, die Postnationalität der alten Bundesrepublik zuletzt ein Lebensgefühl war.

Doch auch Lebensgefühle können trügen. Der Begriff «postnational» enthielt nicht nur die überfällige Absage an ein ethnisch verengtes Verständnis von Nation, sondern an Nation und Nationalstaat schlechthin. Die Deutschen hatten in den Jahren 1933 bis 1945 *ihren* Nationalstaat zerstört. Aber rechtfertigte das schon die Folgerung, damit sei der Nationalstaat als solcher historisch widerlegt? Die Deutschen, vor allem diejenigen im Westen, mochten aufhören, sich als Nation zu fühlen. Aber durften sie deswegen erwarten, daß andere Völker dasselbe taten?

Die nachgerade teleologische Überzeugung, man habe Nation und Nationalstaat endgültig hinter sich, war sehr deutsch und, bei Lichte besehen, der verständliche Wunsch, aus der deutschen Not eine europäische, ja weltumspannende Tugend zu machen. Zu Beginn des Jahrhunderts hatte der Historiker Friedrich Meinecke den deutschen Weg vom Weltbürgertum zum Nationalstaat als historischen Fortschritt gewürdigt. Als sich das Jahrhundert dem Ende zuneigte, glaubten viele Intellektuelle der alten Bundesrepublik, der Weg nach vorn führe in die Umkehrrichtung: vom Nationalstaat zum Weltbürgertum. Goethe und Schiller schienen Recht behalten zu haben mit dem Sinnspruch aus den *Xenien*:

> «Zur Nation euch zu bilden, ihre hoffet es,
> Deutsche, vergebens;
> Bildet, ihr könnt es, dafür freier zu
> Menschen euch aus!»

Die Geschichte hat die Deutschen 1989/90 eingeholt, ihnen einen Fluchtweg abgeschnitten und, um mit Fritz Stern zu sprechen, eine «zweite Chance» gegeben. Das wiedervereinigte Deutschland ist keine «postnationale Demokratie unter Nationalstaaten», freilich auch kein klassischer souveräner Nationalstaat, wie es das Deutsche Reich war, sondern ein postklassischer, demokratischer Nationalstaat unter anderen, «a priori» eingebunden in die supranationalen Gemeinschaften des Westens, das atlantische Bündnis und die Europäische Union. Man mag das eine europäische Normalisierung nennen; eine Rückkehr zur Normalität ist es nicht. Denn wann wäre Deutschland je «normal» gewesen?

Das Ausmaß der wechselseitigen Entfremdung, wie sie sich in vier Jahrzehnten staatlicher Trennung vollzogen hat, ist heute klarer zu erkennen als zur Zeit der Wiedervereinigung. Reicht «Verfassungspatriotismus» aus, um zusammenwachsen zu lassen, was nun staatlich wieder zusammengehört? So, wie der Begriff in den alten Ländern der Bundesrepublik gemeinhin verstanden wird, wohl kaum. Die Bindung an die unveräußerlichen Werte der westlichen Demokratie ist selbst unveräußerlich, woraus folgt, dass ein demokratischer Patriotismus immer *auch* Verfassungspatriotismus sein muss. Aber es ist ja nicht eine beliebige westliche Verfassung, an die sich die Deutschen gebunden fühlen sollen, sondern das Bonner Grundgesetz von 1949. Manche westdeutschen «Verfassungspatrioten» haben es 1990 erstaunlich rasch zur Disposition gestellt, als sie eine neue gesamtdeutsche Verfassung mitsamt dem dazugehörigen Diskurs zur Bedingung einer Vereinigung beider deutschen Staaten erhoben und Sympathie für den ostdeutschen Ruf nach sehr viel mehr direkter Demokratie äußerten. Tatsächlich gab es schon aus außenpolitischen und wirtschaftlichen Gründen keine Alternative zur «schnellen» Wiedervereinigung in Gestalt des Beitritts der DDR zur Bundesrepublik. Und es gab gute Gründe, die Entscheidung des Parlamentarischen Rates von 1948/49 für die repräsentative Demokratie gegen plebiszitäre Illusionen zu verteidigen.

Das Grundgesetz ist ein Ergebnis der deutschen Verfassungsentwicklung und namentlich des Versuchs, aus den Erfahrungen Weimars, der gescheiterten ersten parlamentarischen Demokratie in Deutschland, zu lernen. Diese historische Dimension kommt in den meisten Bekenntnissen zum «Verfassungspatriotismus» zu kurz, wenn sie überhaupt vorkommt. Die zweite gesamtdeutsche Demokratie ist durch viele Kontinuitäten nicht nur mit der Weimarer Republik, sondern auch mit dem vordemokratischen Kaiserreich von 1871 verbunden. Als Bundesstaat, als Rechtsstaat und als Sozialstaat steht die «Berliner Republik» in Traditionen, die weit hinter 1918 zurückreichen. Dasselbe gilt für das allgemeine gleiche Wahlrecht, das den Männern im Norddeutschen Bund seit 1867, im Deutschen Reich seit 1871, den Frauen seit 1919 zusteht. Schließlich gibt es eine räumliche Kontinuität, die den meisten Kommentatoren der Wiedervereinigung entgangen ist: Der Zwei-plus-Vier-Vertrag von 1990 hat Bismarcks «kleindeutsche» Lösung von 1866 und 1871, also die deutsche Einigung unter Ausschluß Österreichs, bestätigt und damit europäisch legitimiert.

Wo Deutschland liegt und was dazugehört, ist damit ein für allemal geklärt. Es sind die Deutschen in den Grenzen von 1990, die die deutsche Nation bilden. Die Frage ist also heute nicht mehr, *ob* sie eine Nation sind, sondern *wie* sie sich dazu verhalten und *was* sie daraus machen. Ohne ein Bewußtsein der Zusammengehörigkeit, das sich aus einer gemeinsamen Geschichte ergibt, läßt sich der Begriff «Nation» nicht mit Leben erfüllen. Nationale Solidarität ist nicht die höchste Form von Solidarität, aber eine Solidaritätsstufe, die auch die Deutschen nicht überspringen können. Sie würden im Übrigen nur Mißtrauen hervorrufen, wenn sie darauf beharrten, sie könnten Europäer oder Weltbürger sein, ohne zugleich Deutsche zu sein.

Der Begriff «Deutscher» selbst wird sich allerdings ändern müssen, und zwar im staatsbürgerlichen Sinn. Nationszugehörigkeit ist in Deutschland immer noch in höherem Maß, als das auch in anderen westlichen Demokratien der Fall ist, eine Frage der Abstammung und weniger eine des Willens, zur Nation zu gehören. Auf dem Weg von der Abstammungs- zur Abstimmungsgemeinschaft, von der «objektiv» zur «subjektiv» definierten Nation hat Deutschland noch eine längere Wegstrecke zurückzulegen als manche seiner europäischen Nachbarn. Jene «vorbehaltlose Öffnung der Bundesrepublik gegenüber der politischen Kultur des Westens», in der Habermas die größte intellektuelle Leistung der westdeutschen Nachkriegszeit sieht, ist folglich bis heute ein unvollendetes Projekt.

Der Ort des «Dritten Reiches» in der deutschen Geschichte hat sich durch die weltgeschichtliche Wende von 1989/91 in *einer* Hinsicht verändert: 1945 erscheint uns heute nicht mehr als das Ende des deutschen Nationalstaates schlechthin, sondern als das Ende des von Bismarck gegründeten und stark von Preußen geprägten *ersten* deutschen Nationalstaates in Gestalt des Deutschen Reiches. Die Vergangenheit, die nicht vergehen will, wird aber auch im vereinten Deutschland gegenwärtig bleiben. Die Zeit des Nationalsozialismus und die Ermordung der europäischen Juden haben nichts von ihrer Schrecklichkeit verloren. Das «Dritte Reich» bleibt, um den Titel einer Schrift Friedrich Meineckes aus dem Jahr 1946 zu zitieren, *die* «deutsche Katastrophe». Infolgedessen bleibt auch deutscher Nationalismus nach 1990 so illegitim, wie er es, spätestens, seit der Zeit des Nationalsozialismus war.

Die nationalsozialistische Vergangenheit wird also nicht dadurch relativiert, dass die zweite deutsche Diktatur inzwischen überwunden ist. Eher läßt sich die umgekehrte Tendenz beobachten: eine allzu milde Beurteilung der DDR – einer, dürfte man Günter Grass' Romanhelden Theo Wuttke glauben, «kommoden Diktatur». Der DDR kommt zugute, daß sie gegenüber dem «Dritten Reich» zu verblassen scheint und daß viele ihr nach wie vor jenen «antifaschistischen» Bonus zugestehen, den die SED in Anspruch nahm, um ihre Diktatur zu errichten und aufrechtzuerhalten. Der Anteil, den der Kommunismus am Erfolg der faschistischen Bewegungen hatte, europaweit und besonders in Deutschland, ist für Teile der Linken noch immer ein Tabu – in Deutschland wohl mehr als irgendwo sonst.

Eine der Nachwirkungen der nationalsozialistischen Diktatur ist das, was man einen pathologischen Lernprozeß nennen kann: die chronisch gewordene politische Instrumentalisierung des Holocaust. Sie läuft darauf hinaus, daß aus der Schuldtradition Deutschlands, die in der Vernichtung der Juden gipfelte, eine Pflicht zu unbedingtem Pazifismus abgeleitet wird. Hier zeigt sich eine Kehrseite der These von der Singularität des nationalsozialistischen Judenmords: Sie hat ihr Recht und ihre Richtigkeit darin, daß sie der nivellierenden Einebnung des deutschen Menschheitsverbrechens entgegenwirkt. Aber es gibt auch eine andere Wirkung: den Hang zur Bagatellisierung anderer und neuer Menschheitsverbrechen bis hin zum versuchten Völkermord im ehemaligen Jugoslawien. Teile der deutschen Linken, keineswegs die deutsche Linke insgesamt, betreiben diese Strategie der Entdramatisierung, um einen pazifistischen deutschen Sonderweg zu begründen und so eine Folge des deutschen Souveränitätszuwachses von 1990 zu konterkarieren: die Tatsache, daß das vereinte Deutschland das Mitglied der Vereinten Nationen und des atlantischen Bündnisses mehr militärische Pflichten übernehmen muß als die alte Bundesrepublik. Ginge es nach diesem Teil der Linken, müßte Deutschland dauerhaft eine Position einnehmen, die sich grundsätzlich von der der anderen westlichen Demokratien unterscheidet.

Doch wenn nicht alles trügt, sind das Rückzugsgefechte. Die Einsicht wächst, daß die Berliner Republik nicht weniger westlich und europäisch sein darf als die Bonner Republik, daß sie es vielmehr in noch höherem Maß sein muß als diese. Daß es so kommt: darin liegt Deutschlands zweite Chance.

8. WOFÜR BERLIN STEHT

DIE WIDERSPRUCHSVOLLE GESCHICHTE DER DEUTSCHEN HAUPTSTADT

2003

«In keinem Stadium der preußischen Geschichte hätte menschliche Voraussicht die kühne Forderung erheben können, die preußische Hauptstadt müsse sich darauf vorbereiten, einmal die Reichshauptstadt darzustellen»: Der Historiker Hans Herzfeld zitierte 1952 diesen Satz aus dem Amtsblatt des Magistrats von Berlin. Wann dieses Urteil gefällt worden ist, verrät der Autor leider nicht – nur daß es «sehr viel später» als 1880 niedergeschrieben wurde.

Berlin war in der Tat nicht die «geborene» Hauptstadt der Deutschen. Berlin wurde 1871 Reichshauptstadt, weil Bismarck die deutsche Frage durch die Kriege von 1866 gegen Österreich und 1870/71 gegen Frankreich im kleindeutschen Sinn, also unter Ausschluß Österreichs, entschieden hatte. Gegenüber alten europäischen Hauptstädten wie Paris, London oder Wien wirkte die Hauptstadt der Preußenkönige wie ein Nachzügler, ein Parvenu. Daran sollte sich auch später nicht viel ändern, als unter dem dritten Hohenzollernkaiser, Wilhelm II., der Ausbau Berlins zu einer repräsentativen Metropole begann.

Deutschland ist sehr viel später als die beiden großen westeuropäischen Nationen, Frankreich und Großbritannien, ein Nationalstaat geworden. In Berlin wird man noch heute auf die städtebauliche Seite dieses Sachverhalts gestoßen. Die besonderen Umstände der späten Nationalstaatsgründung unter Bismarck haben sich in deutschen Vorbehalten gegenüber Berlin niedergeschlagen. Bis in die jüngste Vergangenheit galt Berlin vielen Deutschen als die «falsche» Hauptstadt, weil sie die erste deutsche Teilung, die von 1866, symbolisiere. Auf diesen (offen oder latent) großdeutschen Vorbehalt stößt man noch in den Jahren 1990 bis 1995 bei Politikern beider großen Parteien, von Peter Glotz bis Heiner Geißler. Tatsächlich hat der Zwei-plus-Vier-Vertrag von 1990, die völkerrechtliche Gründungsurkunde des zweiten deutschen Nationalstaats, Bismarcks kleindeutsche Lösung insofern bestätigt, als diese eine Absage an die, für das übrige Europa noch weniger erträgliche, großdeutsche Lösung in sich schloß. Der Hauptstadtbeschluß des Deutschen Bundestages vom 20. Juni 1991 war der Wirkung nach ein innerdeutsches Gegenstück zu diesem Akt nachträglicher Anerkennung der kleindeutschen Lösung – auch wenn das den meisten Abgeordneten, ob sie nun für Berlin oder Bonn stimmten, gar nicht bewußt war.

Viel wirksamer als der großdeutsche Vorbehalt war 1990/91 ein anderer Einwand gegenüber einem Umzug der Bundesregierung und des Bundestags vom Rhein an die Spree: Bonn stehe für die neue deutsche Bescheidenheit, Berlin für alte preußisch-deutsche Untugenden, nämlich Selbstüberschätzung und Hang zu nationalen Alleingängen. Berlin als Verkörperung des kaiserlichen Obrigkeitsstaates: das war auch zur Zeit der Wiedervereinigung noch ein weitverbreitetes Klischee. Berlin *war* die Hauptstadt eines Militär- und Obrigkeitsstaates. Doch das Kaiserreich ging nicht darin auf, Militär- und Obrigkeitsstaat zu sein. Es war zugleich auch ein Staat, dessen nationales Parlament von Anfang an (und damit viel früher als die Parlamente liberaler Mustermonarchien wie Großbritannien und Belgien) aus dem allgemeinen, gleichen und direkten Wahlrecht für Männer hervorging. Es war zudem ein, wenn auch konservativer, Rechts- und Verfassungsstaat, ein Bundesstaat sowie ansatzweise, und abermals früher als die meisten anderen europäischen Länder, ein Sozialstaat.

Das kaiserliche Deutschland war gekennzeichnet durch einen Prozeß der ungleichzeitigen Demokratisierung: der frühen Demokratisierung des Wahlrechts und der späten Demokratisierung des Regierungssystems im engeren Sinn. Erst im Zeichen der militärischen Niederlage im Ersten Weltkrieg ging Deutschland zu einer parlamentarisch verantwortlichen Regierung über. Das Zusammentreffen von Niederlage und Parlamentarisierung belastete die erste deutsche Demokratie, die Republik von Weimar: Die Demokratie galt weiten Kreisen als Staatsform der Sieger und damit als «undeutsch». Nicht zuletzt an dieser Vorbelastung ist Weimar in den Stürmen der Weltwirtschaftskrise nach 1929 gescheitert.

Berlin war von 1871 bis 1918 Kaiserstadt, aber viel weniger kaiserlich, als es sich Bismarck, der alles andere als ein Liebhaber der Hauptstadt war, wünschte. Zehn Jahre nach der Reichsgründung, am 4. März 1881, dachte der Reichskanzler ernsthaft und öffentlich, im deutschen Parlament, über die Möglichkeit nach, den Reichstag und die Zentralbehörden besser «in eine andere, weniger bevölkerte und der Unruhe weniger ausgesetzte Stadt wie Berlin» zu verlegen. Seinem Intimus Moritz Busch gegenüber bemerkte er zwei Monate später: «Die Unabhängigkeit der Voten und die Redefreiheit ist in Mittelstädten besser bewahrt als in einer großen Stadt mit mehr als einer Million Einwohnern. Man hat das 1848 gesehen, wo die Radikalen, die Demokraten, die jetzt Fortschrittspartei heißen, die Gewalt an sich gerissen hatten ... Die Reichstagsmitglieder haben dort die Berliner Schmutzpresse nicht zu fürchten ... Wie viele würden in revolutionären Zeiten fest sein gegen Einschüchterung und Bedrohung ihres Lebens und ihrer Ehre? ... In kleineren Orten sind sie viel leichter zu schützen als hier, wo die Fortschrittsleute, die Jakobiner, mit den Sozialisten künftig das enge Bündnis schließen werden, auf das die demokratischen Ziele hinweisen, die sie gemeinsam im Auge haben ... Das deutsche Volk hat ein Recht darauf, zu verlangen, daß der Reichstag nicht verberlinert wird.»

Die Hauptstadt des Kaiserreichs war, nicht zuletzt dank seiner großen, in jüdischem Besitz befindlichen Zeitungen, des *Berliner Tageblattes* und der *Vossischen Zeitung*, eine liberale Metropole. Berlin war zugleich die Hauptstadt der deutschen Sozialdemokratie, die hier seit den Reichstagswahlen von 1887 die stärkste Partei war. (Bei den letzten Vorkriegswahlen 1912 erreichte sie im Wahlkreis Berlin 75,3 Prozent.) Zur Zeit der Weimarer Republik galt Berlin geradezu als Inkarnation der Moderne, und das machte die Hauptstadt in manchen Teilen Deutschlands und in der deutschen Gesellschaft nicht eben beliebt.

«Wir Bayern wissen», so schrieb etwa der Schriftsteller Ludwig Thoma am 28. November 1920 im *Miesbacher Anzeiger*, «daß alle Schuld am Unglück Deutschlands der Berliner Unfähigkeit, der alten wie der neuen, zuzuschreiben ist. Dort hat man uns die Feindschaft der ganzen Welt heraufbeschworen, von dort aus ist in der Revolution Deutschland vergiftet worden, dort hockt heute noch eine Regierung, die jede Gesundung unmöglich macht. Und wenn die Berliner Sozi glauben, daß wir uns durch den Unitarismus zu schweigenden Knechten einer Sauwirtschaft, bei der sie sich die Taschen füllen, machen lassen, dann irren sie sich. Berlin ist nicht deutsch, ist heute das Gegenteil davon, ist galizisch verhunzt und versaut. Und jeder brave Mann in Preußen weiß heute, wo er den Grundstock eines ehrlichen Deutschtums zu suchen hat – in Bayern. Daran macht sie und uns kein Jud irre.»

Berlin und seine Juden: das war die intensivste Steigerung dessen, was das konservative Deutschland am Staat von Weimar haßte. Die unaufhörliche Infragestellung des Hergebrachten, die von rechts als Werk der Zersetzung wahrgenommen wurde, hatte lange vor 1918 begonnen. Aber das Ende der Monarchie und der Übergang zur Republik wirkten befreiend: Den Neuerern standen Möglichkeiten offen, die sie unter dem alten System nicht gehabt hatten, und sie erzielten eine Breitenwirkung, die die Weimarer Republik und ihre Hauptstadt Berlin rückblickend als ein Großexperiment der klassischen Moderne erscheinen lassen.

Wie vor 1918 war auch das Berlin der Weimarer Zeit eine Doppelmetropole: die Hauptstadt des Reiches und des Staates Preußen. Das Preußen der ersten deutschen Republik unterschied sich freilich grundlegend von dem der Kaiserzeit. Aus einem Bollwerk des Obrigkeitsstaates entwickelte sich Preußen in den zwanziger Jahren zu einem festen Rückhalt der demokratischen Republik. Unter dem sozialdemokratischen Ministerpräsidenten Otto Braun, der von 1920 bis 1932 fast ununterbrochen an der Spitze der Regierung stand, bewies Preußen, daß parlamentarische Demokratie auch in Deutschland funktionieren konnte. Die erste deutsche Republik wäre schwerlich 14 Jahre alt geworden, hätte es nicht das schwarz-rot-goldene, von einer «Weimarer Koalition» aus SPD, katholischem Zentrum und der liberalen Deutschen Demokratischen Partei regierte Preußen gegeben, das die Instabilität auf Reichsebene bis zu einem gewissen Grad ausgleichen konnte. Aber eben nur bis zu einem gewissen Grad: Als sich 1932 die Mehrheit der preußischen und der deutschen Wähler gegen die Demokratie entschied, fiel auch die «stolze Feste im Lager der Republik», wie Rudolf Hilferding Preußen 1927 auf dem Kieler Parteitag der deutschen Sozialdemokraten genannt hatte. Der «Preußenschlag» vom 20. Juli 1932, die staatsstreichartige Absetzung der nur noch geschäftsführend amtierenden Minderheitsregierung Braun durch den Reichskanzler Franz von Papen, beendete das heute fast vergessene republikanische Kapitel der preußischen Geschichte.

Was auf Weimar folgte, hat die deutsche Hauptstadt nie verwunden. Mit dem jüdischen Berlin verlor die Metropole einen Großteil dessen, was ihren kulturellen, wissenschaftlichen, intellektuellen und journalistischen Glanz ausgemacht hatte. Die Berliner Universität büßte fast ein Drittel ihres Lehrkörpers ein (wobei Entlassungen aus «rein» politischen Gründen mitgezählt sind). Berlin hatte bei den letzten halbwegs freien Reichstagswahlen am 5. März 1933 weit unter dem Reichsdurchschnitt des nationalsozialistischen Stimmenanteils gelegen; bei den alles andere als freien Volksabstimmungen vom November 1933 und August 1934 lagen die Nein-Stimmen in Berlin umgekehrt weit über den nationalen Durchschnittszahlen. Der «Führermythos», neben dem Terror die stärkste Stütze der nationalsozialistischen Herrschaft, entfaltete seine Wirkung auch in Berlin. Doch am 26. September 1938, auf dem Höhepunkt der Sudetenkrise, machten die Berliner Hitler die Grenzen seiner charismatischen Macht deutlich. Um die Stimmung der Bevölkerung zu testen, ließ der «Führer» eine kriegsmäßig ausgerüstete motorisierte Division durch die Reichshauptstadt ziehen. Die Massen quittierten den Aufmarsch nicht mit dem erhofften Jubel, sondern mit apathischem Schweigen und bereiteten Hitler damit eine politische Niederlage.

Aber aufhalten konnten sie den Krieg damit nicht. Berlin wurde nach 1939 zu dem Ort, an dem deutsche Jahrhundertverbrechen, obenan der Mord an den europäischen Juden, ihren Ausgang nahmen. Berlin wurde zugleich zur Hauptstadt des Widerstands gegen Hitler. Mit Blick auf beides ist Berlin der deutsche Gedächtnisort schlechthin. Der widerspruchsvollen deutschen Vergangenheit zu entrinnen ist in der ehemaligen Reichshauptstadt noch weniger möglich als in irgendeiner anderen deutschen Stadt. Auch deswegen war es richtig, Berlin zur Hauptstadt des wiedervereinigten Deutschland zu machen.

Die über vier Jahrzehnte der deutschen Teilung haben das Gesicht der Stadt nachhaltig geprägt und Wirkungen gezeitigt, die immer noch andauern. Für den Westen der Viersektorenstadt hatte der Verlust der Hauptstadtfunktionen die Abwanderung von Gesellschaftsgruppen zur Folge, die man ganz wertfrei der «Machtelite» zuzurechnen pflegt. Die

Teilung Deutschlands, die immer wiederkehrenden Berlinkrisen und die Abtrennung West-Berlins von seinem Hinterland trugen entscheidend zum Wegzug von wirtschaftlichen Führungskräften aus der einstigen deutschen Industrie- und Bankenmetropole bei. Die Konzernspitzen nahmen ihren Sitz fast ausnahmslos im Westen Deutschlands; Berlin wurde zur bloßen Werkbank. Am schärfsten wirkte sich der Strukturwandel gerade in den Branchen aus, die in Berlin traditionell besonders stark vertreten waren: in der Elektroindustrie und im Maschinenbau. Das führte in den siebziger Jahren zu einem dramatischen Rückgang der Beschäftigung. Großzügige Subventionen aus der Bundesrepublik sicherten West-Berlin das materielle Überleben, förderten aber auch bei Regierenden und Regierten eine Empfängermentalität, an deren Folgen die Stadt noch heute trägt.

Der Ostteil Berlins wurde zwar 1949 wieder Regierungssitz – die Hauptstadt der DDR. Aber die Abwanderung der einstigen gesellschaftlichen Eliten nahm hier noch sehr viel radikalere Ausmaße an als im Westen der Stadt. Die Grenze zwischen beiden Teilen Berlins war die Grenze zwischen zwei Gesellschaftssystemen. Von einem freien Unternehmertum konnte man im Ostteil der Stadt schon zum Zeitpunkt der doppelten Staatsgründung von 1949 nicht mehr sprechen. Mit dem Westteil Berlins vergleichen ließ sich die gezielte staatliche Förderung der «Hauptstadt der DDR», und da die DDR sehr viel weniger wohlhabend war und blieb als die Bundesrepublik, rief dieser Transfer ostdeutsche Anti-Berlin-Ressentiments hervor, zu denen es im Westen Deutschlands keine Entsprechung gab.

Doch die Geschichte des geteilten Berlins ist nicht bloß eine Geschichte von Subventionen und ihren zwiespältigen Wirkungen. Es ist auch eine Geschichte von Freiheitskämpfen. Der Aufstand des 17. Juni 1953 in der DDR, der von Protestaktionen der Arbeiter in Ost-Berlin und der Umgebung Berlins ausging, war die erste große Massenerhebung gegen die kommunistische Diktatur seit 1945. Ohne den Freiheitswillen der West-Berliner unter Führung Ernst Reuters hätten die Westalliierten Stalins Blockade von 1948/49 nicht brechen können. Im Kampf um die Behauptung und Selbstbehauptung West-Berlins begannen sich die westlichen Besatzungsmächte Amerika, Großbritannien und Frankreich in Schutzmächte zu verwandeln. In Berlin vollzog sich zuallererst jene «vorbehaltlose Öffnung der Bundesrepublik gegenüber der politischen Kultur des Westens», in der Jürgen Habermas die intellektuelle Signatur der zweiten deutschen Demokratie sieht.

«Wenn es West-Berlin nicht gäbe»: Diese kontrafaktische Frage ist der Titel eines Buches von Peter Bender aus dem Jahre 1987. Die meisten Westdeutschen hätten sich vermutlich, so wird die Antwort wohl lauten müssen, mit der ungleichen Verteilung der deutschen Geschichtslast nach 1945 abgefunden. West-Berlin erinnerte sie und alle Welt daran, daß es noch eine deutsche Frage gab. «Die deutsche Frage ist offen, solange das Brandenburger Tor zu ist»: Dieser Satz aus einer Rede des Bundespräsidenten Richard von Weizsäcker auf dem Deutschen Evangelischen Kirchentag im Juni 1985 galt 28 Jahre lang – vom Bau der Berliner Mauer am 13. August 1961 bis zu ihrem Fall am 9. November 1989. Der historischen Genauigkeit halber muß man freilich hinzufügen, daß die Öffnung der Mauer (und ein paar Wochen später, am 23. Dezember 1989, des Brandenburger Tors) die deutsche Frage noch nicht löste, ihre Lösung aber zu einer unabweisbaren Notwendigkeit machte.

Nachdem die deutsche Teilung im August 1961 im Wortsinn zementiert worden war, begann das Nachdenken über die Folgerungen, die sich daraus ergaben, in West-Berlin. Zwei Berliner Sozialdemokraten, der Regierende Bürgermeister Willy Brandt und der Pressesprecher des Senats, Egon Bahr, versuchten seit dem Sommer 1963 die von John F. Kennedy formulierte «Strategie des Friedens» auf Berlin und Deutschland anzuwenden. «Wenn wir unsere Gegensätze jetzt auch nicht überwinden können, so können wir doch wenigstens dazu beitragen, daß die Welt die Unterschiede aushält» («at least we can help make the world safe for diversity»): Das hatte der Präsident der Vereinigten Staaten am 10. Juni 1963 vor der American University in Washington erklärt und damit einen berühmten Aufruf seines Vorgängers Woodrow Wilson aus dem Jahr 1917 («to make the world safe for democracy») auf bezeichnende Weise abgewandelt. Bahr leitete daraus in seiner legendären Rede vor der Evangelischen Akademie in Tutzing am 15. Juli 1963 die Devise «Wandel durch Annäherung» ab. Brandt hatte Bedenken gegen diese Formel, folgte aber doch der dialektischen Logik, daß Verhältnisse, die man ändern wollte, zuerst als Realität anerkannt werden mußten.

Die erste praktische Nutzanwendung dieser Erkenntnis war das Berliner Passierscheinabkommen vom Dezember 1963, dem noch drei weitere folgten. Damit begann jene «Politik der kleinen Schritte», die schließlich in die Ostverträge der sozialliberalen Koalition der Jahre 1970 bis 1974 mündete – darunter das Viermächteabkommen über Berlin von 1971 und der Grundlagenvertrag zwischen der Bundesrepublik und der DDR, der 1973 in Kraft trat. Die Mauer *wurde* durchlässiger, wenn auch nur in west-östlicher Richtung; die Zeit der Berlinkrisen war zu Ende. Aber von Normalität in und um Berlin konnte keine Rede sein, solange an der Mauer auf Flüchtlinge geschossen wurde, und das geschah bis 1989.

Auf der zwischenstaatlichen Ebene kam es, vor allem in den achtziger Jahren, zu einem geregelten Nebeneinander, ja teilweise Miteinander von Bundesrepublik und DDR, das die Teilung Berlins und Deutschlands erträglicher machte. Gleichviel ob in Bonn Sozialdemokraten oder Christliche Demokraten den Bundeskanzler stellten, ob Helmut Schmidt oder Helmut Kohl die Richtlinien der Politik bestimmten, sie handelten in der Deutschland- und Berlinpolitik nach derselben Maxime: Auf der Tagesordnung stand nicht die Wiederherstellung eines deutschen Nationalstaates, sondern die Bewahrung des Zusammenhalts der Deutschen als Nation. Dieser Zusammenhalt verlangte das Bemühen um mehr deutsch-deutsche Kommunikation. Und das, was man auf diesem Gebiet erreicht hatte, sollte auch über Krisen im Ost-West-Verhältnis hinweggerettet werden.

Das Interesse der Bundesrepublik an Stabilität im Verhältnis zwischen West und Ost ging so weit, daß Freiheitsbewegungen im kommunistisch beherrschtem Teil Europas vielfach als Störfaktoren wahrgenommen wurden – daher die eher verhaltenen Proteste gegen die Verhängung des Kriegsrechts in Polen im Dezember 1981 und gegen die Unterdrückung der unabhängigen Gewerkschaft «Solidarność»; daher auch das verbreitete Desinteresse an einem Dialog mit Bürgerrechtlern in den Staaten des Warschauer Pakts. Zwischenstaatliche Beziehungen zwischen der Bundesrepublik und der DDR bedeuteten im übrigen auch keineswegs automatisch, daß sich die Deutschen in Ost und West näher kamen. Im Oktober 1989 zog eine Autorin des «Deutschland Archivs» aus repräsentativen Umfragen den Schluß, die DDR werde von einem großen Teil der jungen Generation in der Bundesrepublik als fremder Staat mit einer anderen Gesellschaftsordnung und nicht mehr als Teil Deutschlands wahrgenommen. «Dies führt zu einem Abbau des Bewußtseins einer nationalen Gemeinsamkeit und macht stetiger Entfremdung Platz.»

Ohne die Ostverträge wäre die deutsch-deutsche und die Berlin-Berliner Entfremdung wohl noch sehr viel weiter gegangen – vielleicht so weit, daß es 1990 nicht mehr viel wiederzuvereinigen gegeben hätte. Das ist zwar nur eine Hypothese, aber eine, für die vieles spricht. In den späten siebziger und den achtziger Jahren hatte in der Bundesrepublik links der Mitte eine Lesart der deutschen Geschichte an Boden gewonnen, wonach die Teilung als Sühne für die nationalsozialistischen Verbrechen und namentlich für Auschwitz zu verstehen war und darum dauerhaft hingenommen werden sollte. Protestantische Bürgerrechtler in der DDR argumentierten ähnlich (wobei man hinzufügen muß, daß sie von der Teilung ungleich schwerer betroffen waren als jene, die im Westen der Zweistaatlichkeit einen tieferen Sinn zu geben versuchten).

Als im Herbst 1989 die Mauer fiel, waren Berlin und Deutschland im Jubel vereint. Doch als wenig später auf den Straßen der DDR der Ruf «Deutschland, einig Vaterland» erscholl, fragten sich viele west- und ostdeutsche Intellektuelle besorgt, ob die Geschichte nicht in Gefahr war, ihren Sinn zu verlieren, wenn es im Gefolge der «friedlichen Revolution» in Ostdeutschland zu einem staatlichen Zusammenschluß von Bundesrepublik und DDR kommen sollte. In Wirklichkeit stellte der 9. November 1989 nicht den Sinn der Geschichte, sondern nur ein bestimmtes intellektuelles Arrangement mit der Geschichte in Frage. Der Fall der Berliner Mauer war für das kommunistische System das, was zweihundert Jahre zuvor der Fall der Pariser Bastille für das französische Ancien régime gewesen war: der Schlag, von dem sich die bisherige Ordnung nicht mehr erholen konnte. Die Mauer war nicht minder als die Bastille zu einem Symbol der Unfreiheit geworden. Als das Symbol fiel, war das Ende der alten Herrschaft gekommen.

Die deutsche Frage aber war noch nicht gelöst, als Ende 1989 die kommunistischen Diktaturen der Warschauer-Pakt-Staaten in Ostmittel- und Südosteuropa zusammenbrachen oder gestürzt wurden. Die deutsche Frage konnte nur zusammen mit der polnischen Frage, einem anderen Jahrhundertproblem, gelöst werden: durch die endgültige Anerkennung der deutsch-polnischen Grenze an Oder und Görlitzer Neiße. Gelöst werden mußte auch die Bündnisfrage, die nicht schon dadurch beantwortet wurde, daß der Warschauer Pakt zusehends zerfiel. Die Lösung der Bündnisfrage zu westlichen Bedingungen, also die Zugehörigkeit des wiedervereinigten Deutschland zur atlantischen Allianz, war nur möglich, weil die Sowjetunion den Wettkampf der Systeme inzwischen auf allen Ebenen verloren hatte. Daß es so kam, war auch ein Erfolg westlicher und nicht zuletzt bundesrepublikanischer Hartnäckigkeit. Ohne den Doppelbeschluß der NATO, die Antwort auf die Gefahr einer politischen Erpressung durch sowjetische Mittelstreckenraketen, wären die westlichen Demokratien schwerlich als Sieger aus dem Kalten Krieg hervorgegangen.

Den historischen Ort der deutschen Wiedervereinigung hat der damalige Bundespräsident, Richard von Weizsäcker, am 3. Oktober 1990 im Staatsakt in der Berliner Philharmonie mit den Worten umrissen: «Zum ersten Mal bilden wir Deutschen keinen Streitpunkt auf der europäischen Tagesordnung. Unsere Einheit wurde niemandem aufgezwungen, sondern friedlich vereinbart. Sie ist Teil eines gesamteuropäischen Prozesses, der die Freiheit der Völker und eine neue Friedensordnung unseres Kontinents zum Ziel hat ... Am heutigen Tag findet die vereinte deutsche Nation ihren anerkannten Platz in Europa ... Die Vereinigung Deutschlands ist etwas anderes als eine bloße Erweiterung der Bundesrepublik. Der Tag ist gekommen, an dem zum ersten Mal in der Geschichte das ganze Deutschland seinen dauerhaften Platz im Kreis der westlichen Demokratien findet.»

Der Satz, daß die Vereinigung Deutschlands etwas anderes sei als eine bloße Erweiterung der Bundesrepublik, ließ sich auch als Anspielung auf die nach wie vor umstrittene Hauptstadtfrage, nämlich als erneutes, kaum verschlüsseltes Plädoyer des Bundespräsidenten für Berlin, verstehen. Der Einigungsvertrag zwischen der Bundesrepublik und der DDR hatte Berlin zwar als deutsche Hauptstadt bezeichnet, die Frage des Sitzes von Regierung und Parlament aber offen gelassen. Das stärkste Argument zugunsten von Berlin war, daß diese Stadt in der Zeit der Teilung zum Symbol von Einheit und Freiheit geworden war und sehr viel mehr als Bonn für den Willen der Deutschen stand, die Trennung in Ost- und Westdeutsche zu überwinden. Als sich der Bundestag am 20. Juni 1991 mit knapper Mehrheit für den Antrag «Vollendung der Einheit», kurz «Berlin-Antrag» genannt, entschied, trug er diesem Gedanken Rechnung. Er gab damit aber noch ein anderes Signal. So wenig die alte Bundesrepublik mit Deutschland identisch gewesen war, so wenig Westeuropa mit Europa. Die Verlegung der Hauptstadt vom Rhein an die Spree konnte auch als Ausdruck des deutschen Wunsches interpretiert werden, einen Beitrag zum Zusammenwachsen des Kontinents und damit zur endgültigen Überwindung der Teilung von Jalta zu leisten.

Die alte Bundesrepublik ist als «postnationale Demokratie unter Nationalstaaten» bezeichnet worden. Das wiedervereinigte Deutschland ist ein postklassischer demokratischer Nationalstaat unter anderen, fest eingebunden in den supranationalen Staatenverbund der Europäischen Union, der im Jahre 2004 25 Mitglieder angehören werden – darunter acht, die zur Zeit des Kalten Krieges zum sogenannten «sozialistischen Lager» gehört hatten. Die Hauptstadt des wiedervereinigten Deutschland ist seit 1999 nicht nur nominell, sondern effektiv Berlin, und nichts erinnert mehr an den leidenschaftlichen Streit, der der Entscheidung vom 20. Juni 1991 vorausgegangen war. Als deutsche Hauptstadt war Berlin nie so unumstritten wie heute. Die über vier Jahrzehnte lang geteilte Stadt wächst ebenso zusammen wie die beiden Teile Deutschlands – langsamer, als die meisten zur Zeit der Wiedervereinigung gehofft, aber schneller, als viele in den Jahren der Ernüchterung nach 1990 befürchtet hatten.

Mit diesem Befund aber kann es nicht sein Bewenden haben. Die wirtschaftliche und finanzielle Lage der Hauptstadt ist so ernst, daß man geradezu von einer neuen Berlinfrage zu sprechen versucht ist. Der Ostteil der Stadt hat nicht nur seine Funktionen als Hauptstadt der DDR, sondern, wie die DDR insgesamt, auch den größten Teil seiner industriellen Kapazität verloren. Dem Westen Berlins sind nach dem Abbau der Subventionen das ganze Ausmaß und die Wirkungen seiner Deindustrialisierung vor Augen geführt worden. Die Zeiten, in denen die Hauptstadt zugleich auch Industrie-, Banken-, Versicherungs-, Dienstleistungs- und Zeitungsmetropole gewesen war, sind ein für allemal vorbei. Auch die Hochburgen von «high tech» liegen woanders. Berlin hat diesen Sachverhalt allzu lange verdrängt. Es hat mehr als der Gesamtstaat über seine Verhältnisse gelebt und sich einen viel zu großen öffentlichen Dienst geleistet. Es hat sich in unverantwortlichem Ausmaß verschuldet. Es hat die immensen Risiken nicht erkannt, die mit der Anlagepolitik der landeseigenen Bankgesellschaft verbunden waren. Erst vor kurzem hat Berlin begonnen, aus diesem Debakel Konsequenzen zu ziehen und systematisch zu sparen.

Doch öffentliche Sparsamkeit darf nicht zur Vernichtung des Kapitals führen, von dem Berlin zehrt. Wenn die kulturelle Anziehungskraft Berlins infolge drastischer Einschnitte sinkt, geht das zu Lasten der Wirtschaftszweige, die wesentlich vom Fremdenverkehr leben – vom Verlust an Lebensqualität ganz zu schweigen. Werden die Mittel für die Universitäten noch weiter zusammengestrichen, hört Berlin auf, eine Wissenschaftsmetropole zu sein. Überproportionale Einsparungen bei den (am wenigsten kostenträchtigen) Geistes- und Sozialwissenschaften, vom Senator der Finanzen mehrfach angedroht, zeugen von völliger Verkennung der Bedeutung des Bildungs- und Orientierungswissens, auf das Gesellschaft und Politik existentiell angewiesen sind. Die materiellen und immateriellen Folgen einer solchen Vernichtung von Ressourcen wären katastrophal. Eine Hauptstadt, die Kultur und Wissenschaft nur noch als Kostenfaktoren begreift, untergräbt ihren Anspruch, mehr zu sein als das politische Entscheidungszentrum.

Einen Teil seiner Probleme könnte Berlin lösen, ohne den Bund und die wohlhabenderen Länder materiell zu belasten. Um nur ein Beispiel zu nennen: Infolge der Finanzmisere der Hauptstadt leiden die Berliner Universitäten besonders darunter, daß das novellierte Hochschulrahmengesetz es den Ländern verbietet, Studiengebühren für das Erststudium zu erheben. Sozial verträgliche Studiengebühren (etwa in Gestalt einer nachträglichen Absolventenabgabe nach dem Vorbild Australiens), verbunden mit Eingangsprüfungen, würden es den Berliner Hochschulen gestatten, ihre Wettbewerbsfähigkeit im nationalen und internationalen Rahmen zurückzugewinnen. Als Mittel zum Stopfen von Haushaltslöchern taugen Studiengebühren allerdings nicht. Was die Berliner Universitäten zusätzlich belastet, ist die Tatsache, daß sie (und nicht, wie sonst in Deutschland üblich, das Land) die Pensionen der Professorinnen und Professoren zu bezahlen haben. Und wenn die Berliner Hochschulen fortan nur noch sehr viel geringere Gehälter zahlen können als andere deutsche Hochschulen, werden mit hochqualifizierten Forschern und Lehrern erfolgreiche Bleibe- oder Berufungsverhandlungen nicht mehr geführt werden können. Das wäre der Anfang vom Ende der Berliner Universitäten.

Was Berlin in der Zeit, in der es nicht die deutsche Hauptstadt war, durch Abwanderung von «Humankapital» verloren hat, kann zu einem großen Teil nicht mehr ausgeglichen werden. Die Folgelasten zu bewältigen übersteigt die Kraft der Hauptstadt. Was Bund und Länder tun, um Berlin die Erfüllung seiner Rolle als Hauptstadt zu ermöglichen, reicht nicht. Die weitere Entwicklung der Bundeshauptstadt muß als eine gemeinsame Verantwortung der Bundesrepublik Deutschland begriffen werden. Nur dann kann Berlin den Erwartungen gerecht werden, die die Mehrheit des Bundestages 1991 bewogen haben, den Sitz von Parlament und Regierung vom Rhein an die Spree zu verlegen. Und nur dann wird Berlin in die Lage versetzt werden, den Vergleich mit anderen großen Metropolen Europas auszuhalten.

II.

VOM ERBE EINER DIKTATUR

1. DER SCHÖNE SCHEIN DER ERNEUERUNG

EIN REKTOR IM ZWIELICHT:
DER FALL FINK

Dezember 1991

Am 4. Oktober 1991, einen Tag nach dem ersten Jahrestag der Wiedervereinigung, nahm ich als erster Historiker aus den alten Bundesländern einen Ruf auf einen Lehrstuhl für Neueste Geschichte an der Humboldt-Universität zu Berlin an. Auf Bitten des Senators für Wissenschaft und Forschung, Manfred Erhardt, und des Rektors der Universität, des evangelischen Theologen Heinrich Fink, und mit Zustimmung der neuberufenen Kollegen übernahm ich für das akademische Jahr 1991/92 das Amt des Geschäftsführenden Direktors des Instituts für Geschichtswissenschaften. Die Geschichte gehörte, ebenso wie die Philosophie («Marxistisch-Leninistische Philosophie»), die Germanistik, die Rechts-, Wirtschafts-, Sozial- und Erziehungswissenschaften, zu den ideologisch besonders belasteten, im Sinne der SED gleichgeschalteten Disziplinen an den ostdeutschen Universitäten.

Der Erneuerungsprozess stieß von Anfang an auf den hinhaltenden Widerstand der bislang tonangebenden SED-loyalen Kräfte, an ihrer Spitze Rektor Fink. Mit seiner Rolle befasst sich der erste Beitrag dieses Kapitels. Die spezifischen Probleme des Faches Geschichte sind das Thema der folgenden beiden Aufsätze. Um das Zusammenwachsen der beiden Teile des vier Jahrzehnte lang geteilten Berlin geht es in den Aufsätzen über die Umbenennung von Straßen im Berliner Regierungsviertel und den Streit um ein Denkmal für Rosa Luxemburg, die im Januar 1919 ermordete Mitbegründerin der KPD.

«Herr Professor Fink ist seit 1969 als Inoffizieller Mitarbeiter des MfS unter dem Decknamen ‹Heiner› tätig gewesen»: So steht es schwarz auf weiß in dem Brief, den der «Sonderbeauftragte der Bundesregierung für die personenbezogenen Unterlagen des ehemaligen Staatssicherheitsdienstes» am 25. November 1991 der Berliner Senatsverwaltung für Wissenschaft und Forschung zugehen ließ. Über keinen Satz des Schreibens der Gauck-Behörde ist in der turbulenten Sitzung des Konzils der Humboldt-Universität zu Berlin am 29. November leidenschaftlicher gestritten worden als über diesen. Daß der bisherige Rektor der Universität Unter den Linden vom Ministerium für Staatssicherheit als Inoffizieller Mitarbeiter eingestuft worden ist (und zwar als einer der gehobenen, auch für Auslandskontakte geeigneten), steht mittlerweile außer Frage. Der Streit im Konzil ging darum, ob Fink wußte, wie ihn die «Firma» klassifiziert hat – mit anderen Worten, ob er sich selbst als Inoffizieller Mitarbeiter der Stasi sah oder ob er unwissentlich, ja gegen seinen Willen als Quelle «abgeschöpft» wurde.

Heinrich Fink bestreitet entschieden, daß er bewußt für die Staatssicherheit gearbeitet hat. Seine Kontakte mit dem Haus von Erich Mielke hätten sich zwangsläufig aus seinem Amt als Leiter der Sektion Theologie an der Humboldt-Universität ergeben, heißt es in seiner Erklärung vom 26. November. Es sei ihm bei diesen Gesprächen darum gegangen, Studenten vor Repressalien des Staates zu schützen, sodann seine, Finks, Aktivität zugunsten einer Aussöhnung mit Israel und dem Judentum zu rechtfertigen und schließlich eine interdisziplinäre wissenschaftliche Arbeitsgruppe zur Integration homosexueller Bürger abzuschirmen. Überdies sei er sowohl vor als auch nach mehreren ökumenischen Symposien «ständig» von den Sicherheitsbeauftragten der Universität befragt worden.

Ist der «engagierte Christ» (so Fink über Fink) von der Stasi also mißbraucht worden? Hat er, der nur Gutes bewirken wollte, einfach nicht gesehen, welch nützliche Quelle er für die Staatssicherheit war? In der Konzilssitzung vom 29. November hat Joachim Gauck einem immer wieder johlenden Publikum geduldig darzulegen versucht, daß Fink vermutlich zu Recht behauptet, er habe sich weder schriftlich noch «durch Handschlag» zur Zusammenarbeit mit der Stasi verpflichtet. Im kirchlichen Bereich wurde auf derlei Formalitäten häufig verzichtet. Es genügte das, was die Juristen «konkludentes Verhalten» nennen – die Einwilligung in die Zusammenarbeit mit den Sicherheitsbehörden unter Beachtung konspirativer Regeln der Geheimhaltung. Wenn Fink als Inoffizieller Mitarbeiter eingestuft worden ist, dann lag das an seiner Bereitschaft zu loyaler Kooperation mit einem Regime, das er, vielleicht bei manchen Vorbehalten im einzelnen, doch innerlich bejahte.

Und nicht nur innerlich. Die Christliche Friedenskonferenz, zu deren prominentesten Figuren Fink und sein Mentor Hanfried Müller gehörten, darf getrost als eine kommunistische Tarnorganisation bezeichnet werden. Wenn das Ministerium für Staatssicherheit 1969 in einem «Werbungs- und Qualifizierungsplan» verlangte, es solle «zielstrebig damit begonnen werden, ihn (Fink) im Auftrag des MfS in wichtigen internationalen Gremien tätig werden zu lassen», dann duften Mielke und seine Leute gewiß sein, dass der Umworbene aus Überzeugung mitspielen würde. Er hielt die DDR nun einmal für ein Unterpfand des Friedens in Europa und den real existierenden Sozialismus für das einzig zukunftsträchtige, weil gerechte Gesellschaftssystem. Wer so dachte und entsprechend handelte, ohne selbst Mitglied der SED zu sein, der war aus der Sicht der Staatssicherheit ein idealer Einflußagent, und in ebendiese Rolle ist Heinrich Fink seit 1969 Schritt für Schritt hineingewachsen.

Im September 1974 tat der Berliner Theologe in der Zeitschrift *Standpunkt* seine Position mit unüberbietbarer Deutlichkeit kund. «Im 25. Jahr unserer Republik können wir sagen», schrieb Fink, «daß alle Versuche, die Kirchen in der DDR zur Vorhut der antikommunistischen Kampagne zu machen, auch daran scheiterten, daß Laien, Pfarrer und Universitätstheologen immer klarer die gesellschaftliche Relevanz der biblischen Verpflichtung zum Frieden erkannten. Die Verlautbarungen der Christlichen Friedenskonferenz spiegeln besonders deutlich den Entwicklungsprozeß vom anfänglich impulsiv pazifistischen Protest gegen die Atomwaffen hin zum abgewogenen Engagement im Kampf gegen Imperialismus und Rassismus.»

Finks praktisches Wirken stand mit diesem Bekenntnis in Einklang. Die von ihm geleitete Sektion Theologie an der Humboldt-Universität zu Berlin fungierte als Gleichschaltungszentrale. Von hier aus wurde versucht, die Theologie an allen Universitäten der DDR auf die jeweilige Linie des Regimes zu bringen, abweichende Meinungen also entschieden zu bekämpfen. «Ich habe Fink gekannt als Repräsentanten der Bejahung des real existierenden Sozialismus und als Vertreter der sozialistischen Universitätspolitik», sagt der heutige Dekan des Fachbereichs Theologie der Humboldt-Universität, Wolf Krötke. Freilich habe Fink die Durchsetzung dieser Politik «sehr konziliant und dialogbereit» betrieben – Eigenschaften, die auch noch dem späteren Rektor der Berliner Universität zustatten kommen sollten.

Vor den Feiern zum 40. Jahrestag der «Befreiung vom Faschismus» im Frühjahr 1985 ereignete sich in Ost-Berlin etwas, das ein Schlaglicht auf Finks politische Haltung wirft. Auf der konstituierenden Sitzung der «Kommission für die Sektionen Theologie beim Ministerium für das Hoch- und Fachschulwesen» am 2. Mai 1985 hielt der Leipziger Kirchenhistoriker Kurt Nowak einen Vortrag zum Thema «Zusammenbruch oder Befreiung?». Nowak fragte, was mit den Kirchen geschehen wäre, wenn das nationalsozialistische Deutschland 1945 den Krieg gewonnen hätte. Er kam zu dem Ergebnis, daß die Verhältnisse in der DDR des Jahres 1985 für die christlichen Kirchen alles in allem weit erträglicher seien als das Schicksal, das sie ereilt hätte, wäre die Geschichte anders verlaufen und das Regime ein nationalsozialistisches geblieben. Heinrich Fink fand diesen Vergleich empörend. In Gegenwart des stellvertretenden Ministers für Hoch- und Fachschulwesen, Gerhard Engel (der nach der «Wende» von 1989 zum Mitglied des Lehrkörpers des Instituts für Geschichtswissenschaft an der Humboldt-Universität ernannt wurde), warf Fink seinem Leipziger Kollegen vor, er diffamiere den Sozialismus, indem er diesen nur relativ zum Faschismus als das bessere System gelten lasse. Es war nicht bloße Liebedienerei gegenüber dem SED-Staat, die Fink zu dieser prompten Intervention trieb. Er hatte seine Rolle längst verinnerlicht. Der Mann sagte, was er dachte.

Das ist heute nicht anders. Fink, seit dem April 1990 Rektor der Humboldt-Universität, spricht von der notwendigen Erneuerung seiner Alma mater, und er glaubt auch jetzt, was er sagt. Er hat die Arbeit der ost-westlichen Struktur- und Berufungskommissionen, die an ideologisch besonders belasteten Fachbereichen für einen Revirement sorgen sollen, unterstützt, soweit es um Neuberufungen ging. Er weiß, daß die Humboldt-Universität ohne Westimporte nicht überleben kann. Aber zugleich versucht er, von den alten Lehrkräften so viele wie möglich im Amt zu halten. Entlassungen hat es zwar beim nichtwissenschaftlichen Personal, vom Pförtner bis zur Sekretärin, gegeben, kaum dagegen unter den Professoren. Fink ist insoweit ein reiner Ankündigungsrektor geblieben, tat also genau das, was die alten Kader von ihm erwarteten. Seine stärkste Stütze ist nicht zufällig die PDS, die an der Humboldt-Universität nach wie vor über erheblichen Einfluß verfügt. Die Partei des Demokratischen Sozialismus wußte von Anfang an sehr wohl, was sie an Fink hatte – nämlich sehr viel mehr als an jedem Rektor, der aus den Reihen der SED hervorgegangen ist und schon deshalb angreifbar gewesen wäre.

Die PDS ist es denn auch, die am eifrigsten an der Wiederwahl Heinrich Finks arbeitet. Fink beherrscht die Rhetorik der Erneuerung perfekt. Er hat ein sicheres Gespür dafür, wo Frontbegradigungen unvermeidbar sind. Er hat es verstanden, sich zur Symbolfigur einer angeblich eigenständigen Reform zu machen, die in Wahrheit ein Höchstmaß an Erhaltung überkommener Strukturen bedeutet.

Wie die PDS Fink instrumentalisiert, so instrumentalisiert dieser die Studierenden. Sie unterstützen den Rektor, weil er gegen westliche «Überfremdung» steht. Er verkörpert wie kein anderer die Umwandlung der Humboldt-Universität von der Kaderschmiede der SED in ein Netzwerk von Nischen, die Schutz gewähren vor den rauhen Winden des Wettbewerbs. Fink personifiziert den Glauben an einen «dritten Weg» – einen uralten deutschen Mythos, der zwar immer wieder von der Wirklichkeit widerlegt wurde, aber auch heute noch einige der besten Köpfe der Bürgerrechtsbewegung umtreibt. Sie eilen Fink zu Hilfe und weigern sich, dem belastenden Material zu glauben, das die Gauck-Behörde am 29. November Wissenschaftssenator Manfred Erhardt und mit Finks Einwilligung dem Konzil der Humboldt-Universität zugänglich gemacht hat. Die Aktenlage ist, da die Stasi die Hauptmasse der Unterlagen im Dezember 1989 vernichten ließ, nicht eben dicht, aber auch nicht weniger beweiskräftig als im Fall Lothar de Maizière. Dieser freilich hatte, als er von seinen politischen Ämtern zurücktrat, keine Hausmacht mehr hinter sich. Das unterscheidet ihn von «Deutschlands beliebtestem Rektor», wie eine Berliner Zeitung Fink kaum übertreibend genannt hat.

«Ich oder die westliche Überfremdung»: Fink findet Beifall, wenn er die Alternative so stellt. Der akademische Festakt für die neuimmatrikulierten Studierenden am 25. November in der Komischen Oper, wenige Stunden bevor Fink vom Brief der Gauck-Behörde in Kenntnis gesetzt wurde, geriet zu einer großangelegten Wahlkundgebung für den amtierenden Rektor. Ein Nobelpreisträger, Elie Wiesel, wurde aus Boston eingeflogen, um für «my dear friend» Heinrich Fink Zeugnis abzulegen; der ehemalige Generalsekretär des Ökumenischen Rates der Kirchen, Philip Potter aus Jamaika, den die Sektion Theologie 1986 zum Ehrendoktor gemacht hatte, ließ die «prestigious University» Unter den Linden hochleben und versicherte den Studierenden, daß sie stolz darauf sein könnten, ihren neuen Lebensabschnitt unter der Ägide Heinrich Finks zu beginnen.

Zwischen seinen persönlichen Verstrickungen und dem Schicksal der Humboldt-Universität vermag Fink offenbar nicht mehr zu unterscheiden. Wo die Gauck-Behörde Erkenntnisse mitteilt, wittert er eine politisch motivierte Kampagne – eine Verschwörung, die sich nicht nur gegen ihn als Person richtet, sondern gegen «seine» Universität und ihre Studierenden, ja mehr noch: gegen die «engagierten Christen» und alle anständigen Menschen der ehemaligen DDR, die ihre Identität in das neue Deutschland hinüberretten wollen. Weil er ausdrückt, was viele empfinden, ist er kein einsamer Mann. Er hat eine starke Mehrheit der Lehrenden und Lernenden an der Humboldt-Universität hinter sich gebracht, die wie er dabei sind, jenes Wort von Karl Marx abzuwandeln, das noch immer die Eingangshalle des Hauptgebäudes ziert: Da sich die Vergangenheit nicht mehr verändern läßt, kommt es darauf an, sie anders zu interpretieren.

Das Zwielicht, das Fink umgibt, hat schon jetzt dem Amt des Rektors und der von ihm vertretenen Hochschule schweren Schaden zugefügt. Die Humboldt-Universität ist aber nicht die persönliche Domäne des Heinrich Fink oder der jeweiligen «Humboldtianer». Sie ist eine öffentliche Einrichtung, die eine Verantwortung gegenüber der Gesellschaft als Ganzer trägt. Ein Rektor, der sich in erster Linie der Verteidigung seiner selbst widmet, kann dieser öffentlichen Verantwortung nicht gerecht werden.

2. ERNEUERUNG VERLANGT AUFARBEITUNG

DIE GESCHICHTSWISSENSCHAFT AN DER BERLINER HUMBOLDT-UNIVERSITÄT IM UMBAU

Februar 1992

Vorbemerkung der «Süddeutschen Zeitung»: Die Reform der Universitäten der ehemaligen *DDR* geht nicht ohne Konflikte vor sich. Nicht immer werden sie so offen ausgetragen wie am Institut für Geschichtswissenschaften der Humboldt-Universität. Als dessen Direktor wurde der Freiburger Historiker Heinrich August Winkler gewählt, aber vom Prorektor dann nicht ernannt. Man warf ihm vor, daß er sich in der Debatte um den umstrittenen Rektor Heinrich Fink an die Öffentlichkeit gewandt hatte. Die Lehrveranstaltungen Winklers wie der mit ihm berufenen Historiker aus dem Westen werden von der Humboldt-Universität nahezu ignoriert. Dennoch spricht Winkler von einer Erfolgsbilanz der ost-westlichen Struktur- und Berufungskommission Geschichte. Diesen Reformbemühungen stünden, so sagte er in einer von dem StudentInnenrat und dem Unabhängigen Historikerverband einberufenen Versammlung, jene Kräfte gegenüber, welche die Reformrhetorik perfekt beherrschen, aber keine wirkliche Erneuerung wollen.

Ich frage mich, warum zurzeit manche Berufungsverhandlungen kaum vom Fleck kommen. Liegt es nur am Diktat der leeren Kassen und der überfüllten Räume? Oder sollte es in der Universitätsleitung eine Tendenz geben, zu «mauern» – um möglichst viel vom alten Personalbestand zu behalten? Von den besonders belasteten Professoren der Geschichte hat bisher nur einer gehen müssen, und der versucht mit allen Mitteln zurückzukehren.

Die Struktur- und Berufungskommission Geschichte hat den «alten» Lehrkörper evaluiert, das heißt sie hat direkt gesagt, wer bleiben soll, und indirekt, wer nicht. Aber sie wollte allzu lange, bis Ende Januar, nicht jene schriftlichen Kündigungsempfehlungen verfassen, ohne die es eine Kündigung nun einmal nicht geben kann. Inzwischen hat sie diesen überfälligen Schritt getan, so daß es in den nächsten Monaten Klarheit über die künftige Zusammensetzung des Lehrkörpers geben wird.

Bleibe- und Kündigungsempfehlungen sind noch keine Entscheidungen. Solche Entscheidungen muß die zentrale Personalkommission treffen. Bis dahin wird es noch eine Phase der Ungewißheiten geben. Nach welchen Kriterien sollten Entscheidungen über die weitere Beschäftigung oder das Ausscheiden aus dem Lehrkörper gefällt werden? Ich kann Ihnen hier nur meine Position darlegen.

1. Niemand darf deswegen diskriminiert werden, weil er oder sie einen marxistischen Ansatz verfolgt. Nicht der heuristische Gebrauch einer an Marx orientierten Methode ist wissenschaftsfeindlich, sondern die Verfälschung dieser Methode durch den Marxismus-Leninismus. Was man unter marxistisch-leninistischer Geschichtspolitik zu verstehen hat, zeigt der «Studienplan für die Fachrichtung Geschichte», von 1984 bis 1989 für alle Universitäten und Hochschulen der DDR verbindlich. Ich zitiere daraus:
   «Orientiert und an den Interessen der Arbeiterklasse und ihrer marxistisch-leninistischen Partei hat die Geschichtswissenschaft mit ihren spezifischen Mitteln in Forschung, Lehre, Erziehung und politisch-ideologischer Bewußtseinsbildung der Werktätigen wesentlich zur allseitigen Stärkung des sozialistischen Staates der Arbeiter und Bauern beizutragen ... Die Studenten werden befähigt, als Propagandisten zur sozialistischen Bewußtseinsbildung beizutragen und dazu erzogen, ihre künftige Tätigkeit als politische Funktion aufzufassen und wahrzunehmen sowie entsprechend den jeweiligen gesellschaftspolitischen Erfordernissen von Partei und Staatsmacht einsetzbar zu sein.»
2. Die zitierten Passagen sind ein Produkt der Generallinie der SED. Dennoch darf niemand bloß deshalb aus dem Lehrkörper ausgeschlossen werden, weil er oder sie einmal der SED angehört hat oder heute der PDS angehört. Es gibt eine Reihe von Historikern und Historikerinnen aus der ehemaligen DDR, die trotz der doktrinären Vorgaben

der SED wissenschaftliche Leistungen erbracht haben, auf die sie stolz sein können.

3. Dem Lehrkörper kann aus moralischen, aber auch aus zwingenden rechtlichen Gründen nicht mehr angehören, wer zu einem Geschichtspropagandisten geworden ist, also die Wissenschaft verraten hat; wer für die Staatssicherheit gearbeitet hat; wer politisch motivierte Relegationen von Studierenden betrieben oder vollzogen hat.

Wühlen ist unser Beruf

Auf der Versammlung der ‹neuen› und ‹alten› Angehörigen des Instituts für Geschichte habe ich viele Namen relegierter und verfolgter Studentinnen und Studenten genannt. In der Diskussion wurde dann gemahnt, wir sollten nicht in der Vergangenheit «wühlen». Aber dieses «Wühlen» ist nun einmal unser Beruf als Historiker. Vergangenheit, Gegenwart und Zukunft lassen sich nicht «undialektisch» auseinanderreißen. Wer sich auf Marx beruft, sollte dem eigentlich nicht widersprechen können.

Anders ausgedrückt: Es wird keine Erneuerung am Institut für Geschichtswissenschaften geben ohne Aufarbeitung der Vergangenheit. Davon ist bisher nicht viel zu spüren gewesen. Aber es ist besser, heute über die düsteren Kapitel in der Geschichte der Sektion Geschichte der Humboldt-Universität zu sprechen, als diese Vergangenheit zu verdrängen. In der «alten» Bundesrepublik ist nach 1945 soviel Geschichte verdrängt worden, daß der Protest von 1968 im nachhinein fast programmiert erscheint.

Die linke Studentenbewegung hat manche überfällige Erneuerung erzwungen, aber auch neue Fehlentscheidungen eingeleitet, von denen sich einige Universitäten und Universitätsinstitute bis heute nicht erholt haben. So war die «Drittelparität», deren Erprobung ich am Otto-Suhr-Institut der Freien Universität Berlin erlebt habe, alles andere als eine Erfolgsgeschichte. Ein neues 1968, vielleicht diesmal von «rechts», als Folge einer neuerlichen Verdrängung von Vergangenheit – das ist so ziemlich das letzte, was wir wünschen können.

Notwendige Zusammenarbeit

Trotzdem hört man immer wieder den Vorwurf der «Nestbeschmutzung», wenn Kritik an der fehlenden Selbsterneuerung der Humboldt-Universität laut wird. Als ob die Kritiker den Schmutz ins Nest gelegt hätten! Auch für den Schmutz im Nest gilt vielmehr das Verursacherprinzip. Deswegen nochmals: Wer Studierende oder auch Kolleginnen und Kollegen bedroht und verfolgt hat, weil sie nicht auf der Parteilinie lagen, weil sie 1968 gegen die Invasion der Warschauer-Pakt-Truppen in der Tschechoslowakei, 1976 gegen die Ausbürgerung von Wolf Biermann oder wann auch immer gegen die Politik der SED protestiert haben, der kann und darf in einem Rechtsstaat nicht Hochschullehrer bleiben. Die aktive Mitwirkung an politisch motivierten Relegationen ist kein Kavaliersdelikt, das sich mit einer verspäteten und pauschalen Entschuldigung aus der Welt schaffen läßt. Solche Sanktionen disqualifizieren den, der sie betrieben oder durchgeführt hat, für den Beruf des Hochschullehrers.

Mit allen, die sich solche Vorwürfe nicht machen lassen müssen und positiv «evaluiert» worden sind, ist die Zusammenarbeit nicht nur möglich, sondern notwendig. Zusammen mit ihnen wollen sich die neuberufenen Professoren den Themen widmen, die nach einer Kooperation förmlich rufen. Ich nenne als Beispiele die Geschichte der Sektion Geschichte an der Humboldt-Universität; die Rolle der Geschichtswissenschaften in beiden deutschen Staaten; die vergleichende Untersuchung der deutschen Geschichte nach 1945; den Vergleich von Stalinismus und Nationalsozialismus; die Geschichte der deutschen und internationalen Arbeiterbewegung. Und wenn Zusammenarbeit sich bei solchen kontroversen Themen bewährt, warum denn nicht erst recht bei den weniger umstrittenen?

Bis zur Wahl eines Institutsrates oder Fachbereichsrates (hoffentlich noch in diesem Jahr) wird ein beratendes Gremium, dem Vertreter und Vertreterinnen des alten und des neuen Lehrkörpers wie auch der Studierenden angehören, an der Reform des Instituts für Geschichtswissenschaften arbeiten. Dazu gehört die rasche Vorlage von Studienplänen und Prüfungsordnungen, wobei wir uns an bewährte Vorbilder anlehnen werden, aber keines sklavisch nachahmen wollen. Etwas weniger Verschulung als an manchen Instituten der Freien Universität wäre schon gut. Ansonsten muß es zwischen den Berliner Hochschulen soviel Durchlässigkeit und Mobilität geben wie nur irgend möglich.

Der inhaltlichen Erneuerung soll auch eine Vortragsreihe zur Ortsbestimmung der Gegenwart dienen. Die neu berufenen Professoren planen diese Reihe, die nach einem Vorschlag von Wolfgang Hardtwig unter dem Titel «Wahrnehmungen. Zum deutschen Befinden in Ost und West» stehen soll, für das kommende Sommersemester. Wir wollen mit Schriftstellern und Schriftstellerinnen sowie Politikern diskutieren und hoffen, daß das auch ein Beitrag zum intellektuellen Diskurs Berlins wird.

Die Erneuerung der Humboldt-Universität ist nicht gescheitert, aber sie ist auch noch längst nicht gelungen. Die Entscheidung über das weitere Schicksal dieser Hochschule wird wohl noch in diesem Jahr fallen. Vielleicht tut die Universität Unter den Linden in diesen Tagen gut daran, sich der Worte eines linken Hegelianers zu erinnern. Im August 1843 schrieb Arnold Ruge an Karl Marx: «Wir können unsere Vergangenheit nicht anders fortführen als durch den entschiedensten Bruch mit ihr.»

3. DER TÄTER ALS OPFER

OTTO KÖHLER, FREIBURG UND DIE HUMBOLDT-UNIVERSITÄT

September 1993

Wenn der Journalist Otto Köhler zur Feder greift, hält er es meist, frei nach Fritz Reuter, «mehr mit der Fixigkeit als mit der Richtigkeit». Hauptsache, es bleibt etwas hängen, lautet sein ungeschriebenes Motto. Diesem Ziel müssen sich dann die Fakten fügen, und wehe ihnen, wenn sie es nicht tun.

Auch in seinem Artikel «Vom Niveau zur Gurgel», veröffentlicht im Maiheft 1993 von *Konkret* und zuvor schon am 17. Dezember 1992 in der Sendung *Kritisches Tagebuch* des WDR ausgestrahlt, bleibt Köhler diesem Ansatz treu. Der Aufsatz befaßt sich mit «Säuberungen» (O-Ton Köhler) am Institut für Geschichtswissenschaften der Humboldt-Universität zu Berlin. Die Rolle des Schurken in diesem Stück hat Köhler mir zugedacht, und natürlich bemüht er sich, das zu belegen. So behauptet er beispielsweise, ich sei im Januar 1991 (sic!) per «Zwangseinsetzung» durch Senator Erhardt Direktor des Instituts für Geschichtswissenschaften geworden und hätte meinem Amtsvorgänger, Professor Ingo Materna, in brüsker Form mitgeteilt, fortan sei ich der Institutsdirektor.

Fast bin ich versucht, im Stil von Radio Eriwan zu sagen: «Im Prinzip ja ...». Aber ein bißchen anders war es doch. Anfang Oktober 1991 hatte ich als erster der neuberufenen Geschichtsprofessoren meine Arbeit an der Humboldt-Universität aufgenommen. Entsprechend den Bestimmungen des Ergänzungsgesetzes zum Berliner Hochschulgesetz mußte einer der neuberufenen Professoren das Amt des Institutsdirektors übernehmen. Die Bitte, daß ich dies tun möge, richtete der damalige Rektor

Fink an mich. Am 27. November 1991 teilte mir Materna mit, daß seine Amtszeit als Institutsdirektor am 1. Dezember auslaufe und er daher den Rektor der Humboldt-Universität gebeten habe, die Institutsleitung neu zu ordnen. Am 4. Dezember 1991 nominierten mich die neuberufenen Professoren der Geschichte für dieses Amt. Von diesem Votum setzte ich Professor Materna ebenso wie den amtierenden Rektor und den Senator für Wissenschaft und Forschung in Kenntnis.

Am Tag nach meiner Nominierung, dem 5. Dezember 1991, erschien in der *Frankfurter Allgemeinen Zeitung* mein Artikel «Ein Rektor im Zwielicht. Der Fall Fink oder: Der schöne Schein der Erneuerung». Der Aufsatz erregte das Mißfallen von zwei der drei Prorektoren der Humboldt-Universität, und das hatte zur Folge, daß sich meine Ernennung zum Institutsdirektor um einige Wochen hinauszögerte. Zu denen, die die Universitätsleitung daran erinnerten, daß die Meinungsäußerung eines Professors keine Abweichung von geltenden Gesetzen rechtfertige, gehörte Senator Erhardt. Am 28. Januar 1992 wurde der Konflikt beigelegt. Der amtierende Rektor Zschunke ernannte mich zum Institutsdirektor und die Dozentin Dr. sc. Ruth Struwe, ein aus der Humboldt-Universität stammendes Mitglied der ost-westlichen Struktur- und Berufungskommission Geschichte, zu meiner Stellvertreterin.

À propos Struktur- und Berufungskommission (SBK): Köhler wartet in seinem Artikel mit der sensationellen Mitteilung auf, der Senator für Wissenschaft und Forschung habe einen «Wessi» auf den Lehrstuhl für brandenburgische Landesgeschichte berufen und sich damit über die Beschlüsse der SBK hinweggesetzt, die zwei Mitglieder des bisherigen Lehrkörpers, die Experten auf diesem Gebiet seien, positiv evaluiert habe. Tatsächlich folgte der Senator mit seiner Entscheidung exakt der von der SBK beschlossenen Berufungsliste. Positive Evaluierung ist nämlich eines, Berufung etwas anderes. Positiv evaluierte Dozenten aus der früheren Sektion Geschichte der Humboldt-Universität, die von der SBK nicht auf den ersten Platz einer Berufungsliste (oder überhaupt nicht auf die Liste) gesetzt wurden, gehören dem neuen Lehrkörper befristet via «Überhangkapitel» an. Köhler weiß das offenbar nicht, und ich vermute, er will es auch gar nicht wissen, weil das sein Bild von der «Landnahme» im Osten empfindlich stören würde.

Für seine These von meiner «Zwangseinsetzung» durch Senator Erhardt bemüht Köhler einen Zeugen, der es wissen muß: den Münchner Althistoriker Christian Meier. Der hat zwar, seit ich an der Humboldt-Universität lehre, nie das Gespräch mit mir gesucht, aber das hielt er auch nicht für erforderlich, um ex cathedra jenes Urteil abzugeben, das Köhler aus einem Artikel von Sabine Etzold in der ZEIT vom 14. Februar 1992 zitiert: «Man (gemeint ist Senator Erhardt) muß schon mit dem Feingefühl eines Panzers ausgestattet sein, um an eine der schwierigsten Stellen der Humboldt-Universität einen Mann zu setzen, dessen Takt indirekt (Köhler verbessert: umgekehrt) proportional ist der Schwierigkeit der Aufgabe, die sich ihm stellt.» Daß Meier im September 1990 noch die totale «Abwicklung» der politisch belasteten Wissenschaftseinrichtungen Ostdeutschlands gefordert hat, enthält Köhler seinen Lesern wohlweislich vor. Und natürlich auch Meiers Begründung: «Weithin sind die alten Verbindungen, ist die Solidarität der einstmals Herrschenden und jetzt von Entlassungen Bedrohten in den für das SED-Regime wesentlichen Fachbereichen noch durchaus intakt. Alte Hackfolgen gelten weiter. Die Gewöhnung an Abhängigkeit, an Unterwürfigkeit setzt sich fort, selbst wo die Lehre inhaltlich umgestellt wird. ... Bei aller Verunsicherung, allem Opportunismus scheint die Veränderung bei vielen der alten Professoren nicht sehr tief zu greifen. Was sie alles getan haben, um die Anforderungen des alten Systems geistig zu exekutieren, ist ihnen zumeist gar nicht klar.»

Die Stories vom Kolonisator Winkler und den Machenschaften seines Auftraggebers Erhardt sind sprechende Beispiele für Köhlers journalistische Akkuratesse. Aber der Autor steigert sich noch. Sein eigentlicher Clou ist eine «Enthüllung» aus meinem Vorleben. 1975/76 soll ich an der Relegation eines Studenten mitgewirkt haben, wobei die Angaben über den Ort der Handlung schwanken. Einmal heißt es in dem Artikel, ich sei vor 18 Jahren Professor und Dekan in Tübingen gewesen, dann wieder, die Sache spiele in Freiburg.

Richtig ist, daß ich 1963 in Tübingen promoviert wurde und von 1972 bis 1991 in Freiburg Professor war, im Amtsjahr 1976/77 auch Dekan der Philosophischen Fakultät IV. 1975/76 war ich Geschäftsführender Direktor des Historischen Seminars. In diese Zeit fielen Versuche der Kommunistischen Hochschulgruppe, der Studentenorganisation des maoistischen Kommunistischen Bundes Westdeutschland (KBW), Freiburg neben

Heidelberg zu ihrer zweiten Hochburg in Baden-Württemberg zu machen. Um Aufmerksamkeit zu erregen, wurden serienweise Lehrveranstaltungen gesprengt und mehrere Hochschullehrer tätlich angegriffen.

Am 25. November 1975 versuchten Aktivisten des KBW eine Sitzung des Fakultätsrates der Philosophischen Fakultät IV zu sprengen, wobei der Dekan, der Politologe Wolfgang Jäger, leicht verletzt wurde. Der Rektor der Universität, Helmut Engler, nahm diesen Vorfall zum Anlaß, am 12. Dezember 1975 gegen den Studenten Thomas S., der den tätlichen Angriff auf den Dekan verübt hatte, ein Ordnungsverfahren einzuleiten. Gleichzeitig warnte der Rektor den Studenten nachdrücklich und unter Hinweis auf die Rechtslage vor neuerlichen Störungen von Lehrveranstaltungen. Die Warnung war vergeblich. Die Sprengungen von Seminaren und Vorlesungen, darunter auch der meinen, gingen weiter, wobei der KBW vor einem der Kollegiengebäude sogar Barrikaden errichtete. Den Höhepunkt erreichten die Störaktionen am 4. Februar 1976. Für diesen Tag hatte der KBW zur Sprengung einer Sitzung des Großen Senats aufgerufen. Vor laufenden Fernsehkameras versuchte der Student Thomas S., dem Rektor einen Maulkorb ins Gesicht zu pressen. Wenig später mußte die Sitzung abgebrochen werden.

Am 9. Februar 1976 erging der Bescheid der Ordnungsbehörde. Der Student Thomas S. mußte sein Studium für die Dauer eines Semesters unterbrechen. Die Relegation – die einzige, die es in den 19 Jahren meiner Freiburger Lehrtätigkeit an der Philosophischen Fakultät IV gegeben hat – wurde begründet mit Aufrufen zur Störung von Lehrveranstaltungen, mit der Sprengung von Lehrveranstaltungen und dem tätlichen Angriff auf Dekan Jäger. Eine Strafanzeige erstattete keiner der betroffenen Professoren. Die Ordnungsmaßnahme trug dem Grundsatz der Verhältnismäßigkeit Rechnung; sie machte aber auch deutlich, daß die Universität entschlossen war, künftigen Gewaltaktionen wirksam zu begegnen – wenn irgend möglich, mit ihren eigenen Mitteln und ohne Einsatz von Polizei.

Otto Köhlers «Kronzeuge» für die Freiburger Vorgänge von 1975/76 ist der damalige Student Thomas S. Dessen Darstellung ist – sagen wir: eigenwillig. Nicht er habe den Dekan angegriffen, sondern er ihn, und nur durch einen «Befreiungsschlag» habe er, Thomas S., sich der Attacke erwehren können. Mich wundert, daß er nicht noch einen Schritt weitergeht und behauptet, zu dem Zusammenstoß sei es gekommen, als ein Störtrupp radikaler Professoren die friedlich beratenden Studenten des KBW überfallen habe.

Auch sonst nimmt es Thomas S. (der übrigens, entgegen seinen heutigen Angaben, niemals studentisches Mitglied des Fakultätsrates war) mit der Wahrheit nicht so genau. Über mich verbreitet er, ich hätte Fakultätsunterlagen, die eine Studentin belasteten, an das Oberschulamt weitergeleitet. Das ist frei erfunden, paßt aber nur zu gut in Köhlers Bild. Einen anderen ehemaligen KBW-Funktionär läßt der Autor mit der Behauptung zu Wort kommen, ich hätte mich von 1974 bis 1978 als «Anzeiger beim Rektorat» betätigt. Erfreulicherweise gab es nach den KBW-Krawallen von 1975/76 aus dem Freiburger Historischen Seminar nichts mehr «anzuzeigen». Über die Störungen des Lehrbetriebs, die in meine Amtszeit als Geschäftsführender Direktor fielen, habe ich den Dekan und den Rektor natürlich informiert. Nur ein professoraler Komplize des KBW hätte anders handeln können – und damit seine Dienstpflichten gröblich verletzt.

Angenommen, nicht linksradikale, sondern rechtsradikale Studenten hätten 1975/76 Professoren der Universität Freiburg tätlich angegriffen und ihre Lehrveranstaltungen systematisch gestört. Otto Köhler hätte in diesem Fall vermutlich von faschistischem Terror gesprochen und die maßvollen Sanktionen des Rektors als knieweiches Kapitulantentum gebrandmarkt. Doch wenn zwei dasselbe tun, ist es bekanntlich noch lange nicht dasselbe. Wann Gewalt ein legitimes Mittel zur Vertretung politischer Ziele ist und wann nicht: darüber entscheidet Otto Köhlers gesundes Rechtsempfinden.

Mit seinen Erzählungen aus dem Schwarzwald verfolgt Köhler einen strategischen Zweck: Er betreibt eine Entlastungsoffensive zugunsten von «alten» Humboldt-Professoren, die zu DDR-Zeiten an der Relegation politisch mißliebiger Studenten mitgewirkt haben. Von der Universität vertrieben wurden im Lauf der Jahre unter anderen etwa dreißig Studenten der Geschichte und der Bibliothekswissenschaft. Den Anlaß zu diesen Abstrafungen gaben 1968 Kritik an der Intervention der Warschauer Paktstaaten in der Tschechoslowakei, 1972 das Engagement für einen «Sozialismus mit menschlichem Antlitz» und 1976 Proteste gegen die Ausbürgerung von Wolf Biermann.

Wer die Universität verlassen mußte, wurde meist zur Bewährung «in die Produktion» geschickt, mitunter auch zu einer Gefängnisstrafe verurteilt. Glück im Unglück hatte noch, wer später an die Universität zurückkehren oder als «Externer» einen akademischen Grad erwerben konnte. Viele der Relegierten schafften das nicht. Für sie bedeutete der Ausschluß von der Universität das Ende ihres Traumes von einem akademischen Beruf und oft eine bis heute nachwirkende persönliche Katastrophe.

Mit einem der Relegierten zu sprechen hat Köhler nicht für nötig gehalten. Dagegen führte er ein ausführliches Gespräch mit Kurt Pätzold, der schon als Assistent an der Sektion Geschichte der Humboldt-Universität an politisch motivierten Relegationen mitgewirkt hatte. Im Frühjahr 1968 etwa forderte er Studenten der von ihm geleiteten Gruppe von Diplomanden auf, ihre Meinung zum «Prager Frühling» zu äußern. Nach der gewaltsamen Zerschlagung des reformkommunistischen Experiments im August 1968 wurden die schriftlich festgehaltenen Äußerungen zum Anlaß genommen, regimekritische Studenten von der Universität zu verweisen. Vor ihrer Relegation mußten sich die Betroffenen auf Pätzolds Betreiben Tribunalen der FDJ stellen.

Ich bin in Köhlers Visier geraten, weil ich mehrfach öffentlich die Auffassung vertreten habe und weiter vertrete, daß in einem Rechtsstaat nicht Hochschullehrer bleiben kann, wer zu Zeiten der Diktatur Kollegen denunziert oder Studenten verfolgt hat. Köhler versteht das Handwerk des Demagogen. Er verwischt im Handumdrehen die Unterschiede zwischen Rechtsstaat und Diktatur und tut so, als seien «Relegationen» in der DDR und in der alten Bundesrepublik dasselbe gewesen. Kurt Pätzold, so suggeriert Köhler seinen Lesern, habe im Grunde nichts anderes getan als jener West-Professor Winkler, den er Pätzolds «gnadenlosen Ankläger» nennt. Da die Humboldt-Universität Pätzold inzwischen gekündigt und dieser seinen Prozeß gegen die Universität in erster Instanz verloren hat, fällt es Köhler nicht schwer, den Unterdrücker von gestern als Underdog von heute zu porträtieren. Der Sophist von «Konkret» weiß, wie man Täter in Opfer verwandelt.

Eine andere Gleichsetzung vollzieht dieser begnadete Dialektiker nicht ausdrücklich, aber stillschweigend. Köhlers deutsch-deutsche Analogien ergeben nur Sinn, wenn man die spätstalinistischen Diktaturapostel des

KBW und die Vorläufer der ostdeutschen Bürgerrechtsbewegung moralisch auf eine Stufe stellt. Es lohnt nicht, sich über ein solches Unterfangen zu empören. Es reicht zu wissen, wofür Otto Köhler steht: für einen zynischen Tendenzjournalismus, dem jedes Mittel recht ist, wenn es darum geht, Apologeten der SED-Herrschaft reinzuwaschen.

4. DANZIG STATT DIMITROFF

BERLINER STRASSENNAMEN ALS ERINNERUNGSPOLITIK

1998

Spätestens seit dem 20. Juni 1991 war klar: Es würde Streit geben – Streit um Straßennamen in der Mitte Berlins. An jenem Tag hatte sich der Deutsche Bundestag mit knapper Mehrheit für den Umzug der Verfassungsorgane Bundestag und Bundesregierung vom Rhein an die Spree entschieden. Das künftige Machtzentrum der Bundesrepublik Deutschland war nicht nur geprägt von baulichen Überresten aus der preußischen und der Kaiserzeit sowie des «Dritten Reiches» (die Weimarer Republik hatte in diesem Teil der Stadt sehr viel weniger Spuren hinterlassen). Es gab auch Relikte der DDR in Gestalt von Bauten und Denkmälern und, nicht zuletzt, in der Form der Namen von Straßen und Plätzen.

Im Jahr des Hauptstadtbeschlusses begann die Umbenennung von Straßen. Die Initiative ging meist von den Bezirken aus, wobei häufig Gruppen von Bürgerrechtlern die treibende Kraft waren. Ihren Namen wechselten in der Folgezeit Straßen, die nach prominenten Politikern der DDR wie nach Führern des deutschen und internationalen Kommunismus benannt waren. Wo immer der vorangegangene historische Name unbedenklich erschien, ersetzte er den neuen, nach 1949 eingeführten. So hörten verstorbene Politiker der bürgerlichen Blockparteien wie Johannes Dieckmann und Otto Nuschke, der eine der erste Präsident der Volkskammer, der andere ein stellvertretender Ministerpräsident, auf, Patrone von Straßennamen zu sein: Aus der Johannes-Dieckmann-Straße wurde wieder die Taubenstraße, aus der Otto-Nuschke-Straße wieder die Jägerstraße. Die nach Hermann Matern, einem Altkommunisten und Mitglied des Politbüros der SED, benannte Straße verwandelte sich wieder in die Luisenstraße, die Leninallee wieder in die Landsberger Allee.

Rund zwei Jahre nach der Wiedervereinigung war der Erneuerungseifer, was die Straßennamen anging, weithin erlahmt. Nicht nur die PDS, die 1990 aus der SED hervorgegangen war und im Ostteil Berlins ihre stärksten Bastionen hatte, auch viele Anwohner begehrten gegen weitere Umbenennungen auf. Die anhaltende Kritik an Namen wie Clara-Zetkin-Straße, Marx-Engels-Platz, Dimitroffstraße, Wilhelm-Pieck-Straße geriet in den Verdacht, einem westdeutschen Kulturkolonialismus zu entspringen, und die Bezirke trugen dem erstarkenden Widerstand Rechnung, indem sie sich fortan mit Umbenennungen zurückhielten oder sie rundweg ablehnten.

Um eine der berühmtesten Straßen von Berlin, die Wilhelmstraße, entbrannte ein langwieriger, erbitterter Streit. Der neue, 1964 eingeführte Name «Otto-Grotewohl-Straße» war eine Ehrung des ersten Ministerpräsidenten der DDR, der aus der SPD kam und 1946 zusammen mit Wilhelm Pieck, dem Vorsitzenden der KPD und späteren ersten Präsidenten der DDR, die von der sowjetischen Besatzungsmacht betriebene Verschmelzung von SPD und KPD zur SED vollzogen hatte. Es gab Befürworter einer Beibehaltung dieses Namens, Anwälte des alten Namens, der an den preußischen «Soldatenkönig» Friedrich Wilhelm I. (1713–1740) erinnerte, und Fürsprecher eines «dritten Weges». Der Haupteinwand gegen Wilhelmstraße lautete, daß dieser Name nach 1871 zum Inbegriff deutscher Politik geworden war. Hier hatten, abgesehen vom Deutschen Kaiser und König von Preußen, die Inhaber der wichtigsten Staatsämter ihren Dienstsitz gehabt: der Reichskanzler, der preußische Ministerpräsident, der Außenminister, in der Weimarer Republik auch der Reichspräsident und schließlich nach 1933 Hitler.

Einen Ausweg aus dem Dilemma «Grotewohl oder Wilhelm» versuchten die Bündnisgrünen zu weisen, indem sie den programmatisch gemeinten Namen «Toleranzstraße» ins Gespräch brachten, was ihnen freilich nur bundesweiten Spott eintrug. Da der Bezirk Mitte sich zu einer Umbenennung der Otto-Grotewohl-Straße nicht durchringen konnte, wurde schließlich der Senator für Verkehr und Betriebe, der CDU-Politiker Herwig Haase, tätig. Im Juli 1993 ordnete er die Rückkehr zum alten Namen an. Der Verkehrssenator durfte dies tun, weil die Benennung und

Umbenennung von Straßen im «Zentralen Bereich» Berlins, zu dem das Parlaments- und Regierungsviertel gehört, nur eine «übertragene Vorbehaltsaufgabe» der Bezirke bildet und seiner Fachaufsicht unterliegt.

Um weitere Auseinandersetzungen nach Art des Kampfes um die Wilhelmstraße zu vermeiden, entschloß sich Haase im Sommer 1993 für die Einschaltung eines Sachverständigengremiums. Er berief eine «Unabhängige Kommission zur Umbenennung von Straßen». Ihr gehörten an: zwei Stadtälteste, Ella Barowsky von der FDP und Ursula Besser von der CDU, der Referent im (katholischen) Bischöflichen Ordinariat Peter Matz, der Generaldirektor des Deutschen Historischen Museums, Christoph Stölzl, der Historiker an der Freien Universität Berlin, Arnulf Baring, sowie zwei Historiker der Humboldt-Universität zu Berlin, Laurenz Demps und der Autor dieses Beitrags. Ein weiteres Mitglied, der Vorsitzende der SPD-Fraktion in der Bezirksverordnetenversammlung von Berlin-Mitte, Volker Hobrack, zog sich nach der Konstituierenden Sitzung am 17. September 1993, offenbar unter dem Druck von Parteifreunden, von der weiteren Mitarbeit zurück, so daß die siebenköpfige Kommission, als sie mit der Sacharbeit begann, aus fünf «Westlern», nämlich Baring, Barowsky, Besser, Stölzl und Winkler und zwei «Ostlern», Demps und Matz, bestand.

Über die Maßstäbe, an denen sie sich ausrichten wollte, verständigte sich die Kommission rasch. Im Abschlußbericht vom 17. März 1994 heißt es dazu: «In der politischen Kultur des vereinigten demokratischen Deutschland können die Zeichen- und Symbolsetzungen einer überwundenen Diktatur nicht ungeprüft bleiben ... Überprüfung meint nicht pauschale Verwerfung. Auch die Zeichen der DDR gehören zum geschichtlichen Leben der Bundesrepublik. Sie können aber nur dann gewichteter Teil eines Erinnerungsmusters werden, wenn sie die gesamte Vergangenheit in gerechten Proportionen widerspiegeln.»

Zur Geschichtspolitik der SED habe es gehört, so fuhren die Mitglieder der Kommission fort, «die Rolle ihrer Vorgängerin, der KPD, unkritisch, ja glorifizierend darzustellen. Verschwiegen wurde, daß die KPD und die Kommunistische Internationale erheblich zur Zerstörung der ersten deutschen Demokratie, der Weimarer Republik, und damit, wenn auch ungewollt, zum Triumph der Nationalsozialisten beigetragen haben ... Entsprechend einseitig verfuhr die führende Partei der DDR bei der Benennung von Straßen und Plätzen. Nirgendwo bedarf diese Praxis so dringend einer kritischen Überprüfung wie in der historischen Mitte der Bundeshauptstadt. Dieser Teil Berlins hat für die gesamte Bundesrepublik Deutschland eine herausgehobene Bedeutung ... Die historische Mitte der Bundeshauptstadt darf nicht den Stempel des Geschichtsbildes einer Partei tragen. Sie muß vom Geist des Pluralismus geprägt sein.»

Die Folgerung der Kommission lautete, daß die zweite deutsche Demokratie keinen Anlaß habe, «Politikerinnen und Politiker zu ehren, die aktiv an der Zerstörung der ersten deutschen Demokratie mitgewirkt haben. Dasselbe gilt auch für Politikerinnen und Politiker, die nach 1933 die eine totalitäre Diktatur, die der Nationalsozialisten, bekämpft haben, um eine andere totalitäre Diktatur, die der Kommunisten, an ihre Stelle zu setzen.» Die zweite gesamtdeutsche Demokratie sollte vielmehr «die Erinnerung wachhalten an Politikerinnen und Politiker, die sich für Menschen- und Bürgerrechte, für Rechtsstaat und Demokratie eingesetzt haben ... Die zweite gesamtdeutsche Demokratie steht in einer gemeinsamen schwarz-rot-goldenen republikanischen Tradition. Sie zu pflegen ist eine Aufgabe aller Demokraten.»

Das Credo der Kommission war ein Bekenntnis zum «antitotalitären Konsens», der die alte Bundesrepublik geprägt hatte, und zugleich eine scharfe Kritik an dem «antifaschistischen» Gründungsmythos der DDR. Aus der Einigkeit im Grundsätzlichen ergab sich, daß die meisten konkreten Empfehlungen einstimmig verabschiedet werden konnten. Das galt etwa für den Vorschlag, der die Dimitroffstraße betraf. Als Generalsekretär der Kommunistischen Internationale in den Jahren 1934 bis 1943 und enger Mitarbeiter Stalins war der gebürtige Bulgare Georgi Dimitroff mitverantwortlich für den Terror gegenüber seinen Gegnern in der bulgarischen KP, die 1934 spurlos verschwanden; als bulgarischer Ministerpräsident nach 1946 spielte er eine maßgebliche Rolle bei der Unterdrückung der Opposition und der Errichtung einer stalinistischen Parteidiktatur.

Die Kommission schlug vor, bei der Umbenennung der Dimitroffstraße zweier Politiker zu gedenken, deren Namen eng mit der Geschichte der Weimarer Republik verbunden sind: des Reichsfinanzministers Matthias Erzberger, eines Zentrumspolitikers, der 1921 von Rechtsradikalen ermordet wurde, und des Sozialdemokraten Rudolf Hilferding, der zweimal das Amt des Reichsfinanzministers innehatte und der maßgebliche Theoretiker der Weimarer SPD war. 1933 mußte Hilferding, der aus einer jüdischen Wiener Familie stammte, emigrieren. Nach der deutschen Besetzung Frankreichs fiel er in die Hände der Gestapo. Mitte Februar 1941 wurde er in seiner Zelle im Pariser Gefängnis La Santé erhängt aufgefunden. Ob er ermordet wurde oder Selbstmord begangen hat, ist bis heute unklar. Soweit es nach der Kommission ging, sollte jener Teil der Dimitroffstraße, der vorher Danziger Straße geheißen hatte, nach Erzberger, der andere Teil, die ehemalige Elbinger Straße, nach Hilferding benannt werden.

Ein anderer Weimarer Politiker, der langjährige sozialdemokratische Ministerpräsident Preußens, Otto Braun, sollte als Straßenpatron Nachfolger von Hans Beimler werden. Beimler war vor 1933 Politischer Sekretär des Bezirks Südbayern der KPD und im Spanischen Bürgerkrieg, in dem er 1936 fiel, politischer Kommissar im «Thälmann-Bataillon» gewesen. Der angrenzenden Mollstraße, benannt nach Joseph Moll, 1848 Mitglied des Bundes der Kommunisten und 1849 Teilnehmer des pfälzisch-badischen Aufstandes, wollte die Kommission in einem Teilabschnitt (von der neuen Otto-Braun-Straße bis zum Platz der Vereinten Nationen, dem früheren Leninplatz) den Namen des langjährigen Chefredakteurs des *Berliner Tageblattes*, Theodor Wolff, eines der bedeutendsten Vertreter der liberalen Publizistik in der Weimarer Republik, geben. Wie Hilferding mußte Wolff, auch er jüdischer Herkunft, 1933 Deutschland verlassen. Im Mai 1943 wurde er von der italienischen Besatzungsmacht in Nizza festgenommen und an die Gestapo ausgeliefert. Nach qualvollen Aufenthalten in Gefängnissen und Konzentrationslagern starb Wolff am 23. September 1943 im Berliner Jüdischen Krankenhaus.

Die ehemalige Prinz-Albrecht-Straße, an der nicht nur das berüchtigte Reichssicherheitshauptamt der NS-Zeit, sondern auch seit 1899 das preußische Abgeordnetenhaus seinen Sitz hatte (in dem Gebäude, das heute das Berliner Abgeordnetenhaus beherbergt), war zu DDR-Zeiten nach der von den Nationalsozialisten hingerichteten kommunistischen Widerstandskämpferin Käthe Niederkirchner umbenannt worden. Da auch in Prenzlauer Berg eine Straße ihren Namen trägt, schlugen die Sachverständigen vor, die Niederkirchnerstraße im Bezirk Mitte umzubenennen: Sie sollte «Am Preußischen Landtag» heißen. Die Kommission wollte damit auch an ein fast vergessenes Kapitel der preußischen Geschichte erinnern: die Jahre der Weimarer Republik, in denen aus dem Hohenzollernstaat ein demokratisches Gemeinwesen geworden war.

Nicht alle Vorschläge zur Umbenennung von Straßen waren derart «politisch». Im Falle der Clara-Zetkin-Straße empfahlen die Sachverständigen nach intensiver Beratung die Rückkehr zum historischen Namen Dorotheenstraße. Clara Zetkin, erst Sozialdemokratin, dann Kommunistin, hatte als Vorkämpferin der rechtlichen und sozialen Gleichstellung der Frau viele Anwälte in der Öffentlichkeit, und zwar weit über die Anhängerschaft der PDS hinaus, insbesondere bei Sozialdemokrat(inn)en und Grünen. Doch sie war auch eine überzeugte Anhängerin der leninistischen Diktatur und leidenschaftliche Gegnerin der parlamentarischen Demokratie. Die Straße, die auf den Sitz des deutschen Parlaments zuführt, nach einer Antiparlamentarierin zu benennen, erschien der Kommission unangemessen. Die Rückkehr zum alten Namen, dem der zweiten Frau des Großen Kurfürsten, der Gründerin der «Dorotheenstadt», war kein Bekenntnis zur Monarchie, wohl aber eines zur Geschichte Berlins.

Um eine andere Straße mit belastetem Namen brauchte sich die Kommission nicht mehr zu kümmern. Noch während sie tagte, entschied sich der Bezirk Mitte nach langem Zögern am 9. Dezember 1993 schließlich, der Wilhelm-Pieck-Straße einen Namen zurückzugeben, den sie gehabt hatte, bevor sie nach 1871 zum Teil in Elsässer, zum Teil in Lothringer Straße umbenannt worden war: Torstraße. Eine Umbenennung *entweder* des Rosa-Luxemburg-Platzes *oder* der Rosa-Luxemburg-Straße, für die sich einige Kommissionsmitglieder einsetzten, wurde erwogen, aber nicht beschlossen. Dagegen verständigten sich die Experten auf zwei teilweise Umbenennungen: Ein Teil der Karl-Liebknecht-Straße, jener zwischen Unter den Linden und dem Alexanderplatz, sollte in Schinkelallee, die Karl-Marx-Allee zwischen Alexanderplatz und Strausberger Platz in Hegelallee «umgetauft» werden. Den größten Baumeister Preußens hatte Berlin bislang nur mit einer kleinen Vorortstraße am Rande des Grunewalds, den größten Philosophen des 19. Jahrhunderts lediglich mit einem kleinen Platz hinter der Humboldt-Universität geehrt.

Die schärfste Kontroverse innerhalb der Kommission wurde durch die Frage ausgelöst, ob der Bersarinplatz künftig wieder Baltenplatz heißen sollte. Eine nach dem ersten, im Oktober 1945 tödlich verunglückten sowjetischen Stadtkommandanten Nikolai E. Bersarin benannte Straße hatte bereits ihren alten Namen, Petersburger Straße, zurückerhalten. Einige Kommissionsmitglieder erklärten es für politisch unklug, ausgerechnet in dem Jahr, in dem Rußland seine letzten Truppen aus den neuen Bundesländern abzog, die Ehrung Bersarins rückgängig zu machen und den Eindruck hervorzurufen, als wolle Berlin nicht mehr an das Jahr 1945 erinnert werden. Sie verwiesen darauf, daß der Name «Bersarinplatz» nicht auf die DDR zurückging, sondern auf einer Entscheidung des (Gesamt-) Berliner Magistrats vom Juli 1947 beruhte, die von der sozialdemokratischen Bürgermeisterin Louise Schröder unterzeichnet war. Andere Mitglieder plädierten für ein Solidaritätssignal an die drei baltischen Republiken (was einer inhaltlichen Umwidmung des alten Namens gleichkam, der ein Zeichen der Reverenz für die Deutsch-Balten gewesen war). Am Ende stimmten vier Mitglieder – Baring, Besser, Matz und Stölzl – für «Baltenplatz». Drei – Barowsky, Demps und Winkler – begründeten ihre Entscheidung für «Bersarinplatz» in einem Minderheitsvotum.

Die Minderheit hätte gern auch ein anderes Petitum in den Bericht aufgenommen: die Aufforderung an die westlichen Stadtbezirke, ihre belasteten Namen – etwa den Hindenburgdamm in Steglitz und die Straßen im Fliegerviertel in Tempelhof, eine Hinterlassenschaft der NS-Zeit – durch andere zu ersetzen. Diesem Antrag gab die Mehrheit unter Hinweis auf den begrenzten Auftrag der Kommission nicht statt, der sich auf den «Zentralen Bereich» Berlins bezog. Dagegen erklärte sich die Mehrheit damit einverstanden, daß ein Sprecher der Minderheit, der Verfasser dieses Beitrags, auf der abschließenden Pressekonferenz, die der Endredaktion des Berichts folgen sollte, die abweichende Position der drei überstimmten Mitglieder darlegen durfte. So geschah es am 17. März 1994 im Berliner Rathaus.

Während der Beratungen hatte Senator Haase der Kommission wiederholt versichert, er werde ihre Empfehlungen ausnahmslos in die Tat umsetzen. Schon am Tag nach der Veröffentlichung des Berichts (der infolge andauernder Indiskretionen, mutmaßlich aus der zuständigen Senatsverwaltung, kaum noch Überraschungen enthielt), las man in der «B. Z.» eine ganz andere Äußerung Haases: «Die Bezirke können auch andere Vorschläge machen. An einer Umbenennung halte ich aber fest. Der Schloßplatz kommt.»

Am 29. März erging dann ein «Ultimatum» des Verkehrssenators an die Bezirke. Sie sollten sich bis zum 1. Mai äußern, andernfalls werde *er* handeln. Der 1. Mai kam, ohne daß die Bezirke reagiert hätten. Am 15. Juni 1994 berichtete die *tageszeitung*, Haase stecke zurück. Er werde vorerst nur den Marx-Engels-Platz in Schloßplatz und die Wilhelm-Pieck-Straße in Torstraße rückbenennen. Die erste Ankündigung stimmte mit den Empfehlungen der Kommission, die zweite mit einem (noch nicht vollzogenen) Beschluß der Bezirksverordnetenversammlung Mitte überein. Die Umbenennung der Wilhelm-Pieck-Straße wurde auf Beschluß des Bezirksamts Mitte am 25. Juli 1994, die Rückbenennung des Marx-Engels-Platzes auf Anordnung des Verkehrssenators am 15. November 1994 wirksam.

Über die Hintergründe des «Umfalls» verlautete aus der Senatsverwaltung für Verkehr und Betriebe, die SPD habe mit einer Koalitionskrise für den Fall gedroht, daß Haase die Beschlüsse der Kommission umsetze (was ein Sprecher der Sozialdemokraten prompt dementierte). Die beiden Umbenennungen, die der Senator für wesentlich hielt, erfolgten im Sommer 1994, wobei nur eine umstritten war: Anwohner der Wilhelm-Pieck-Straße hatten, wenn auch vergeblich, Unterschriften gesammelt, um «ihren» Straßennamen zu behalten. Dann trat, wegen der Bundestagswahl vom 16. Oktober 1994, eine längere Pause im Berliner «Straßenstreit» ein. Erst machte der Wahltermin kurzfristige Adressenänderungen rechtlich und technisch unmöglich, dann mußte ein neuer Senat gebildet werden. Es war abermals eine Regierung der Großen Koalition, und wiederum hieß der Verkehrssenator Herwig Haase.

Am 21. November 1994 schien es plötzlich, als sei der Weg frei für die Verwirklichung des Abschlußberichts. Der Ausschuß des Abgeordnetenhauses für kulturelle Angelegenheiten beriet über die Empfehlungen der Kommission. CDU und FDP stimmten der Vorlage zu; PDS und Bündnisgrüne lehnten sie ab; die SPD beteiligte sich mit der Begründung, die Sache sei Angelegenheit der Bezirke, nicht an der Abstimmung. Daraus ergab sich eine breite Mehrheit für den Abschlußbericht.

Haase hätte dies zum Anlaß nehmen können, sein Versprechen einzulösen und die Empfehlungen der Kommission umzusetzen. Aber inzwischen stand er unter dem Druck konservativer Parteifreunde, denen die «ganze Richtung» des Berichts nicht paßte. Die CDU in Prenzlauer Berg lehnte die Umbenennung der Dimitroffstraße in Erzberger- und Hilferdingstraße ab (wobei offen blieb, ob dies aus Abneigung gegen die beiden Weimarer Politiker geschah oder deswegen, weil ihre Namen den wenigsten etwas besagten). Vielmehr sollte die Dimitroffstraße den Namen «Danziger Straße» erhalten, was für einen Teilabschnitt eine Rückbenennung bedeutet hätte. Gleichgerichtete Proteste kamen aus der CDU im Westen Berlins (und hier waren die «rechten» Untertöne nicht mehr zu überhören).

Die Einsprüche hatten Erfolg. Am 22. April 1995 berichteten die Berliner Zeitungen, die Senatsverwaltung für Verkehr und Betriebe habe folgende Umbenennungen bis zum 1. November angekündigt: Die Clara-Zetkin-Straße sollte wieder Dorotheenstraße, der Bersarinplatz wieder Baltenplatz, die Artur-Becker-Straße wieder Kniprodestraße, die Dimitroffstraße in ganzer Länge Danziger Straße heißen, die Hans-Beimler-Straße in Otto-Braun-Straße umbenannt werden.

Mit dem Kommissionsbericht hatte diese Entscheidung nicht mehr viel zu tun. Zwar entsprachen die Umbenennungen der Clara-Zetkin- und der Hans-Beimler-Straße der einhelligen Meinungen der Sachverständigen und die Rückbenennung des Bersarinplatzes dem Willen der Kommissionsmehrheit. Die übrigen Vorschläge aber wurden beiseitegeschoben. Mit der nach dem kommunistischen Funktionär und Spanienkämpfer Artur Becker benannten Straße hatte sich die Kommission nie befaßt und folglich auch nicht mit der Rückkehr zu ihrem früheren Namen. Winrich von Kniprode war ein Hochmeister des Deutschen Ritterordens, der sich durch seine Kriege gegen die Litauer hervorgetan hatte. Diese Rückbenennung, die in einem eigentümlichen Spannungsverhältnis zu der von der Mehrheit erhofften Signalwirkung des Namens «Baltenplatz» stand, hätte die Kommission wohl kaum beschlossen. Und den Vorschlag «Danziger Straße» hatte sie aus demselben Grund verworfen wie eine Rückbenennung der Wilhelm-Pieck-Straße in Elsässer und Lothringer Straße: Die Nachbarn im Osten sollten ebensowenig wie die im Westen Anlaß erhalten, über etwaige deutsche Hinterabsichten zu spekulieren.

Weder Theodor Wolff noch Rudolf Hilferding noch Matthias Erzberger als Patrone von Straßennamen, wohl aber eine Danziger Straße, eine Kniprodestraße und ein Baltenplatz: Haases Umbenennungen wirkten eher wie ein Bekenntnis zu deutscher Größe denn als demokratische

Traditionspflege. Die Freunde der kaiserlichen Farben Schwarz-Weiß-Rot konnten mit dem Ergebnis zufrieden sein, die Anhänger der republikanischen Trikolore Schwarz-Rot-Gold dagegen nicht.

Nur in *einem* Punkt mußte Haase zurückstecken. Auf Grund russischer Proteste schaltete sich Anfang Mai 1995 der Regierende Bürgermeister Eberhard Diepgen, der Landesvorsitzende der CDU, in den Straßenstreit ein: Er wies den Verkehrssenator an, auf die Rückbenennung des Bersarinplatzes vorerst zu verzichten. Ein zusätzliches Gutachten der Unabhängigen Kommission, wie Diepgen es wünschte, wurde aber nicht mehr vorgelegt. Die Kommission hatte ihre Tätigkeit mit der Veröffentlichung des Abschlußberichts am 17. April 1994 beendet. Das erbetene Gutachten war ein Teil dieses Berichts: das Minderheitsvotum zugunsten des Namens «Bersarinplatz».

Für das Scheitern der Bemühungen der Unabhängigen Kommission war in erster Linie, aber nicht ausschließlich der konservative Verkehrssenator Haase verantwortlich. Die Sozialdemokraten hatten sich, weil sie uneins waren in der Beurteilung ihrer eigenen Geschichte und namentlich ihres historischen Konflikts mit den Kommunisten, selbst neutralisiert: Freunde und Gegner der Symbolfigur Clara Zetkin hielten sich in etwa die Waage, wobei die ersteren beredter waren als die letzteren, und die Führung der Berliner SPD hielt es in dieser Situation für das Klügste, keine Meinung zu äußern. Dazu kam die Furcht, die SPD könne durch die Kampfansage an kommunistische Mythen Wähler an die PDS verlieren. Am Ende bewirkte das opportunistische Taktieren nur eines: Die restaurativen Kräfte in Haases Partei konnten weitgehend die von ihnen gewünschte Lösung durchsetzen.

Beim Berliner Straßenstreit ging es, für alle erkennbar, um ein Stück deutscher Erinnerungspolitik. Wie in einem Brennglas machten die Kontroversen um die Beibehaltung oder Änderung von Straßennamen im Zentrum der Bundeshauptstadt die kulturelle Spaltung des wiedervereinigten Berlin und des wiedervereinigten Deutschland deutlich. Einem pluralistischen Geschichtsbewußtsein «West», dem Ergebnis langer, strittiger Debatten, steht ein vergleichsweise einheitliches Geschichtsbewußtsein «Ost» gegenüber, in dem das Geschichtsdeutungsmonopol der SED nachwirkt. Bestimmte Lesarten von Geschichte, wie sie die führende Partei der DDR propagiert hatte, sind zu Mythen geworden, über die sich eine spezifische, von der PDS sorgsam gepflegte ostdeutsche Identität definiert. Da der Abschlußbericht der Unabhängigen Kommission ebendiese Identität in Frage stellte, reagierte das PDS-Milieu aggressiv auf sämtliche Vorschläge zur Umbenennung von Straßen. Ihren Höhepunkt erreicht die leidenschaftliche Abwehr am 9. Mai 1995 auf einem Leserforum der *Berliner Zeitung*, auf dem neben anderen der Vorsitzende der Bundestagsgruppe der PDS, Gregor Gysi, und der Verfasser dieses Beitrags ihre Argumente austauschten.

Der Senat von Berlin und die beiden großen Parteien sind dem Streit, zu dem die Unabhängige Kommission mit ihrem Abschlußbericht herausfordern wollte, bisher ausgewichen. Sie haben die geistigen Gräben zwischen West und Ost damit nicht eingeebnet, sondern eher vertieft. Wenn sich diese Einsicht durchsetzt, werden die maßgeblichen Kräfte Berlins vielleicht doch noch lernen, daß es sich nicht auszahlt, notwendigen Konflikten aus dem Weg zu gehen. Konflikte können längerfristig integrierend wirken – vorausgesetzt, die Verantwortlichen wissen, wofür sie stehen.

5. NACHDENKEN ÜBER ROSA L.

EIN DENKMAL ALS KAMPF UM DIE KULTURELLE HEGEMONIE

Januar 2002

Die Botschaft besteht nur aus einem Satz, aber der hat es in sich: «Die Koalition will das geplante Denkmal für Rosa Luxemburg nach einem künstlerischen Wettbewerb auf dem gleichnamigen Platz in Mitte realisieren.» Zur Entstehungsgeschichte dieses Bestandteils der «Vereinbarung über die politische Zusammenarbeit der SPD und PDS» im künftigen Berliner Senat ist zu erfahren, Streit habe es darüber nicht gegeben. Der Vorschlag sei zwar von der PDS eingebracht worden, erklärte der stellvertretende Landesvorsitzende der SPD, Sven Vollrath, aber schließlich gehöre das Erbe Rosa Luxemburgs nicht der PDS. Der Sozialdemokrat erinnerte in diesem Zusammenhang an die offizielle Ost-Berliner Luxemburg-Liebknecht-Demonstration vom Januar 1989, auf der unabhängige Bürgerrechtler Transparente mit dem berühmtesten Zitat von Rosa Luxemburg gezeigt hatten: «Freiheit ist immer die Freiheit der Andersdenkenden.»

Für die PDS ist der Denkmalbeschluss der willkommene Kontrapunkt zu den geschichtspolitischen Zugeständnissen, die sie in der Präambel des Koalitionsvertrages den Sozialdemokraten hat machen müssen. Leicht kann es der PDS ja nicht gefallen sein, die Berliner Mauer als «Symbol für Totalitarismus und Menschenverachtung» zu bezeichnen und offen auszusprechen, dass die Verantwortung für das Leid, das das unmenschliche Grenzregime über viele Menschen gebracht hat, «ausschließlich bei den Machthabern in Ost-Berlin und Moskau» gelegen habe. Das Denkmal für Rosa Luxemburg soll demgegenüber an einen

Kommunismus mit menschlichem Antlitz erinnern, in dessen Tradition die PDS sich sieht. Und die Annahme ist durchaus begründet, dass das Denkmal noch stehen wird, wenn die Präambel längst vergessen ist.

Bei den Berliner Sozialdemokraten, zumal auf ihrem linken Flügel, gibt es seit langem Befürworter eines Denkmals für Rosa Luxemburg. Neu ist, dass die Partei als Ganzes sich diese Forderung zu eigen macht. Als Anfang 1987 der damalige Landesgeschäftsführer Hans Kremendahl die West-Berliner Sozialdemokraten zur Teilnahme an einer Veranstaltung aufrief, auf der der Ermordung von Karl Liebknecht und Rosa Luxemburg im Januar 1919 gedacht werden sollte, widersprachen ihm prominente Parteifreunde des rechten Flügels, darunter der ehemalige Regierende Bürgermeister Dietrich Stobbe und der frühere Senator Gerd Löffler.

In einem Diskussionspapier, das der *Tagesspiegel* am 19. Februar 1987 veröffentlichte, erinnerten sie daran, dass Rosa Luxemburg auf dem Gründungsparteitag der Kommunistischen Partei Deutschlands Ende Januar 1918 «die deutschen Gewerkschaftsführer und die deutschen Sozialdemokraten die infamsten und größten Halunken» genannt hatte, die ins Zuchthaus gehörten. Aus dem stalinistischen Kampf gegen den «Luxemburgismus» durfte den Autoren des Papiers zufolge nicht im Umkehrschluss die «Legende von einer demokratisch-sozialistischen Politik Rosa Luxemburgs» abgeleitet werden. Luxemburgs Position sei vielmehr antigewerkschaftlich und antiparlamentarisch gewesen.

Ein solcher politischer Meinungsstreit findet heute in der Berliner SPD nicht mehr statt. Was einmal eine linke Minderheitsmeinung war, ist inzwischen, dank freundlicher Unterstützung der PDS, auf administrativem Weg, nämlich durch die Koalitionsvereinbarung vom 7. Januar 2002, zur Parteilinie geworden. Ein paar Fragen drängen sich da förmlich auf. Soll das Bekenntnis zu Rosa Luxemburg etwa als historischer Fluchtpunkt des rot-roten Projekts dienen? Verkörpert Luxemburg vielleicht die besseren, in der Folgezeit verschütteten Traditionen nicht nur der Kommunisten, sondern auch der Sozialdemokraten? Könnte die Berufung auf sie gar ein Schritt sein zur Überwindung jener tiefen Spaltung der deutschen und internationalen Arbeiterbewegung, die sich im Ersten Weltkrieg vollzogen hat? Es wäre nicht erstaunlich, wenn der eine oder andere, der zielstrebig auf das neue Berliner Regierungsbündnis hingearbeitet hat, sich von solchen, weit über die Bundeshauptstadt hinausreichenden Gedanken und Hoffnungen hätte beflügeln lassen.

In der Präambel zum Berliner Koalitionsvertrag hat sich die PDS entschiedener als je zuvor von dem Regime distanziert, dessen führende Partei sie war, als sie noch SED hieß. Zwei Feststellungen, auf die es ankäme, geht sie aber auch hier aus dem Weg: Sie sagt nicht, dass die Gründung der zweiten Diktatur auf deutschem Boden von Anfang an verwerflich war, und sie räumt auch nicht ein, dass die Errichtung der Bolschewiki in Russland nicht erst unter Stalin, sondern schon unter Lenin zu einem radikalen Bruch mit den freiheitlichen Traditionen der europäischen Arbeiterbewegung geführt hat. Das Verhältnis der PDS zu Lenin bleibt widersprüchlich, und die Rückbesinnung auf Rosa Luxemburg hilft ihr schon deswegen nicht aus dem Schneider, weil auch diese in einer widersprüchlichen Beziehung zu Lenin und seiner Revolution, der russischen Oktoberrevolution von 1917, stand.

Rosa Luxemburg hat in ihrer Schrift über die russische Revolution, die freilich nicht zu ihren Lebzeiten, sondern erst posthum erschien, Lenin und Trotzki vorgehalten, sie hätten, nachdem sie im Januar 1918 die kurz zuvor gewählte Konstituante gewaltsam auseinandergejagt hatten, sogleich Neuwahlen ausschreiben müssen. Sie hat in diesem Zusammenhang die vielzitierten Worte niedergeschrieben: «Freiheit nur für die Anhänger der Regierung, nur für Mitglieder einer Partei – mögen sie noch so zahlreich sein – ist keine Freiheit. Freiheit ist immer nur Freiheit des anders Denkenden.» Aber das war kein Bekenntnis zur demokratischen Freiheit im westlichen Sinn, sondern die Forderung nach einem sozialistischen Pluralismus, auf den sich weder «rechte» Sozialdemokraten noch bürgerliche Liberale hätten berufen können – von «Reaktionären» ganz zu schweigen.

In der deutschen Revolution von 1918/19 ließ Rosa Luxemburg an ihrem Standpunkt keinen Zweifel aufkommen. Die Entscheidung der sozialdemokratischen Volksbeauftragten um Friedrich Ebert, die neue republikanische Ordnung durch rasche Wahlen zu einer Verfassunggebenden Nationalversammlung zu legitimieren, war aus ihrer Sicht die endgültige Preisgabe des Marxismus. Ebert und seine Freunde sahen in der Konstituante die einzige Alternative zu einem Bürgerkrieg, von dem sie wussten, dass er nicht auf Deutschland beschränkt bleiben, sondern sogleich die

Alliierten auf den Plan rufen würde. Rosa Luxemburg hingegen behandelte den Bürgerkrieg wie ein Naturereignis. «Der ‹Bürgerkrieg›, den man aus der Revolution zu verbannen sucht, läßt sich nicht verbannen», schrieb sie am 20. November 1918 in der «Roten Fahne». «Denn Bürgerkrieg ist nur ein anderer Name für Klassenkampf, und der Gedanke, den Sozialismus ohne Klassenkampf, durch parlamentarischen Mehrheitsbeschluss einführen zu können, ist eine lächerliche, kleinbürgerliche Illusion.»

Rosa Luxemburg wollte keine Parteidiktatur im Sinne Lenins errichten. Sie hielt eine erfolgreiche Revolution zwar nicht ohne Bürgerkrieg, aber doch nur unter der Voraussetzung für möglich, dass die große Mehrheit der proletarischen Masse die Revolution wollte. Diese Voraussetzung sah sie in Deutschland nach dem Ende des Ersten Weltkriegs noch nicht für gegeben an. Die Ausweitung des deutschen zum europäischen Bürgerkrieg war vorhersehbar – und wurde von den Bolschewiki, wenn auch noch nicht zu *diesem* Zeitpunkt, gewollt.

In Deutschland, das 1918 seit rund einem halben Jahr das allgemeine gleiche Reichstagswahlrecht für Männer kannte, konnte es am Ende des Ersten Weltkriegs nicht um die Errichtung einer «Diktatur des Proletariats» gehen, wie Liebknecht und Luxemburg sie anstrebten, sondern nur um *mehr* Demokratie. Das hieß Frauenwahlrecht, Demokratisierung des Wahlrechts in Einzelstaaten, Kreisen und Gemeinden, parlamentarisch verantwortliche Regierungen. Demokratie verlangte die Zusammenarbeit zwischen den gemäßigten Kräften in Arbeiterschaft und Bürgertum – also die Politik des Klassenkompromisses, zu der sich die Mehrheit der Sozialdemokraten während des Krieges durchgerungen hatte. Die SPD konnte diese Politik 1918/19 nur betreiben, *weil* sie sich gespalten hatte: Mit den Gegnern der Kriegskredite, die die Partei dem Reich bis zuletzt bewilligte, hatten 1916/17 auch die unbedingten Verfechter des Klassenkampfes die SPD verlassen. Die Spaltung der alten Sozialdemokratie war mithin, so paradox es klingt, beides: eine schwere Vorbelastung der ersten deutschen Demokratie, der Weimarer Republik, und zugleich eine ihrer Vorbedingungen.

Rosa Luxemburg und Karl Liebknecht, die beiden Führer der KPD, waren entschiedene Gegner der «bürgerlichen» Demokratie, wie sie in Deutschland aus der militärischen Niederlage und der Revolution hervorging. Die Ordnung, für die sie kämpften, konnte aber schon deswegen nicht demokratisch sein, weil sie nicht die geringste Chance hatte, eine Mehrheit zu finden. Die Erhebung einer linksradikalen Minderheit, der sich Luxemburg mit sehr viel größerem inneren Widerstreben als Liebknecht anschloss, *musste* niedergeworfen werden – wenn auch gewiss nicht mit den Gewaltexzessen, für die in hohem Maß der sozialdemokratische Volksbeauftragte Gustav Noske verantwortlich war. Aber auch Rosa Luxemburg und Karl Liebknecht hatten zu der Gewalteskalation beigetragen, deren Opfer sie im Januar 1919 wurden.

Dass die PDS ein Denkmal für Rosa Luxemburg wünscht, liegt in der Natur der Sache. Diese Sache lässt sich als Arbeit am Mythos beschreiben, zu dem Rosa Luxemburg geworden ist und den die PDS pflegen möchte. Bei der SPD liegen die Dinge anders. Die Berliner Sozialdemokraten übernehmen, ob sie es wollen oder nicht, mit dem Votum für das Denkmal eine Geschichtsdeutung, die sich gegen eine der historischen Leistungen der Sozialdemokratie richtet: die Gründung der ersten deutschen Demokratie. Da diese Gründung mit vielen Fehlern und Versäumnissen behaftet war, ist noch niemand auf den Gedanken gekommen, die Errichtung von Denkmälern für die Gründerväter Friedrich Ebert und Philipp Scheidemann zu fordern. Und das ist auch gut so.

Selbst Märtyrer der ersten Republik wie Walther Rathenau, der 1922 von antisemitischen Rechtsradikalen ermordet wurde, oder Rudolf Hilferding, der sich 1941 in der Pariser Gestapohaft erhängte, sind bisher nicht durch Denkmäler geehrt worden. Hilferding, der zweimal Reichsfinanzminister und ein bedeutender sozialdemokratischer Theoretiker war, ist es vor ein paar Jahren nicht einmal gelungen, zum Namenspatron einer großen Berliner Straße zu werden, obwohl die Unabhängige Kommission zur Umbenennung von Straßen dies einstimmig gefordert hatte. Er ist heute ebenso vergessen wie die meisten anderen Verteidiger der Weimarer Republik, und das ist nicht gut so, sondern ungerecht.

Die PDS versteht sich wie ihre Vorgängerin auf historische Folklore. Ihr Geschichtsbewusstsein ist zwar auf weiten Strecken ein falsches Bewusstsein im Sinne von Marx, aber es ist offenkundig stärker entwickelt als das Geschichtsbewusstsein der SPD. Vor allem aber weiß die PDS, wie man Kämpfe um kulturelle Hegemonie führt. Darum ging und geht es beim Denkmal für Rosa Luxemburg.

III.

STREITFRAGEN DER INNEREN POLITIK

1. WOHIN TREIBT DIE SPD?

DIE BUNDESREPUBLIK BRAUCHT EINE REGIERUNGSFÄHIGE OPPOSITION

November 1983

Am 1. Oktober 1982 fand im Deutschen Bundestag das erste erfolgreiche Misstrauensvotum in der Geschichte der Bundesrepublik statt: Entsprechend einem Antrag der Fraktionen der CDU/CSU und der FDP löste der Vorsitzende der CDU, Helmut Kohl, den Sozialdemokraten Helmut Schmidt im Amt des Bundeskanzlers ab. In den Monaten danach rückte die SPD immer stärker von der auf die Bewahrung des nuklearen Gleichgewichts zwischen West und Ost ausgerichteten Sicherheitspolitik der sozialliberalen Koalition unter Helmut Schmidt ab. Am 18. Mai 1983, wenige Wochen nach der Bundestagswahl vom 6. März 1983, in der die neue christlich-liberale Koalition den Sieg davontrug, legten zehn sozialdemokratische Hochschullehrer ein von Gesine Schwan (Berlin), Karl Kaiser (Bonn) und mir verfasstes Memorandum vor, in dem sie den Kurswechsel der SPD scharf kritisierten. Auf derselben Linie ist der folgende, in der «Zeit» veröffentlichte Artikel vom 11. November 1983 gehalten. Ein Brief des ehemaligen Bundeskanzlers Helmut Schmidt vom 23. November 1983, in dem dieser auf den Artikel eingeht, ist im Anhang abgedruckt.

Die deutsche Sprache ist um einen Begriff reicher geworden: die «Lafontainisierung». Gemeint ist der *rapide* Wandel, dem sich die älteste deutsche Partei, die Sozialdemokratie, seit ihrem Abschied von der Staatsmacht im Herbst 1982 unterzieht. Am auffälligsten ist die Wende in der Außen- und Sicherheitspolitik. Unter Helmut Schmidt galt der Grundsatz, Westeuropa müsse alles tun, damit es nicht von der Sowjetunion politisch erpreßt werden könne. Oskar Lafontaine, Oberbürgermeister von Saarbrücken, Landesvorsitzender der SPD des Saarlandes und Mitglied des Bundesvorstandes seiner Partei, findet heute neben moderatem Widerspruch auch viel Beifall für die Forderung, die Bundesrepublik solle die Militärorganisation der NATO verlassen. Zwischen den Positionen von Schmidt und Lafontaine gibt es keine Brücke, aber die SPD scheint sie zu begehen. Das ist es, was politische Kommentatoren unter «Lafontainisierung» verstehen.

Die Frage stellt sich, ob der atemberaubende Vorgang, dessen Zeugen wir sind, wirklich diesen Namen verdient. Der Wandel der Sozialdemokratie vollzieht sich ja nicht nur auf dem Gebiet, dem das Stadtoberhaupt von Saarbrücken seine besondere Aufmerksamkeit angedeihen läßt. Seit den Tagen des Bundeskanzlers Schmidt hat sich auch das Verhältnis der SPD zur repräsentativen Demokratie geändert und, damit zusammenhängend, die innere Verfassung der Partei.

Lafontaine hat auf *einem* Sektor den Wandel beschleunigt, ansonsten ist er sein Nutznießer. Die Bedingungen, die diesen Prozeß ermöglicht haben, liegen in der jüngeren deutschen Geschichte und der Parteigeschichte der SPD. Von beidem soll hier die Rede sein.

Parteien geht es manchmal wie Personen: Es gibt das Schlüsselerlebnis des «Nie wieder». Als die SPD nach dem Zweiten Weltkrieg wiedererstand, sollte sie nach dem Willen Kurt Schumachers nie wieder des mangelnden Patriotismus geziehen werden können. Den Vorwurf, sie seien vaterlandslose Gesellen, hatten die Sozialdemokraten seit Bismarcks Zeiten immer wieder zu hören bekommen, und immer zu Unrecht. Das Bekenntnis zum Internationalismus, das im Ersten Weltkrieg blutig dementiert worden war, reichte bis 1933 und darüber hinaus hin, die Sozialdemokratie vom «nationalen Deutschland» abzugrenzen.

Schumachers bewußt nationale Politik fiel in eine Zeit, in der die Stunde des souveränen Nationalstaates in Europa bereits abgelaufen war. Nirgendwo war die Krise des Nationalstaates so tief wie in Deutschland, wo der Nationalismus bis zum Exzeß getrieben worden war. Deutschland hatte bei der Auslösung des Ersten Weltkrieges die Schlüsselrolle gespielt und den Zweiten Weltkrieg entfesselt. Daher kam die Wiederherstellung des Deutschen Reiches zu keiner Zeit seit 1945 ernsthaft in Frage. Europa und die Welt wollten und wollen sich nicht auf das Risiko einlassen, das mit einer nationalstaatlichen Wiedervereinigung Deutschlands verbunden wäre.

Adenauer hat das frühzeitig erkannt, Schumacher nicht. Daraus ergab sich eine Umkehrung der innenpolitischen Fronten. Die bürgerlichen Parteien, vor 1933 ihrem Selbstverständnis nach durchweg «national», betrieben nach 1949 eine Politik der übernationalen Integration. Die Sozialdemokraten, von ihren Anfängen her dem Internationalismus verpflichtet, ordneten die westeuropäische Einigung dem Ziel der nationalen Einheit unter. Dem Sicherheitsbedürfnis der Bundesdeutschen, einem angesichts der Sowjetisierung großer Teile Europas logischen und legitimen Interesse, kam Adenauers Politik sehr viel mehr entgegen als die der SPD. Die nationale Ausrichtung der Sozialdemokratie trug infolgedessen dazu bei, dieser Partei die Bänke der Opposition zu reservieren.

Das war die unmittelbare Wirkung des neuen nationalen Profils der SPD. Die Langzeitwirkung machte sich erst in den späten sechziger und frühen siebziger Jahren bemerkbar. Als eine veränderte internationale Konstellation Entspannungspolitik in Mitteleuropa möglich machte, hatte die Sozialdemokratische Partei Willy Brandts soviel nationales Vertrauenskapital angehäuft, daß sie als Regierungspartei die Lebenslüge der fünfziger Jahre liquidieren konnte: die Behauptung, die Westintegration sei der Weg zur deutschen Einheit.

Regierungspartei wäre die SPD allerdings nicht geworden, wenn sie sich nicht zuvor auf den Boden eben dieser Westintegration gestellt hätte. Sie tat dies durch Herbert Wehners historische Bundestagsrede vom 30. Juni 1960. Zusammen mit dem Godesberger Programm von 1959 – dem Dokument, mit dem die Sozialdemokratie sich als Klassenpartei verabschiedete und als Volkspartei antrat – bildet diese Rede die Zulassungsurkunde der SPD zur Staatsmacht in der Bundesrepublik.

Am Beginn der neuen sozial-liberalen Ostpolitik stand die nüchterne Erkenntnis, daß die Deutschen in der DDR die eigentlichen Verlierer des Krieges waren. Mit der bloßen Proklamation von Rechtsansprüchen war ihnen nicht zu helfen. Ohne ein gewisses Maß an staatlicher Anerkennung der DDR konnte es keine menschlichen Erleichterungen geben. Eine Erfahrung, die der Berliner Regierende Bürgermeister Willy Brandt zuerst bei den Passierscheinabkommen für Westberliner gemacht hatte, wurde damit auf das Verhältnis zwischen den beiden deutschen Staaten übertragen.

Auf der Konferenz über Sicherheit und Zusammenarbeit in Europa, die 1975 in Helsinki stattfand, machte sich der Westen insgesamt die Maxime zu eigen, daß die Sache der Menschenrechte in Osteuropa Zusammenarbeit mit den Regierungen verlangte, die ihren Bürgern diese Rechte bislang verweigert hatten.

Den Frieden sicherer zu machen und den Menschenrechten mehr Geltung zu verschaffen: Diesen beiden Zielen sollte die Entspannungspolitik dienen. Eines dieser Ziele droht heute zunehmend in Vergessenheit zu geraten. Schon während der Polen-Krise von 1981/82 gab es hierzulande viele Stimmen, die der unabhängigen Gewerkschaft «Solidarität» die Rolle eines internationalen Störfaktors zuschrieben. Lech Wałęsa und seine Freunde beriefen sich auf die Menschenrechte, die ihnen in Helsinki verbrieft worden waren. Aber von manchen Bundesdeutschen, darunter namhaften Sozialdemokraten, bekamen die Polen sinngemäß zu hören, sie sollten endlich die Realitäten akzeptieren und nicht länger Sand in das Getriebe der Entspannungspolitik streuen.

Einer der Sozialdemokraten, die immer häufiger so sprechen, als habe die Entspannungspolitik nur den Frieden und nicht zugleich auch die Menschenrechte fördern sollen, ist Egon Bahr. Im *Vorwärts* vom 20. Oktober 1983 setzt sich der Abrüstungsexperte der SPD mit der Kritik auseinander, die Karl Kaiser Anfang September vor dem Seeheimer Kreis – einer Gesprächsrunde der «rechten Parteimitte» – am neuen außenpolitischen Kurs der Sozialdemokratie geübt hat. Bahr wirft Kaiser vor, «die Ideologie in denselben Rang wie die Erhaltung des Friedens zu setzen», und das sei im Prinzip der Kalte Krieg.

Was hat Kaiser wirklich gesagt? Er monierte in Seeheim «jene merkwürdige und insbesondere von westeuropäischen sozialdemokratischen Freunden mit Unverständnis zur Kenntnis genommene Ausblendung Osteuropas aus der Menschenrechtsdiskussion der Sozialdemokraten, deren Blickrichtung auf andere Weltregionen zielt».

Bahrs Wortwahl ist bemerkenswert. Er zieht in dem Wort «Ideologie» zusammen, was bei Kaiser «Menschenrechtsdiskussion» heißt oder, an anderer Stelle der Rede, «das Problem der Freiheitseinschränkung, Repression und Menschenrechtsfrage in kommunistischen Regierungssystemen». Sind Menschenrechte und Freiheit für Bahr wirklich bloß Ideologie? Und was ist Ideologie? Doch nicht etwa im Marxschen Sinne ein «falsches» Bewußtsein?

Bahr benutzt den Begriff «Freiheit» in seinem Artikel durchaus auch selbst – vor allem in der auffallenden Zusammensetzung «Freiheitsraum», die gleich zweimal auftaucht. «Freiheitsraum nach Osten und nach Westen für die deutsche Politik zu schaffen, war das Bemühen der SPD in der Nachkriegsgeschichte», heißt es, und, gegen den Vorwurf eines neutralistischen Nationalismus gewandt: «In Wirklichkeit geht es um den Freiheitsraum der deutschen Politik.»

Bahrs Ausführungen erklären mehr, als ihrem Autor lieb sein dürfte. Oberste Richtschnur ist für ihn, und wohl nicht nur für ihn, der deutsche «Freiheitsraum» – womit aber nicht innerstaatliche Freiheit gemeint ist, sondern außenpolitischer Handlungsspielraum «nach Osten und nach Westen». Das schließt in sich ein die Pflege der Sonderbeziehung zwischen beiden deutschen Staaten und einer weiteren Sonderbeziehung zwischen der Bundesrepublik und der Sowjetunion.

Daß es zwischen der Bundesrepublik und der DDR ein besonderes Verhältnis gibt und geben muß, bedarf keiner besonderen Begründung. Dieser Sachverhalt folgt zwingend aus der Teilung der deutschen Nation. Aus dem gleichen Grund muß der Bundesrepublik an guten Beziehungen zur Sowjetunion liegen. Aber eine Sonderbeziehung mit Moskau, gar zu Lasten Dritter – etwa der Polen, die in dieser Hinsicht Grund haben, empfindlich zu sein?

Bahr fordert den Eindruck förmlich heraus, daß ihn solche Konsequenzen nicht schrecken. Seine Texte lesen sich immer auch als Bruchstücke einer großen Konfession. Der Entwurf, der hinter den Wortschleiern sichtbar wird, läßt sich auf die Formel bringen: Europäische Ordnungspolitik im deutschen Interesse. Welchen Platz Amerika langfristig in diesem Konzept hat, ist nicht ganz klar. Rußland hat seinen Platz, das ist gewiß.

Da Bahr zufolge die Beschwörung von Freiheit und Menschenrechten soviel wie Kalter Krieg bedeutet, erscheint eine Konsequenz sicher: Manche Bürger von Staaten des Warschauer Paktes wird die Ordnung à la Bahr an den Fürsten Metternich erinnern – jenen österreichischen Staatskanzler, den Marx und Engels 1849 die «Kreuzspinne der Heiligen Allianz» genannt haben.

Bahr darf sich nicht wundern, wenn in Europa neuerdings wieder von «deutschen Ungewißheiten» die Rede ist. Aber das Problem heißt nicht

Bahr; es heißt auch nicht Eppler, Lafontaine oder Gaus. Wenn die Bundesrepublik das tun würde, was mittlerweile die SPD mit Brandt und Vogel an der Spitze in der Debatte um die Nachrüstung fordert, wäre dies der Beginn einer Entwicklung, welche die meisten Sozialdemokraten nicht wollen. Die Sowjetunion müßte sich bestärkt und bestätigt fühlen. An ihrem Kalkül gibt es keinen Zweifel: Sie will Westeuropa von Amerika abkoppeln, um die europäischen Machtverhältnisse zu ihren Gunsten zu verändern – langfristig im Sinne einer sowjetischen Vormachtstellung. Stiege die Bundesrepublik einseitig aus dem NATO-Doppelbeschluß aus, so wäre die Sowjetunion diesem Ziel ein gutes Stück nähergekommen.

Erhard Eppler versucht zwar, die schleichende Erosion des westlichen Bündnisses, die einer bundesdeutschen Absage an den Doppelbeschluß unweigerlich folgen müßte, in ein anderes, günstiges Licht zu rücken: Die Osteuropäer würden schon folgen, meint er, wenn die Westeuropäer ihnen mit gutem Beispiel vorangingen und die Bindungen an die Supermacht Amerika lockerten. Aber worauf stützt Eppler diesen Optimismus? Der Zerfall der atlantischen Allianz wäre der größte politische Erfolg der Sowjetunion seit 1945. Die Annahme, daß Moskau sich auf Grund eines solchen Triumphes schrittweise aus seinem europäischen Vorfeld zurückziehen würde, wäre nur dann realistisch, wenn im Kreml nicht das Politbüro der KPdSU das Sagen hätte, sondern der Orden der Barmherzigen Brüder.

Nähme der Westen die sowjetische Vorrüstung einfach hin, die Rückwirkungen in Westeuropa wären leicht vorauszusagen. Diejenigen, die schon jetzt den Austritt aus der NATO oder zumindest aus ihrer Militärorganisation fordern, würden sich mit einem Teilerfolg schwerlich begnügen. Die innere Dynamik des von ihnen eingeleiteten Prozesses müßte sie selbst immer weiter vorantreiben. Am Ende stünde eine isolierte Bundesrepublik, die auch dann, wenn sie wollte, sich gegen sowjetische Zumutungen nicht mehr wehren könnte. Das ist die Logik des «neutralistischen Nationalismus», den es in Teilen der Friedensbewegung und, Bahrs Dementi zum Trotz, an den Rändern der SPD gibt.

Wie erklärt es sich, daß die Sozialdemokratie sich seit dem Herbst 1982 so gründlich von der Politik Helmut Schmidts abgewandt hat? Den Anteil, der auf das Konto der militanten Rhetorik aus dem Amerika Ronald Reagans geht, braucht man nicht gering zu veranschlagen. Daß atomare Rüstung nicht nur den potentiellen Gegner abschreckt, sondern alle Welt erschreckt, ist angesichts der Folgen eines nuklearen Krieges natürlich – und es ist notwendig, weil es sonst keinen Druck gäbe in Richtung auf Rüstungskontrolle und weltweite Abrüstung. Aber ausreichende Erklärungen dafür, daß sich die SPD zunehmend Kräften geöffnet hat, die eine *einseitige* Abrüstung des Westens fordern, haben wir damit noch nicht gefunden.

Meine These lautet: Der wichtigste Grund für die Wende in der sozialdemokratischen Außen- und Sicherheitspolitik liegt in Unklarheiten über den Stellenwert der nationalen Frage und, als Folge davon, über das Verhältnis von deutschen Interessen und Bündnisinteressen. Es gibt einen subjektiven, durch langjährige Diskriminierung hervorgerufenen nationalen Nachholbedarf der SPD. Daß im sozialdemokratischen Konzept von Entspannung die Frage der allgemeinen Menschenrechte und damit auch die europäische Dimension immer mehr in den Hintergrund getreten sind, hat hiermit zu tun. Die Entspannung wird nahezu ausschließlich auf Grund dessen beurteilt, was sie dem geteilten Deutschland gebracht hat und noch bringen kann. Daraus erwächst die Gefahr einer nationalen Blickverengung, ja einer verzerrten Wahrnehmung der Wirklichkeit. Das kann so weit gehen, daß bereits Hinweise auf den freiheitsfeindlichen Charakter des kommunistischen Regierungssystems als störend empfunden werden. Es ist nicht einmal mehr unbestritten, daß es überhaupt noch eine Bedrohung der westlichen Demokratien durch die Sowjetunion gibt.

Unklarheiten über das, was eigentlich deutsches Interesse ist, gefördert durch eine Art selbstauferlegten Erfolgszwangs in der Deutschlandpolitik, sind jedoch nicht der einzige Grund der sozialdemokratischen Wende. Es gibt andere Gründe, und auch sie gehören in die Rubrik der nicht ausdiskutierten Probleme. Da ist die tiefe Sehnsucht nach einer von allen Kompromißzwängen befreiten, «reinen» sozialdemokratischen Politik – eine Neigung, die sich bei jüngeren Parteimitgliedern, namentlich solchen der «68er Generation», oft aus marxistischer Theorie, bei älteren aus praktischer Erfahrung von Unterdrückung und Benachteiligung speist.

In der Weimarer Republik bewirkte diese Neigung eine deutliche Distanz zu Koalitionen mit bürgerlichen Parteien und damit zur Staatsmacht. Die SPD «tolerierte» lieber, als daß sie regierte. Der linke Flügel lehnte Koalitionen grundsätzlich ab. Paul Levi, einer seiner Wortführer, erklärte Ende November 1923: «Wir gehen davon aus, daß unsere Partei die geborene Oppositionspartei ist. Dieser Volksstaat ist desselben ökonomischen Inhalts wie der alte Obrigkeitsstaat, und damit ist die grundsätzliche Stelle der sozialdemokratischen Bewegung gegeben. Sie ist oppositionell.»

Zur linken Tradition gehört auch die Skepsis gegenüber der repräsentativen und die Wertschätzung der direkten Demokratie. Max Seydewitz, einer der sächsischen Linken in der sozialdemokratischen Reichstagsfraktion, schrieb Ende 1928 in der Zeitschrift *Der Klassenkampf*: «Das Vertrauen der Massen zum parlamentarischen System wird nicht dadurch erschüttert, daß es im Kampf um die Durchsetzung einer im Interesse des Proletariats und der Volksmehrheit gestellten Forderung zu einer Regierungskrise kommt, sondern vielmehr dadurch, daß dem Willen der Volksmehrheit nicht entsprochen wird und die dem Volk gemachten Versprechungen verraten werden, nur um eine Regierungskrise zu vermeiden.»

Die Regierungskrise, auf die Seydewitz sich bezog, betraf den legendären «Panzerkreuzer. A». Die SPD hatte den Reichstagswahlkampf im Mai 1928 unter anderem mit der Parole «Kinderspeisung statt Panzerkreuzer» bestritten. Nach der Wahl wurde eine Regierung der Großen Koalition gebildet. Die sozialdemokratischen Minister, darunter der Reichskanzler Hermann Müller, stimmten im Kabinett dem vom vorigen Reichstag bewilligten Bau eines Panzerkreuzers zu. Nach heftigen Protesten der Parteibasis zwang die Fraktion die Minister, im Reichstag für die Aufhebung ihres eigenen Beschlusses zu stimmen. Unter wenigen Vorgängen hat die Glaubwürdigkeit der parlamentarischen Demokratie von Weimar so gelitten, wie unter dieser Demütigung des sozialdemokratischen Kanzlers durch seine Partei.

Die Ereignisse vom Jahre 1928 sind nicht ganz ohne Aktualität. Der Streit um den Panzerkreuzer A konnte nur so heftig werden, weil das Verhältnis der SPD zum prinzipiellen Pazifismus undeutlich geblieben war. Der Konflikt eskalierte auch deshalb, weil die Fraktion dem Kanzler und den Ministern nicht jenen Handlungsspielraum zugestand, den eine Regierung in der repräsentativen Demokratie benötigt. Und schließlich machte die Affäre deutlich, daß zwischen innerparteilicher Demokratie und gesamtstaatlicher Demokratie ein Spannungsverhältnis herrschen kann.

Wird die innerparteiliche Demokratie zur detaillierten Weisungsbefugnis gegenüber Mandatsträgern und Ministern, so sind Kompromisse nicht mehr möglich, und ohne Kompromisse gibt es keine parlamentarische Demokratie. Auch die Parteibasis kann irren. Deshalb darf ein verantwortlicher Politiker nicht bloß auf dem Strom der jeweiligen Mehrheitsmeinung schwimmen.

Bonn ist nicht Weimar, aber die Sozialdemokratie muß aufpassen, daß sie nicht unter der Hand weimarisiert. Der Machtverlust im Herbst 1982 hat die Krise der Sozialdemokratie beschleunigt und allgemein sichtbar gemacht, aber er hat sie nicht hervorgerufen. Die aktuellen Probleme der SPD sind zu einem großen Teil sehr alte Probleme. Die Bereitschaft, aus vergangenen Irrtümern und Fehlern zu lernen, ist die wichtigste Voraussetzung dafür, daß die Sozialdemokratie wieder regierungsfähig wird. Die Bundesrepublik ist auf diese Aussicht angewiesen.

2. GYSI, DER SATTEL UND DIE KUH

DIE NACHFOLGEPARTEI DER SED STEHT VOR EINEM RICHTUNGSDILEMMA UND IHRE GALIONSFIGUR IM BUNDESTAG VOR DER MACHTFRAGE

Dezember 1996

Wo Gregor Gysi recht hat, hat er recht. Er ist wirklich nicht die PDS, und er hätte nicht einen Artikel im *Neuen Deutschland* vom 26. November schreiben müssen, um die deutsche Öffentlichkeit von dieser Tatsache zu überzeugen. Die deutsche Öffentlichkeit ist freilich auch nicht der Adressat seines «Nachdenkens über die PDS und mich». Der Vorsitzende der Bundestagsgruppe der PDS wendet sich vielmehr an die Mitglieder und Wähler der Partei, um ihnen die Frage aller Fragen zu stellen: die Machtfrage.

«Zwischen die Genossinnen und Genossen an der Basis und mir versucht ein Teil von Ideologen und Funktionären einen Keil zu schieben», behauptet er, «mir» und «mich» auf Altberliner Art verwechselnd. Also soll die Basis sich entscheiden: entweder für ihn, die Galionsfigur der Partei des Demokratischen Sozialismus, oder für die Ideologen und Funktionäre, die ihn als «Revisionisten» beschimpfen, gleichzeitig aber darauf aus sind, ihn zu «benutzen» und zu «instrumentalisieren».

So klar ist das Dilemma der PDS bisher noch von keinem Mitglied ihrer Führungsriege beschrieben worden. Die sozialistischen Pragmatiker, darunter Gysi, der Parteivorsitzende Bisky und der Theoretiker André Brie, wollen die Partei bündnisfähig machen für SPD und Grüne, werden daran aber von einem konservativen Funktionärskörper gehindert, der weit über die ultralinke «Kommunistische Plattform» hinausreicht. Dieser Funktionärskörper besteht überwiegend aus Angehörigen der ehemaligen Staatsintelligenz der DDR, die sich als die eigentlichen Verlierer der deutschen Einheit fühlen, obwohl sie es materiell meist gar nicht sind. Würde sich die PDS «sozialdemokratisieren», wie das die Dresdner PDS-Chefin Christine Ostrowski möchte, käme es zur offenen Rebellion großer Teile der aktiven Mitglieder und Funktionäre, vermutlich sogar zur Parteispaltung: Wer wird schon gern politisch heimatlos?

Die PDS ist eben, wie sich jetzt wieder erweist, eine postkommunistische Partei der besonderen Art. Die exkommunistischen Parteien Polens und Ungarns haben mit ihrer «Sozialdemokratisierung» schon vor dem Zusammenbruch des real existierenden Sozialismus begonnen, und sie konnten diesen Weg auch deshalb mit einigem Erfolg beschreiten, weil sie auf keine ernsthafte sozialdemokratische Konkurrenz stießen. Heute bekennen sich diese beiden exkommunistischen Parteien zur Westbindung und zur Sozialen Marktwirtschaft, während die PDS in ihrem Programm der «Verwestlichung des Ostens» den Kampf ansagt und noch immer staatssozialistischen Vorstellungen verhaftet ist. Da im Oktober 1989 eine «Sozialdemokratische Partei der DDR» gegründet wurde, die sich im Jahr darauf mit der SPD vereinigte, war es der Ex-SED auch nicht möglich, sich als das auszugeben, was sie nicht war: eine sozialdemokratische Partei.

Das Ergebnis ist ein Teufelskreis: Verweigert sich die PDS einer gründlichen Erneuerung, ist ihr biologisch bedingtes Ende absehbar; wandelt sie sich zu einer zweiten sozialdemokratischen Partei, macht sie sich selbst überflüssig. Gysi möchte die PDS auf einen «dritten Weg» festlegen: den einer pragmatischen, linkssozialistischen Partei. Die Widerstände, die er mit diesem Versuch einer Quadratur des Kreises hervorruft, zeigen, wie konservativ, ja rückwärtsgewandt die PDS tatsächlich ist.

Wenn Teile der SPD und der Grünen diese Partei für bündnisfähig halten, ist ihnen nicht mehr zu helfen. Ob formelle Koalition oder bloße Tolerierung: Jedwede Abhängigkeit von der PDS würde bei beiden Parteien den Hang zum ideologischen Traditionalismus verstärken. Zum Anspruch, Deutschland modernisieren zu wollen, paßt das, frei nach Stalin, wie der Sattel auf die Kuh. Und falls einer der denkbaren sozialdemokratischen Kanzlerkandidaten meinen sollte, er könne gegebenenfalls mit Hilfe der PDS an die Macht gelangen, irrt er. Durch diese Rechnung dürften schon die Wähler einen Strich machen – und wenn nicht sie, dann spätestens eine hinreichende Zahl sozialdemokratischer und grüner Bundestagsabgeordneter.

3. SEPARATISMUS AUF FILZLATSCHEN

DER MARXISMUS-LENINISMUS IST TOT, UND DER WEG NACH EUROPA FÜHRT ÜBER BERLIN

Oktober 1998

Die Alarmanlagen der Linken können abgeschaltet werden: Wenn 1999 Bundestag und Bundesregierung vom Rhein an die Spree umziehen, wird die Welt kein wilhelminisches Tschingderassabum zu hören bekommen. Die «Kultur der Zurückhaltung», in der sich die alte Bundesrepublik geübt hat, wird nicht durch eine Ära des auftrumpfenden «Wir sind wieder wer» abgelöst werden. Die Berliner Republik nimmt allmählich Konturen an. Aber seit dem 27. September ist noch klarer als zuvor: Es ist kein nationalistisches und kein militaristisches Profil, das sich am Horizont abzeichnet, sondern ein europäisches, ein durch und durch ziviles. Und doch liegen auch hier Gefahren. Sie gehen weniger von den Rändern des politischen Spektrums als vielmehr von regionalen Machtzentren aus: Einige alte Bundesländer proben bereits den Aufstand gegen die neue Metropole.

Daß die Berliner Republik von Sozialdemokraten und Grünen aus der Taufe gehoben wird, entbehrt nicht der historischen Ironie. Denn nirgendwo waren vor 1989 die Vorbehalte gegenüber einem neuen deutschen Nationalstaat so stark wie im Umfeld dieser beiden Parteien. Dafür gab es einen guten Grund: Eine deutsche Machtzusammenballung in der Mitte Europas konnte man angesichts der Rolle, die das Deutsche Reich bei der Auslösung des Ersten und der Entfesselung des Zweiten Weltkriegs gespielt hatte, nicht mehr wollen.

Das war keine besonders «linke» Einsicht, sondern fast schon gesamtdeutscher Konsens. Doch je älter die Bundesrepublik wurde, desto mehr wuchs im Westen Deutschlands die hegelianische Neigung, das Wirkliche als vernünftig anzuerkennen und in der deutschen Zweistaatlichkeit den Beweis dafür zu sehen, daß auf den Weltgeist noch immer Verlaß war. Die Forderung, den Deutschen in der DDR endlich volle Menschen- und Bürgerrechte zu gewähren, wurde zwar auch links der Mitte erhoben, von führenden Sozialdemokraten in den achtziger Jahren aber meist ziemlich verhalten. Vorrang vor Systemveränderungen im «real existierenden Sozialismus» hatte die erstrebte «Sicherheitspartnerschaft» zwischen Ost und West.

Die Geschichte ist bekanntlich anders verlaufen, als die Deutschen in West und Ost es erwartet hatten. Das vereinte Deutschland *ist* wieder ein Nationalstaat, wenn auch keiner der alten Art, wie das Deutsche Reich von der Bismarckschen Reichsgründung im Jahre 1871 bis zum Zusammenbruch des «Dritten Reiches» im Mai 1945 einer war. Europäisch und atlantisch eingebunden, ist die Berliner Republik ein postklassischer, demokratischer Nationalstaat wie die anderen Mitgliedstaaten der Europäischen Union auch. Die Deutschen sind wieder, was sie zwischen 1945 und 1990 nicht waren, eine staatlich verfaßte Nation. Die Reform des deutschen Staatsbürgerschaftsrechts, ein gewichtiger Punkt der rotgrünen Agenda, wird für ein weiteres Stück europäischer Normalisierung sorgen. Die Deutschen erhalten die Möglichkeit, ihr Verständnis von Nation zu verwestlichen und sich mehr als Abstimmungs- denn als Abstammungsgemeinschaft zu begreifen.

Die Modernisierung des deutschen Begriffs «Nation» könnte in mehr als einer Hinsicht zu einer Brücke werden. Zum einen werden «ausländische Mitbürger», bislang ein wohlgemeinter Widerspruch in sich selbst, unter bestimmten Voraussetzungen den Status gleichberechtigter Bürger der Bundesrepublik Deutschland erlangen. Zum anderen bekommt die deutsche Linke eine Chance, ihr gespanntes Verhältnis zum sperrigen Sachverhalt «Nation» zu überprüfen und, vielleicht, zu entspannen.

Die erste Brücke wird leichter zu schlagen sein als die zweite. Denn der Abschied von vertrauten Selbststilisierungen fällt schwer. Eine davon ist die von der «postnationalen» Epoche, die für Deutschland nach 1945, für den Rest der Welt spätestens jetzt, im Zeichen der Globalisierung, begonnen haben soll. Der Vordenker des «postnationalen» Zeitalters ist Jürgen Habermas. *Die postnationale Konstellation und die Zukunft der*

Demokratie lautete der Titel des Vortrags, den er am 5. Juni 1998 auf Einladung des Kulturforums der Sozialdemokratie und in Gegenwart des sozialdemokratischen Kanzlerkandidaten in Berlin hielt.

Gerhard Schröder hat sich in der anschließenden Diskussion Habermas' Plädoyer, die Europäische Union möge sich zur «ersten Gestalt einer postnationalen Demokratie» entwickeln, nicht angeschlossen – zu Recht nicht. Denn außerhalb der deutschen Grenzen glaubt so gut wie niemand, es sei an der Zeit, aus der Nation aus- und in ein postnationales Europa einzutreten. Die Deutschen haben ihren ersten Nationalstaat ruiniert: So weit reicht die Übereinstimmung des aufgeklärten Europa. Aber gibt das den Deutschen ein Recht, von den übrigen Europäern zu verlangen, sie sollten sich wenn nicht heute, so doch morgen oder übermorgen von ihren Nationalstaaten verabschieden, die Sache mit der Nation für erledigt erklären und in einem europäischen Bundesstaat aufgehen? Wohnt einem solchen Ansinnen insgeheim nicht gar der Wunsch inne, am (endlich vernünftig gewordenen) deutschen Wesen möge die Welt genesen? Wer hat die Deutschen zu Richtern der Nationen bestellt? Die letzte Frage ist so neu nicht. Sie stammt von Johann von Salisbury, dem Erzbischof von Chartres. Er stellte sie 1160, als Kaiser Friedrich I. auch Rotbart oder Barbarossa genannt, auf einer Kirchenversammlung zu Pavia einen Papst oder vielmehr Gegenpapst anerkennen ließ, hinter dem nur eine Minderheit kaisertreuer Kardinäle stand.

Von den Höhen des philosophischen Diskurses über Europa in die Niederungen der deutschen Politik scheint es ein weiter Weg zu sein. Doch es scheint nur so. Einen Tag nach dem diesjährigen Tag der Deutschen Einheit, am 4. Oktober also, veröffentlichte der Berliner *Tagesspiegel* ein Interview mit dem nordrhein-westfälischen Ministerpräsidenten. Auf die Frage, was es für sein Land bedeute, daß Deutschland künftig von Berlin aus regiert werde, erwiderte Wolfgang Clement: «So ein Umzug verfolgt ein bestimmtes Ziel: Schwerpunktverlagerung nach Osten. Dadurch wird die ohnehin starke Westorientierung Nordrhein-Westfalens verstärkt – die Orientierung auf Brüssel, also die EU, und unsere Nachbarn. Wir stehen vor einer hoffentlich sehr intensiven Kooperation mit den Benelux-Staaten und Frankreich ... Berlin und Brandenburg werden sich auf der anderen Seite so nach Polen und in die mittel- und osteuropäischen Staaten orientieren wie wir nach Westen.»

Formt sich in Deutschland eine Lega West heraus?

So offen hat noch kein westdeutscher Ministerpräsident ausgesprochen, wie er sich den Weg in die «postnationale» Zukunft vorstellt. Die Bundesrepublik würde sich, ginge es nach Wolfgang Clement, allmählich vom Bundesstaat in einen Staatenbund verwandeln, wodurch die Bundesländer etwa so «europaunmittelbar» würden, wie die Freien Reichsstädte im Heiligen Römischen Reich Deutscher Nation «reichsunmittelbar» waren. Einem Bericht von Günter Bannas in der *FAZ* vom 22. August zufolge bewegt sich das Denken des bayerischen und des baden-württembergischen Ministerpräsidenten auf ähnlichen Bahnen. Ist die Klage gegen den Länderfinanzausgleich, den die Regierungen in München und Stuttgart beim Bundesverfassungsgericht erhoben haben, also nur der Probelauf ihrer auf Ökonomie reduzierten EUROlogik? Formt sich da, ohne daß wir es so recht bemerkt hätten, eine deutsche Lega West heraus, die die Idee der nationalen Solidarität für ein Relikt des 19. Jahrhunderts hält? Wollen Clement, Stoiber und Teufel den Beweis antreten, daß Marx doch recht hatte, als er den Satz niederschrieb: «Die ‹Idee› blamierte sich immer, soweit sie von dem ‹Interesse› unterschieden war.»?

Der Düsseldorfer Regierungschef faßt das, was er will, im Begriff «europäisches Deutschland» zusammen. Die Formel hat den Vorteil, gut zu klingen und von einem für einen Sozialdemokraten peinlichen Schönheitsfehler abzulenken. Die Regionalisierung à la Clement folgt nämlich der Devise: Reich und reich gesellt sich gern. Die logische Umkehrung wird billigend in Kauf genommen. Auf diese Weise läßt sich das deutsche Wohlstandsgefälle europäisieren, die ehemalige innerdeutsche Grenze in entstaatlichter Form restaurieren und der Umzugsbeschluß des Bundestages neutralisieren.

Clement beruft sich bei seinem Entwurf eines «europäischen Deutschland» auf den ersten Bundeskanzler, der von Europa freilich eine andere, weniger materialistische Vorstellung hatte. Zur posthumen Adenauerschen Linken kann man Clement folglich nur bedingt rechnen. Bei Joschka Fischer hingegen gibt es, seit er 1994 sein Buch *Risiko Deutschland. Krise und Zukunft der deutschen Politik* vorlegte, keinen Zweifel, daß er dieser Gruppierung angehört. Der Autor nennt zwar nicht den Namen

Adenauer, aber er denkt ihn mit, wenn er sich zur Unwiderruflichkeit der Westbindung, ja zu einem «historisch denkenden ‹Konservativismus› der Bundesrepublik Deutschland» bekennt, «der die Kraft hat, die positiven Traditionen und Strukturen der alten Bundesrepublik und der revolutionären Wendezeit der DDR gegen die Herausforderung eines reaktionären Angriffs deutschnationaler Revisionsversuche zu verteidigen». Von dem Begriff «postnational» hält Fischer nichts; er stellt vielmehr ausdrücklich fest: «Die Nationen machen Europa aus, ihre Kultur, ihre Sprache, ihre Unterschiede und ihre Gemeinsamkeiten, und diese Nationen sind viel älter als die Nationalstaaten.» Aber er beklagt dann doch, daß «historisch gesehen 1990 die ‹falsche Einheit›, nämlich die nationalstaatliche des 19. Jahrhunderts und nicht die europäische des 21. Jahrhunderts», verwirklicht worden sei.

Fischers Sicht der (wie er einräumt: unvermeidbaren) Wiedervereinigung ist die von großen Teilen der Linken, und dasselbe gilt von seinem Bild der neueren deutschen Geschichte. Es war, folgt man dem mutmaßlichen künftigen Außenminister, von 1848 bis 1945 eine einzige Fehlentwicklung. Weder in der Revolution von 1848 noch in der von 1918 verhielten sich die Deutschen so, wie sie es hätten tun sollen, nämlich revolutionär. Die Folge ist, daß die demokratische Tradition der Bundesrepublik nur eine von westlichen Demokratien «geliehene» ist. «Ihr fehlt die legitimitätsbildende Kraft der befreienden revolutionären Gewalttat.»

So etwa steht es auch bei manchen der von Fischer ausgiebig zitierten Historiker und Publizisten. Aber es ist doch nur die halbe Wahrheit, und auf Halbwahrheiten sollte die Politik der Berliner Republik nicht aufbauen. Hätten 1848 und 1918 die «gründlichen» Revolutionäre in Deutschland die Oberhand gewonnen, wäre die Folge nicht nur ein deutscher, sondern ein europäischer Bürgerkrieg gewesen. Den wollten die gemäßigten Kräfte, vor 150 Jahren die Liberalen, vor 80 Jahren die Sozialdemokraten, verhindern. Beide müssen seitdem mit dem Vorwurf leben, sie hätten die Revolution «verraten». Bismarcks «Revolution von oben» löste die deutsche Frage im «kleindeutschen» Sinn, also ohne Österreich. Für Europa war das immer noch erträglicher als die «großdeutsche» Lösung, von der sich die Mehrheit der Paulskirche, gegen den Protest der entschiedenen Linken, erst im Mai 1849 und nur unter inneren Vorbehalten trennte.

Die Einheitsfrage wurde von Bismarck gelöst, die Freiheitsfrage im Sinn der Einführung des parlamentarischen Systems hingegen nicht. Eine parlamentarische Demokratie wurde Deutschland erst im Gefolge seiner Niederlage im Ersten Weltkrieg: eine schwere Vorbelastung der Weimarer Republik und einer der tieferen Gründe für den Triumph Hitlers. Und doch wäre es falsch, im Kaiserreich nur den Obrigkeitsstaat zu sehen. Es hat seinen Platz in der Geschichte Deutschlands als Bundesstaat, Rechtsstaat und Sozialstaat. Seit 1867 stand den Deutschen männlichen Geschlechts im Norddeutschen Bund, seit 1871 im Deutschen Reich das allgemeine Wahlrecht zu. Was wir an Parlamentskultur haben, entwickelte sich auf nationaler Ebene im Reichstag der Kaiserzeit.

Die Kritik historischer Mythen ist überfällig

Joschka Fischer ist nicht der Urheber eines Geschichtsbildes, dessen Hauptmerkmale wohlfeile Klischees und fehlende linke Selbstkritik sind. Er bündelt nur, was in der Bonner Republik links der Mitte en vogue war. Der Umzug nach Berlin könnte ein Anlaß sein, die altbundesdeutschen Geschichtslegenden, die «fortschrittlichen» und die «konservativen», ebenso zu «hinterfragen» wie die ungleich kompakteren Geschichtslegenden der DDR, an denen, mitunter zum Leidwesen der Parteiführung, das PDS-Milieu bis heute festhält. Ein verbindliches deutsches Geschichtsbild wird und kann es nicht geben. Überfällig aber ist die Kritik historischer Mythen aus allen Himmelsrichtungen. Andernfalls könnte die Berliner Republik zu dem werden, was Karl Dietrich Bracher von der Weimarer Republik gesagt hat: Sie sei «jedermanns Vorbehaltsrepublik» gewesen.

Europa braucht nicht darunter zu leiden, wenn Deutschland im Übergang von der Bonner zur Berliner Republik in eine «selbstreflexive» Phase eintritt. Das Ergebnis des Nachdenkens muß freilich jene europäische Normalisierung Deutschlands sein, auf die Europa wartet. Denn «normal» ist Deutschland nie gewesen. Während sich im Westen Europas seit dem hohen Mittelalter Nationalstaaten herausbildeten, beharrten die Deutschen auf dem universalen Anspruch des Heiligen Römischen

Reiches – einem Anspruch, mit dem sie Europa heraus- und sich selbst überforderten. Die Gründung des «Zweiten Reiches» im Jahr 1871 schuf zwar einen Nationalstaat und war insofern ein Stück europäischer Normalisierung. Aber inzwischen war die parlamentarische Regierungsweise zur westeuropäischen Norm aufgerückt, und an dieser Norm gemessen war das Bismarckreich ein Anachronismus. Das «Dritte Reich» Adolf Hitlers wollte die Vorherrschaft erst in Europa und dann in der Welt erringen und zerstörte damit das Deutsche Reich für immer. Die beiden Nachfolgestaaten versuchten aus der Not, kein Nationalstaat zu sein, eine Tugend zu machen: die Bundesrepublik als Vorkämpferin eines postnationalen Westeuropa, die DDR als Musterland des proletarischen Internationalismus.

Mit der Wiedervereinigung sind alle deutschen Sonderwege an ihr Ende gelangt, die beiden Sonderwege der Nachkriegszeit freilich auf asymmetrische Weise. Der Marxismus-Leninismus ist tot, und die Europäische Union lebt. Sie wird auf absehbare Zeit nicht der Bundesstaat sein, wie ihn Generationen von Altbundesdeutschen ersehnten, aber doch sehr viel mehr als ein Staatenbund. Der Staatenverbund, von dem das Bundesverfassungsgericht in seinem Maastricht-Urteil von 1993 spricht, ist so entwicklungsfähig wie entwicklungsbedürftig. Er bedarf einer außenpolitisch handlungsfähigen Exekutive, ihrer wirksamen Kontrolle durch das Europäische Parlament und darum einer Verfassung. Das europäische Wir-Gefühl wird im Zuge der Demokratisierung wachsen, aber es wird supranational und nicht postnational sein. Die nötigen Impulse werden, was Deutschland betrifft, nicht von Düsseldorf, München oder Stuttgart ausgehen, wo die Gralshüter des für sie so vorteilhaften europäischen Status quo sitzen, sondern von Berlin, das Wolfgang Clement, und nicht nur er, vorsorglich zu einer bloßen «Scheinkapitale» herabstufen möchte.

Der Weg nach Europa führt über Berlin. Die postklassischen Nationalstaaten müssen handlungsfähig bleiben, weil Europa weder ohne noch gegen sie gebaut werden kann. Sie werden aber nur handlungsfähig bleiben, wenn sie Europa tun lassen, was sie allein nicht mehr leisten können. Die politische Einigung Europas wird heute nicht, wie Fischer 1994 meinte, von deutschnationalen Reaktionären bedroht, sondern von europäisch verkleideten deutschen Staatenbündlern, die an einem stillen Verfassungswandel arbeiten. Mit der Rückverwandlung in einen Staatenbund nach Art des Deutschen Bundes von 1815 würde Deutschland abermals einen Sonderweg beschreiten. Daß dies nicht geschieht, daß der Separatismus auf Filzlatschen sich nicht durchsetzt: das walte die Berliner Republik unter Gerhard Schröder als Kanzler und Joschka Fischer als Außenminister.

4. AUCH GEISTIGES EIGENTUM VERPFLICHTET

PLÄDOYER FÜR NACHTRÄGLICHE STUDIENGEBÜHREN

Dezember 1997

Studiengebühren sind ein Reizwort. Die SPD verlangt, in die Novelle zum Hochschulrahmengesetz solle vorsorglich ein Verbot von Studiengebühren eingefügt werden. Von protestierenden Studenten ist dieselbe Forderung zu hören. Das Nein zu Studiengebühren ist so lautstark, daß die Ja-Stimmen, etwa vom Präsidenten des Stifterverbandes für die Deutsche Wissenschaft, dem früheren Berliner Senator Manfred Erhardt (CDU), oder vom Gründungsdirektor der Universität Erfurt, Peter Glotz (SPD), kaum noch durchdringen.

Status quo der Hochschulfinanzierung sozial ungerecht

Die Gegner haben ein gewichtiges Argument für sich: Ob jemand die Möglichkeit erhält, zu studieren, darf nicht von seinem Einkommen oder dem Einkommen seiner Eltern abhängen. Studiengebühren, die während des Studiums bezahlt werden müssen, bilden eine soziale Barriere gegen das Studium (jedenfalls dann, wenn es keinen angemessenen Ausgleich durch großzügige Stipendien gibt). Solche Studiengebühren würden zu Lasten der sozial Schwächeren gehen, sind also ungerecht und darum abzulehnen.

Sozial ungerecht ist aber auch der Status quo der Hochschulfinanzierung. Die Mehrheit der Bevölkerung besteht aus Nichtakademikern.

Durch ihre Steuerleistungen ermöglichen sie es den werdenden Akademikern, später ein (im Lebensdurchschnitt) sehr viel höheres Einkommen zu beziehen als sie selbst. Gewiß: Die Gesellschaft braucht gut ausgebildete Akademiker. Aber sie braucht auch gut ausgebildete Handwerker. Wer sich zum Handwerksmeister ausbilden lassen will, muß dafür etwas bezahlen, also in den meisten Fällen ein Darlehen aufnehmen. Die akademische Ausbildung ist dagegen in Deutschland kostenlos. Das bedeutet eine Privilegierung der Akademiker.

Wer soziale Gerechtigkeit fordert, darf diese Wirkung fehlender Studiengebühren nicht ausblenden. Wenn aber weder das pauschale Ja noch das pauschale Nein zu Studiengebühren dem Postulat der Gerechtigkeit genügt, liegt die Frage nahe, ob die Crux nicht in eben dieser Pauschalität liegt. Die Alternative zu «pauschal» heißt «differenziert». Es gibt differenzierte Antworten auf die Frage nach einer gerechten Studienfinanzierung. Eine dieser Antworten kommt aus Australien.

Dort hat die Labor-Regierung 1989 eine bemerkenswerte Neuerung eingeführt. In Australien werden seit jenem Jahr Studiengebühren erhoben (Anfang 1997 lagen sie bei knapp 3000 DM jährlich). Wer sie sofort bezahlt, bekommt einen Abschlag von 25 Prozent. Wer sie erst später bezahlen kann oder will (das ist die Mehrheit), erhält ein zinsloses Darlehen, das er oder sie, zusammen mit einem Inflationsausgleich, erst dann und nur dann zurückzahlen muß, wenn er oder sie das Durchschnittseinkommen eines berufstätigen Australiers erreicht hat. 85 Prozent aller Darlehensempfänger kommen in den Genuß eines solchen Einkommens, zahlen also zurück, was ihnen der Staat vorgeschossen hat. Der Rest sind verlorene Darlehen.

Natürlich kann auf diese Weise nur ein Teil der Hochschulkosten aufgebracht werden. Das Gesetz von 1989 schreibt sogar vor, daß höchstens ein Fünftel der Ausgaben für die Hochschulen über (gleichzeitige oder nachträgliche) Studiengebühren finanziert werden darf. Die Hauptlast trägt also weiterhin der Staat und damit die Gesamtheit der Steuerzahler. Was immer die jetzige bürgerliche Regierung in Canberra an diesem Gesetz inzwischen verschlechtert hat: Das ursprüngliche Modell von 1989 besticht durch seine Einfachheit und durch sein Streben nach Gerechtigkeit.

Die neue Londoner Labour-Regierung unter Tony Blair hat sich jetzt an Australien ein Beispiel genommen. Aus Deutschland kommen bisher überwiegend abwehrende Reaktionen. Die Düsseldorfer Wissenschaftsministerin Anke Brunn (SPD) verstieg sich sogar zu der Bemerkung, Australien sei ein «Einwanderungsland, in dem es nicht die Traditionen eines Generationenvertrages und ein sozial verantwortliches Bildungswesen gibt wie in Deutschland». Hat man von Sozialdemokrat(inn)en nicht schon anderes und Besseres zum Thema «Einwanderungsland» gehört?

Wider den Strukturkonservatismus

Es ist an der Zeit, dem Strukturkonservatismus und dem (wohl eher unbewußten als bewußten) deutschnationalen Dünkel vieler und keineswegs nur sozialdemokratischer Bildungspolitiker den Kampf anzusagen. Der bayerische Kultusminister Zehetmair (CSU) ist ähnlich entschieden gegen Studiengebühren, jedenfalls für das Erststudium, wie seine Kolleginnen und Kollegen von der SPD. Und der Bonner «Zukunftsminister» Rüttgers (CDU) hat bisher so wenig zur Überwindung bildungspolitischer Tabus beigetragen, daß er seine politische Zukunft wohl schon hinter sich hat.

Doch die Kuh, gleichviel ob sie nun eine Genossin oder Bürgerin ist, muß endlich vom Eis. Das werden allerdings nicht die Bildungspolitiker, sondern nur die Generalisten aller Parteien und auch sie nur mit vereinter Kraft schaffen – diejenigen also, die für allgemeine Politik zuständig sind. Sie müssen sich für das australische Modell der überwiegend nachträglichen Studiengebühren stark machen, weil es vernünftig ist. Und sie müssen, vielleicht durch ein Bund-Länder-Abkommen, dafür Sorge tragen, dass die Finanzminister neu erschlossene Geldquellen nicht zum Anlass nehmen, die Wissenschaftsetats zu plündern.

Studiengebühren nach dem australischen Vorbild von 1989 sollen die Steuerzahler entlasten – aber nicht im Hinblick auf das, was der Staat zur Zeit für die Hochschulen tut, denn das ist viel zu wenig. Studiengebühren australischer Prägung sollen der Allgemeinheit vielmehr bei der Bewältigung der finanziellen Lasten helfen, die sie auf sich nehmen muss, um die seit langem völlig unzureichend ausgestatteten Universitäten endlich finanziell zu sanieren und international wieder wettbewerbsfähig zu machen.

Da dies auch im elementaren Interesse der deutschen Wirtschaft liegt, wird diese bei der Einführung des australischen Modells Starthilfe leisten müssen: durch die Ermöglichung der zinslosen Darlehen nämlich, die den «Charme» der Lösung ausmachen.

Solvente Akademiker haben moralische Verpflichtung

Unbillig wäre es jedoch, allein heutige Studierende finanziell in die Pflicht zu nehmen. Auch die Akademiker, deren Studium schon lange Zeit zurückliegt, können und sollen etwas für die Rettung und Gesundung der Hochschulen tun. Soweit sie gut verdienen, verdanken sie das nicht zuletzt ihrem Studium. Aus rechtlichen Gründen können sie nicht durch Gesetz verpflichtet werden, nachträgliche Studiengebühren zu zahlen. Aber einen moralischen Anspruch an die «älteren Semester», einen Beitrag zur Zukunft der Universitäten zu leisten, gibt es durchaus. Wenn der Bundespräsident sich mit der ganzen Autorität seines Amtes an die Spitze der Bewegung stellen würde, hätte ein Appell an die Solidarität der Generationen Chance, Gehör zu finden. «Eigentum verpflichtet», heißt es in Artikel 14 des Grundgesetzes. «Sein Gebrauch soll zugleich dem Wohle der Allgemeinheit dienen.» Das gilt auch für geistiges Eigentum, das materielle Früchte trägt.

Die Hochschullehrer der Gruppe «Neue Humboldt-Universität», die Mehrheitsliste der Professoren im Akademischen Senat der Humboldt-Universität zu Berlin, haben den Bundespräsidenten Anfang Februar 1997 brieflich und unter Beifügung von «21 Thesen zur Hochschulreform» gebeten, zur Einrichtung eines Nationalen Bildungsfonds aufzurufen, in den alle Nutznießer akademischer Bildung zugunsten einer Universität ihrer Wahl (es darf auch eine in den neuen Ländern sein) einzahlen sollten, was in ihren Kräften steht. Leider hat Roman Herzog darauf nie geantwortet. Auch eine Bitte an seinen Staatssekretär Staudacher, den Eingang des Schreibens zu bestätigen, war vergeblich.

Das gesammelte Schweigen aus Schloß Bellevue ist fast so beredt wie die großen Reden, in denen der Bundespräsident viel Richtiges zum Thema «Bildung» gesagt hat. Vielleicht muß man die Hoffnung, vom

Staatsoberhaupt werde in diesem Zusammenhang noch Konkreteres und vielleicht sogar etwas auf produktive Weise Kontroverses zu vernehmen sein, jetzt schon auf den Nachfolger oder die Nachfolgerin von Roman Herzog richten. Aber ganz ausgeschlossen ist es ja nicht, daß sich der gegenwärtige Bundespräsident doch noch einen Ruck gibt und das ausspricht, worauf viele im Lande warten.

5. DIE VERACHTETE REPUBLIK

WEIMARS SCHATTEN ÜBER BERLIN

Februar 2012

Eine Demokratie ohne Demokraten sei Weimar gewesen, und daran sei die erste deutsche Republik letztlich gescheitert: So lautet eine Schulweisheit, die man in so pauschaler Form freilich in keinem Schulbuch findet. Denn Demokraten gab es zwischen 1918 und 1933 in Deutschland durchaus, nur dass sie seit 1930 immer mehr in die Minderheit gerieten, bis es bei den Reichstagswahlen vom 31. Juli 1932 schließlich eine satte Mehrheit von zusammen 51,7 Prozent für zwei Parteien gab, die der Demokratie auf unterschiedliche Weise radikal den Garaus machen wollten: die Nationalsozialisten und die Kommunisten.

Aus heiterem Himmel kam diese negative Mehrheit gegen die Demokratie nicht zustande. Vor allem im gebildeten Bürgertum hatte es von jeher massive Vorbehalte gegenüber der angeblich «undeutschen» Staatsform der Sieger gegeben, die den Deutschen im Herbst 1918 im Zuge der Niederlage im Ersten Weltkrieg aufgenötigt worden sei. 1926, in einem der wenigen wirtschaftlich «guten» Jahre der ersten Republik, schrieb einer der wortgewaltigsten Kritiker der parlamentarischen Demokratie, der Staatsrechtler Carl Schmitt, in manchen Staaten habe es «der Parlamentarismus schon dahin gebracht, dass sich alle öffentlichen Angelegenheiten in Beute- und Kompromissobjekte von Parteien und Gefolgschaften verwandeln und die Politik, weit davon entfernt, die Angelegenheit einer Elite zu sein, zu dem ziemlich verachteten Geschäft einer ziemlich verachteten Klasse von Menschen geworden ist». Im Jahr darauf erschien eine Kampfschrift eines der Starautoren der sogenannten «Konservativen Revolution», Edgar Jung, unter dem programmatischen Titel «Die Herrschaft der Minderwertigen». Gemeint war die parlamentarische Demokratie von Weimar.

Schmitt und Jung gehörten zur politischen Rechten. Aber auch auf der intellektuellen Linken hatte die westliche repräsentative Demokratie nicht viele Freunde. Kurt Tucholsky verachtete die Sozialdemokraten, weil sie, der Logik des parlamentarischen Systems entsprechend, Kompromisse mit den gemäßigten bürgerlichen Parteien schließen mussten. 1921 nannte er die Genossen «Skatbrüder, die den Marx gelesen» haben. 1926 spottete er in einem weiteren, der SPD gewidmeten Gedicht über «Bonzen, Brillen, Gehberockte, Parlamentsroutinendreh …»

Genau drei Jahrzehnte später, 1956, veröffentlichte der Schweizer Publizist Fritz René Allemann ein Buch, dessen Titel bald zum geflügelten Wort wurde: «Bonn ist nicht Weimar». Nicht nur die Väter und Mütter des Grundgesetzes hätten aus den Erfahrungen der Weimarer Republik gelernt, so lautete die optimistische Botschaft des Autors, sondern auch die Bundesbürger, indem sie sich in ihrer überwältigenden Mehrheit für Parteien entschieden, die fest auf dem Boden der westlichen Demokratie stünden. Als das Grundgesetz 30 Jahre alt wurde, prägte der Publizist und Politikwissenschaftler Dolf Sternberger den Begriff «Verfassungspatriotismus». «Das Nationalgefühl bleibt verwundet, wir leben nicht im ganzen Deutschland», schrieb Sternberger am 23. Mai 1979 in der Frankfurter Allgemeinen Zeitung. «Aber wir leben in einer ganzen Verfassung, in einem ganzen Verfassungsstaat, und das ist selbst eine Art von Vaterland.»

Wiederum drei Jahrzehnte später lebten die Deutschen längst wieder in einem «ganzen Deutschland». Ob sie das Grundgesetz noch als eine «Art von Vaterland» verstehen, ist allerdings nicht mehr so sicher. Die Stimmen mehren sich, die die konsequent repräsentative Demokratie, für die sich die weise gewordenen Weimarer – Männer wie Theodor Heuss, Konrad Adenauer und Kurt Schumacher – 1948/49 entschieden, für ein höchst unvollkommenes System halten, das dringend einer plebiszitären Frischzellentherapie bedarf.

Mehr noch: Über «das System», «die Politik», die «politische Klasse» und «die Parteien» wird seit einiger Zeit in einer Weise gesprochen und geschrieben, als habe es Weimar nie gegeben – die Republik, die nicht zuletzt an der Verachtung der parlamentarischen Demokratie und ihrer Politiker durch das gebildete Deutschland zugrunde gegangen ist.

Nicht irgendwo, sondern im *Spiegel* erschien 2010 ein Essay des Philosophen Peter Sloterdijk. Der Autor sieht die Bundesrepublik «postrepublikanischen und postdemokratischen Zuständen» entgegengehen, deren Hauptmerkmal die «Bürgerausschaltung» durch eine «monologisch in sich verschränkte Staatlichkeit» sei. «In der repräsentativen Demokratie werden Bürger – von ihren fiskalischen Aufgaben abgesehen – in erster Linie als Lieferanten von Legitimität für Regierungen gebraucht. Deswegen werden sie in weitmaschigen Abständen zur Ausübung des Wahlrechts eingeladen. In der Zwischenzeit können sie sich vor allem durch Passivität nützlich machen. Ihre vornehmste Aufgabe besteht darin, durch Schweigen Systemvertrauen auszudrücken.» Die politische Klasse habe in ihrer Hilflosigkeit den Bürgern «oft nicht mehr zu bieten als die Aussicht auf Teilhabe an ihrer eigenen Kläglichkeit – ein Angebot, auf das die Bevölkerung in der Regel nur im Karneval und bei Aschermittwochsreden eingeht».

Rettung verspricht, wenn man Sloterdijk folgt, allein der gerechte Bürgerzorn – jener Geist der Empörung, wie er sich in der baden-württembergischen Metropole manifestierte, solange die Gegner von «Stuttgart 21» noch davon überzeugt waren, dass sie und nicht die gewählten Repräsentanten die Sache des Volkes vertraten, ja das Volk waren. Hans Herbert von Arnim, der emeritierte Staatsrechtler, sieht das ganz ähnlich. Während Sloterdijk empfiehlt, die Regierenden gelegentlich «symbolisch so zu teeren und zu federn, wie sie es verdient hätten», bereitet Arnim in einer vom *Tagesspiegel* vom 18. Dezember 2011 abgedruckten Rede die Bürger auf die Notwendigkeit von Widerstand in Form von zivilem Ungehorsam vor. Sein Gegner ist eine «politische Klasse, die sich nach dem Motto ‹der Staat sind wir› von den Bürgern abschottet und eine neue Form des Absolutismus bildet, einen parteienstaatlichen Absolutismus».

Für den Fall, dass das Bundesverfassungsgericht «einknickt», das heißt: nicht der Rechtsauslegung Arnims folgt, wonach es keine weitere Übertragung von Hoheitsrechten auf die Europäische Union geben darf, hält der Autor einen Aufruf zum Widerstand gegen eine Beseitigung der verfassungsmäßigen Ordnung zumindest für erwägenswert – ein Recht, das sich gegebenenfalls aus dem Bekenntnis des deutschen Volkes zu den unverletzlichen und unveräußerlichen Menschenrechten in Artikel 1 Absatz 2 des Grundgesetzes herleiten lasse und damit, so muss man wohl folgern, aus einer höheren Legitimität als der formalen Legalität.

Carl Schmitt und Edgar Jung hätten ihre Freude an der derzeitigen Renaissance von Denkfiguren, wie sie im Umfeld der «Konservativen Revolution» vor acht Jahrzehnten propagiert wurden. Der Publizist Thymian Bussemer spricht in seinem 2011 erschienenen Buch «Die erregte Republik» von einer «Nadelstreifen-Apo», die sich seit den neunziger Jahren organisiert habe. In der Tat erinnern die Vorwürfe, die heute von eher rechten Intellektuellen gegen die repräsentative Demokratie der «Berliner Republik» erhoben werden, auffällig an die These vom «Umschlag der Volksvertretung in Repräsentation der Herrschaft», die Johannes Agnoli, einer der maßgeblichen Ideologen der Studentenbewegung und ein gelehriger Schüler von Carl Schmitt, 1968 in seinem zusammen mit Peter Brückner verfassten Buch «Die Transformation der Demokratie» verfochten hat. Bussemer diagnostiziert das Aufkommen einer «Stimmungsdemokratie», die mit einem neuen Typus des Bürgers korrespondiere, «der immer weniger citoyen und immer mehr bourgeois und Konsument ist», und er nennt die dahinterstehende Haltung «Politikverachtung, die sich mit fundamentalistischer Besitzstandswahrung paart».

Wie in der Weimarer Kritik an der repräsentativen Demokratie, so operiert auch die heutige mit der Verklärung von Zuständen, gegenüber denen das gegenwärtige System als Verfallsprodukt erscheint. Für Carl Schmitt war die Idealzeit der englische Parlamentarismus der Ära Walpole in der ersten Hälfte des 18. Jahrhunderts – ein Regime, das sich in Wirklichkeit am besten als «government by corruption» beschreiben lässt. Für Sloterdijk ist das historische Nonplusultra die römische Republik in ihrer Entstehungsphase, in der die «Geburt der res publica aus dem Geist der Empörung» erfolgte, und im weiteren Sinn die «Politik» im griechischen Sinn als «Derivat des Ehrsinns und der stolzen Regungen gewöhnlicher Menschen».

Die amerikanischen Gründerväter der modernen Demokratie kannten ihre griechischen und römischen Klassiker, aber Verehrer der antiken Versammlungsdemokratie waren sie nicht. James Madison, der spätere vierte Präsident der USA, meinte 1788 im «Federalist No. 55», einem von 85 Artikeln zur Verteidigung der amerikanischen Verfassung von 1787, in allen Volksversammlungen mit sehr vielen Teilnehmern, aus welcher Art von Menschen sie auch zusammengesetzt seien, gelinge es der Leidenschaft doch immer, der Vernunft das Szepter zu entreißen. «Wäre auch jeder athenische Bürger ein Sokrates gewesen, so wäre doch immer noch jede Versammlung der Athener eine des Pöbels gewesen.»

Manche deutsche Intellektuelle haben offenbar immer noch Schwierigkeiten, die Vernunftgründe einzusehen, die Madison und die anderen Väter der amerikanischen Verfassung dazu bewogen, den Gedanken der Volkssouveränität mit dem Prinzip des «representative government» zu verbinden. Wer heute nach mehr direkter Demokratie ruft, will in der Regel die repräsentative Demokratie nicht abschaffen, sondern nur «ergänzen». Die Frage ist, ob bundesweite Plebiszite wirklich zu «mehr Demokratie» führen würden. Die Freunde der Volksgesetzgebung plädieren meist für ein möglichst niedriges Quorum, wenn nicht gar gegen jedes Quorum.

Aber je niedriger das Quorum, desto weniger repräsentativ das Ergebnis. Die Erfahrung zeigt, dass die Nutznießer der angeblich authentischen direkten Demokratie besonders motivierte, überdurchschnittlich gut vernetzte und gebildete Bürgerinnen und Bürger sind – privilegierte Minderheiten also. Sie mögen in manchen Fragen an Sachverstand und Problembewusstsein den Parlamentariern überlegen sein. Aber wenn sie glauben sollten, dass sie generell in höherem Maß als die gewählten Vertreter berufen sind, den Volkswillen zu artikulieren, dann täuschen sie sich.

Demokratie ist, einem Wort des ersten Bundespräsidenten Theodor Heuss zufolge, Vertrauen auf Zeit. Wenn parlamentarische Mehrheiten das in sie gesetzte Vertrauen verlieren, müssen sie bei der nächsten Wahl anderen Mehrheiten weichen. Regierende Mehrheiten müssen kooperationsfähig sein. Plebiszitäre Mehrheiten können auch dadurch zustande kommen, dass sich Kräfte in der Negation zusammenfinden, die zu gemeinsamer konstruktiver Arbeit niemals in der Lage wären. Auf diese Weise erklärt sich das Scheitern des Europäischen Verfassungsvertrags in den französischen und niederländischen Referenden vom Frühjahr 2005.

Es waren Weimarer Rechtsintellektuelle wie Carl Schmitt, die dem vom Volk gewählten Reichspräsidenten eine höhere Legitimität zuschrieben als dem in Parteien gespaltenen Reichstag und der Regierung, die von einer parlamentarischen Mehrheit im Reichstag abhängig war. Würden die Freunde der direkten Demokratie sich mit der Forderung durchsetzen, den Bundespräsidenten nicht mehr durch die Bundesversammlung, sondern durch das Volk wählen zu lassen, würden sich die politischen

Gewichte zwischen dem «nur» mittelbar demokratisch legitimierten Kanzler und dem unmittelbar gewählten Präsidenten unweigerlich zugunsten des Letzteren und zulasten der repräsentativen Demokratie verschieben. Um zu glauben, dass das ein Schritt in Richtung auf «mehr Demokratie» hin wäre, muss man gegen historische Erfahrungen ziemlich immun sein.

In einem Punkt haben die Kritiker der jüngeren Entwicklung der deutschen Demokratie recht. Die Bundesregierungen haben allzu lange den inzwischen wichtigsten Bereich der deutschen Politik, die Europapolitik, als reine Exekutivdomäne betrachtet und dem öffentlichen Diskurs weithin entzogen. Mit seinem Urteil zum Lissabon-Vertrag hat das Bundesverfassungsgericht im Juni 2009 dieser Praxis einen Riegel vorgeschoben. Es hat die Integrationsverantwortung des Bundestags nachhaltig gestärkt und damit einen wichtigen Beitrag zur demokratischen Legitimierung des europäischen Projekts geleistet. Solange die Mitgliedstaaten der EU die Herren der Verträge sind, und das ist ein Wesensmerkmal dieses Staatenverbunds, gibt es keine wirksamere Kontrolle europapolitischer Entscheidungen.

Der Staatenverbund dürfte aber nur ein Durchgangsstadium sein. Die Schuldenkrise erzwingt die Umwandlung der Währungsunion in eine Fiskalunion und über kurz oder lang in eine Politische Union. Wenn sich die EU zu einer europäischen Föderation weiterentwickelt, muss das deutsche Volk seine Verantwortung als «pouvoir constituant», als Verfassungsgeber, wahrnehmen: Es wird aufgerufen werden, nach Artikel 146 des Grundgesetzes über eine neue Verfassung, ein im europäischen Sinn überarbeitetes Grundgesetz, abzustimmen. Dieser Akt von direkter Demokratie ist ebenso legitim wie notwendig: Er legt den Grund für eine Ausweitung des Prinzips der repräsentativen Demokratie auf die Europäische Union. Deutsche Intellektuelle täten gut daran, auf dieses Ziel hinzuarbeiten, anstatt sich Wunschträumen von der angeblich wahren, unmittelbaren Demokratie hinzugeben – und darüber zu vergessen, in wessen Fußstapfen sie treten, wenn sie dem alten deutschen Unbehagen an der repräsentativen Demokratie neue Nahrung geben.

6. MEHR REVOLUTION WAGEN?

WARUM DIE EMPFEHLUNG, DIE SPD SOLLE NACH LINKS RÜCKEN, IN DIE IRRE FÜHRT

Februar 2019

Dass es den deutschen Sozialdemokraten derzeit nicht gut geht, wer wollte das bestreiten? Umfrageergebnisse, die einen Stimmenanteil der ältesten deutschen Partei von deutlich weniger als 20 Prozent ausweisen, sind nicht nur für sie selbst, sondern für alle Demokraten beunruhigend. Auf der Suche nach den tieferen Gründen des Niedergangs der SPD glauben Matthias Geis und Bernd Ulrich in der Geschichte fündig geworden zu sein. Was sie dort entdeckt haben wollen, ist ein verhängnisvoller Hang der Sozialdemokraten zur Anpassung an die herrschenden Verhältnisse.

Die von Geis und Ulrich diagnostizierte Neigung zur opportunistischen Preisgabe des als richtig Erkannten treibt, wenn wir den Autoren folgen, die SPD 1914 zur Bewilligung von Kriegskrediten und 1918 zur Niederschlagung der Revolution, wie sie die aufrechten Genossen Karl Liebknecht und Rosa Luxemburg vertreten, zum Pakt mit der Reaktion und zu allerlei faulen Kompromissen mit dem Klassenfeind. Einen Lichtblick bilden eigentlich nur die fünf Jahre der Kanzlerschaft Willy Brandts, in denen die SPD ausnahmsweise einmal gleichzeitig an der Macht und mit sich identisch ist.

Doch schon bald setzt sich auch in der Bundesrepublik die von Herbert Wehner und Helmut Schmidt repräsentierte andere Traditionslinie durch, «die sich im autoritären Umgang mit den radikalen Impulsen aus der Studenten-, der Friedens- und der Ökologiebewegung bewährte». In dieser negativen Kontinuität ist auch der dritte und bisher letzte sozialdemokratische Bundeskanzler Gerhard Schröder zu sehen, der, indem er sich dem «Sachzwang» beugt und mit der Agendapolitik beginnt, zwar der Ökonomie einen Boom, seiner Partei aber die Krise beschert, in der sie heute steckt.

Warum die beiden Autoren die Sozialdemokraten trotz alledem als die «verdienstvollste Partei» Deutschlands bezeichnen, wird aus ihrem Artikel nicht so recht klar. Dagegen erscheint es fast schon zwingend, dass sie die Genossen zur Abkehr von ihrer bisherigen, überwiegend verfehlten Geschichte und zu einem entschiedenen Ruck nach links, ja letztlich zu einer Politik nach dem Motto «Mehr Revolution wagen!» aufrufen. Sie propagieren den Bruch mit einem «politischen System, das selbst in die Krise geraten ist», was aber vielleicht etwas radikaler klingt, als sie es meinen. Denn eine Abwendung von der bundesrepublikanischen Demokratie haben sie doch wohl nicht ernsthaft im Sinn – oder?

Wäre die Geschichte der deutschen Sozialdemokratie so verlaufen, wie Geis und Ulrich sie skizzieren, würde der SPD auch keine Kurskorrektur nach links mehr helfen. Die älteste deutsche Partei müsste vielmehr vor Scham im Boden versinken, sich auflösen oder bei der Partei Die Linke Unterschlupf suchen, die sich zum Erbe von Rosa Luxemburg und Karl Liebknecht bekennt. Doch die Geschichte der SPD verlief ein wenig anders, als es die beiden ZEIT-Redakteure suggerieren. Als die Sozialdemokraten am 4. August 1914 im Reichstag den von der Reichsleitung beantragten Kriegskrediten zustimmten, war der Krieg mit Russland bereits eine Tatsache. Das Zarenreich aber war, so hatten es Marx und Engels den Parteien der Sozialistischen Internationale immer wieder verkündet, die Vormacht der europäischen Reaktion, der das Proletariat notfalls auch mit Waffengewalt entgegentreten musste.

Durch ein Nein zu den Kriegskrediten einem Vormarsch der russischen Truppen auf deutschem Boden Vorschub zu leisten kam für die SPD nicht infrage, ebenso wenig ein Einschwenken auf die Linie Lenins, der im November 1914 die «Umwandlung des gegenwärtigen imperialistischen Krieges in den Bürgerkrieg» forderte. Denn ein Bürgerkrieg erschien auch Kriegskreditgegnern wie Karl Kautsky als die grausamste Form des Krieges und darum als eine Katastrophe. Rosa Luxemburg freilich war anderer Meinung. Bürgerkrieg sei nur ein anderer Name für

Klassenkampf, schrieb sie noch im November 1918, «und der Gedanke, den Sozialismus ohne Klassenkampf, durch parlamentarischen Mehrheitsbeschluss einführen zu können, ist eine lächerliche kleinbürgerliche Illusion».

Geis und Ulrich scheinen es zu bedauern, dass die Mehrheitssozialdemokraten, die, anders als die seit dem Frühjahr 1917 in einer eigenen Partei organisierten Unabhängigen Sozialdemokraten, dem Reich bis zuletzt Kriegskredite bewilligten und am 1914 verkündeten «Burgfrieden» festhielten, dem Dogma vom unbedingten Klassenkampf inzwischen abgeschworen hatten und mit den bürgerlichen Mittelparteien auf einen Verständigungsfrieden ohne Annexionen und Kontributionen hinwirkten. Ohne die Bereitschaft zum Klassenkompromiss aber hätte es weder die «Friedensresolution» des Reichstags vom Juli 1917 noch die erste auf der Zusammenarbeit der gemäßigten Kräfte in Arbeiterschaft und Bürgertum beruhende deutsche Demokratie, die Republik von Weimar, gegeben. Der Weg in die parlamentarische Demokratie konnte nur begangen werden, weil sich mit den Gegnern der Kriegskredite auch die marxistischen Gegner jedweder Art von Koalitionspolitik von der Mehrheitspartei getrennt hatten. Die Spaltung der Arbeiterbewegung im Ersten Weltkrieg war mithin, so paradox es klingt, beides: eine schwere Vorbelastung und zugleich eine Vorbedingung der Demokratie von Weimar.

Ihren Höhepunkt erreicht die Anklageschrift von Geis und Ulrich bei der Behandlung der deutschen Revolution von 1918/19. Die beiden Autoren stimmen zwar nicht ausdrücklich in den alten kommunistischen Sprechchor ein: «Wer hat uns verraten? Sozialdemokraten!» Aber auf ebendiesen Vorwurf läuft ihr Artikel hinaus. Dass die Sozialdemokraten, denen im November 1918 unverhofft die Regierungsmacht zugefallen war, zu wenig getan haben, um der erstrebten parlamentarischen Demokratie ein festeres gesellschaftliches Fundament zu geben, ist unter Historikern kaum noch umstritten. Aber dass sie für die möglichst rasche Wahl einer Verfassunggebenden Nationalversammlung eintraten, ergab sich für sie aus ihrer demokratischen Tradition. Mit Rosa Luxemburg und Karl Liebknecht unter der Parole «Alle Macht den Räten» auf die «Diktatur des Proletariats» hinzuarbeiten wäre ihnen hingegen als Verrat an diesem Erbe erschienen.

In einem hoch industrialisierten, bereits teildemokratisierten Land wie Deutschland, das seit 1871 das allgemeine, gleiche Reichstagswahlrecht für Männer kannte, konnte es 1918/19 nicht um eine Politik der Tabula rasa nach dem Vorbild der Bolschewiki gehen, sondern nur um mehr Demokratie, obenan also um das Frauenwahlrecht, die Demokratisierung des Wahlrechts auf der Landes-, Kreis- und Gemeindeebene und um die parlamentarische Verantwortung der Regierungen. Als die Ende Dezember 1918 von Karl Liebknecht und Rosa Luxemburg gegründete Kommunistische Partei Deutschlands gegen den Willen Luxemburgs zum «Sturz der Regierung Ebert-Scheidemann» aufrief, war das nichts anderes als der Versuch, die Wahlen zur Verfassunggebenden Nationalversammlung, die auf den 19. Januar 1919 angesetzt waren, mit Gewalt zu verhindern. Bei allem, was man im Zusammenhang mit der Niederschlagung des sogenannten Spartakusaufstands den regierenden Sozialdemokraten um Friedrich Ebert vorhalten muss: Hätten sie der linksradikalen Minderheit der Berliner Arbeiterschaft nicht Einhalt geboten, wären die Deutschen um die Ausübung ihres politischen Selbstbestimmungsrechts gebracht worden. Das Ergebnis wären gesellschaftliches Chaos, ein landesweiter Bürgerkrieg und der Einmarsch der Alliierten gewesen.

Nicht minder eigenwillig als das, was Geis und Ulrich über die Rolle der Sozialdemokraten in der Gründungsphase der Weimarer Republik schreiben, ist ihr Bild von der Geschichte der SPD nach 1945. Denkt man ihre Deutung zu Ende, war es ein Akt opportunistischer Unterwerfung unter die herrschenden Verhältnisse, dass die größte Bonner Oppositionspartei sich 1959 im (unerwähnt bleibenden) Godesberger Programm von der sozialistischen Planwirtschaft ab- und der Sozialen Marktwirtschaft zuwandte und sich im Jahr darauf auf den Boden von Adenauers Westpolitik stellte. Dass Willy Brandt ein Hauptvertreter des Wandels von der Klassen- zur Volkspartei war und ohne diese Anpassung an die veränderten Verhältnisse nie ins Kanzleramt gelangt wäre, bleibt ungesagt.

Es will auch nicht so recht in das Geschichtsbild der beiden ZEIT-Redakteure passen, dass der sogenannte Radikalenerlass im Januar 1972 zwischen Brandt und den Ministerpräsidenten der Länder vereinbart wurde, während Helmut Schmidt zu den frühen Kritikern dieser umstrittenen Maßnahme gehörte. Als Kanzler setzte er Anfang 1979 eine deutlich liberalere Art der Überprüfung der Verfassungstreue im öffentlichen Dienst durch.

Je näher die Autoren der Gegenwart kommen, desto kryptischer werden sie. An keiner Stelle erläutern sie, was der von ihnen geforderte Linksruck eigentlich konkret bedeuten soll. Die jüngsten Beschlüsse der SPD zur Reform des Sozialstaats werden als unzureichend bewertet, aber nicht kritisch analysiert. Dabei läge doch nichts näher als die Frage, wie die Sozialdemokratie es schaffen könnte, über die Agenda 2010 hinauszugelangen, ohne hinter das unter Rot-Grün Erreichte zurückzufallen. Dass den Hartz-Reformen ein soziales Korrektiv fehlte, ist kaum bestreitbar. Aber die Einführung eines gesetzlichen Mindestlohnes scheiterte 2003 nicht zuletzt am Widerstand mehrerer Gewerkschaften.

Für Geis und Ulrich scheint es eine ausgemachte Sache zu sein, dass die Stimmenverluste der SPD eine Folge mangelnder sozialer Radikalität sind. Die Wählerwanderung nach rechts, hin zur AfD, geht aber offenkundig darauf zurück, dass die Antworten, die die Sozialdemokratie bislang auf die Migrationskrise gegeben hat, einen erheblichen Teil ihrer Stammwählerschaft nicht überzeugt haben. Das oft zu hörende Verdikt, das Problem der Sozialdemokratie sei ihr Hartz-IV-Trauma, das der Unionsparteien das Flüchtlingstrauma, greift zu kurz. Der Herausforderung, sich in Sachen Migration und Integration ehrlich zu machen, muss sich auch die SPD stellen.

Im linken Spektrum außerhalb Deutschlands sehen die beiden ZEIT-Redakteure ein paar leuchtende Beispiele, die sie der SPD zur Nachahmung empfehlen, darunter die Labour Party Jeremy Corbyns, die spanischen Sozialisten unter Pedro Sánchez und die griechische Syriza von Alexis Tsipras. Ob die genannten Parteien nach den nächsten Wahlen immer noch als Vorbilder taugen, bleibt abzuwarten. Unerwähnt bleiben bei Geis und Ulrich aus gutem Grund die französischen Sozialisten. Sie haben sich einer Programmreform à la Godesberg und einer Sozialstaatsreform nach Art der Agenda 2010 beharrlich verweigert und pflegen ein deutlich linkeres Profil als ihre deutsche Schwesterpartei. Bei den Parlamentswahlen vom Juni 2017 erreichten sie im ersten Wahlgang nur noch 9,5 Prozent. Wäre ein linkes Image ein Erfolgsrezept, hätte das Ergebnis etwas anders ausfallen müssen.

Die SPD kann aus ihrer Geschichte einiges lernen. Freilich ist es gerade nicht das, was ihr Geis und Ulrich als Lehren aus derselben empfehlen. Wahlerfolge errangen die Sozialdemokraten immer dann, wenn es ihnen gelang, mit ihren Forderungen weit in die politische Mitte vorzustoßen. Das war so unter Willy Brandt, unter Helmut Schmidt und auch noch unter Gerhard Schröder. Von der Notwendigkeit sozialer Reformen lassen sich auch Wähler überzeugen, die keinen unmittelbaren Nutzen aus ihnen ziehen. Es muss ihnen nur einleuchten, dass die erstrebten Neuerungen ein Beitrag zur Festigung des gesellschaftlichen Zusammenhalts und zur Überwindung ungleicher Lebenschancen sind. Eine Partei, die nur als Klientelpartei der sozial Schwachen wahrgenommen wird, kann diese Überzeugungsarbeit nicht leisten. Eine Partei, die um die politische Mitte kämpft, muss sich um plausible Antworten auf alle Herausforderungen der Gegenwart und auf die drängenden Fragen nach der Gestaltung der Zukunft bemühen. Sie darf die Bereiche Wirtschaft, Technologie, Umweltschutz und Bildung so wenig ausblenden wie die Außen- und Sicherheitspolitik. Und sie muss sich mit allen ihren Konkurrenten auseinandersetzen.

Das gilt auch im Hinblick auf das Verhältnis der SPD zu den Grünen. Das «postmaterialistische Milieu», für das die Letzteren sprechen, ist auch in der Sozialdemokratie stark vertreten. Aber wenn die SPD eine Volkspartei bleiben oder wieder werden will, darf sie die Prioritäten dieses Milieus nicht umstandslos mit denen der Gesamtgesellschaft gleichsetzen. Die Demokratische Partei der Vereinigten Staaten hat einen hohen Preis dafür gezahlt, dass sie bei den Präsidentschaftswahlen von 2016 diese Maxime missachtet hat. Der Wahlerfolg der Populisten unter Donald Trump war die Quittung für den Eindruck elitärer Abgehobenheit, den die Partei Hillary Clintons im Wahlkampf hervorgerufen hatte.

Aufgabe einer Volkspartei bleibt das Ausbalancieren unterschiedlicher Interessen, wobei eine Volkspartei der linken Mitte stets ein besonderes Gewicht auf den Abbau vermeidbarer Ungleichheiten legen wird. Volksparteien müssen mehr als Klassen- oder Milieuparteien kompromiss- und bündnisfähig sein. Sie müssen also, wenn die parlamentarische Demokratie funktionstüchtig bleiben soll, jene Anpassungsfähigkeit beweisen, die Geis und Ulrich mit revolutionärem Pathos in die Nähe von Prinzipienverrat rücken.

Gleichzeitig müssen Volksparteien unterscheidbar und große Koalitionen die Ausnahme bleiben. Regierungen, die sich auf wechselnde Mehrheiten stützen, sind in gefestigten politischen Kulturen nicht ohne

Weiteres gleichbedeutend mit politischer Instabilität. Das war in der Weimarer Republik anders. Aber seitdem hat sich in Deutschland Grundlegendes geändert – und das nicht zuletzt dank der Lern- und Anpassungsfähigkeit aller demokratischen Parteien.

7. GÖRLITZ, GODESBERG UND DIE GEGENWART

ÜBER DIE MÜHEN DER SPD, EINE VOLKSPARTEI ZU WERDEN UND ZU BLEIBEN

September 2021

I.

Gemeinhin gilt der November 1959 als das Datum, an dem der ältesten deutschen Partei, der SPD, mit ihrem Godesberger Programm der Durchbruch auf dem Weg von der Arbeiterpartei zur linken Volkspartei gelang. Viel weniger bekannt ist, dass es fast vier Jahrzehnte zuvor bereits einen gleichgerichteten Versuch gegeben hat: Auf einem Parteitag, der vom 18. bis zum 24. September 1921, vor einhundert Jahren also, in Görlitz stattfand, verabschiedeten die Sozialdemokraten ein Programm, in dem sie sich nicht mehr wie bisher als Partei der Arbeiterklasse, sondern demonstrativ als «die Partei des arbeitenden Volkes in Stadt und Land» präsentierten, die «die Zusammenfassung aller körperlich und geistig Schaffenden, die auf den Ertrag eigener Arbeit angewiesen sind, zu gemeinsamen Erkenntnissen und Zielen, zur Kampfgemeinschaft für Demokratie und Sozialismus» erstrebe. Ein nachhaltiger Erfolg war dem Görlitzer Programm nicht beschieden: Es wurde, wie die Historikerin Susanne Miller bemerkt, zum «kurzlebigsten Programm in der Geschichte der Sozialdemokratie». Nicht zuletzt im Hinblick auf die aktuelle Diskussion um die Zukunft der Volksparteien lohnt es sich, der Frage nachzugehen, warum es so gekommen ist.

Die Entscheidung, sich ein neues Programm zu geben, hatte die SPD auf ihrem Kasseler Parteitag im Oktober 1920 getroffen. Das gültige Parteiprogramm war damals das Erfurter Programm vom Oktober 1891. Es stammte aus der Zeit unmittelbar nach der Nichtverlängerung von Bismarcks Sozialistengesetz aus dem Jahr 1878, das die Partei zwölf Jahre lang in den Untergrund, also in die Illegalität, gedrängt hatte. Das Erfurter Programm war, was seine konkreten Forderungen anging, keineswegs revolutionär, sondern auf Reformen wie das Frauenwahlrecht, die Weltlichkeit der Schule, den Achtstundentag und die Abschaffung der Todesstrafe ausgerichtet. Autor dieses Teils war Eduard Bernstein, der wenige Jahre später mit seiner Kritik an wesentlichen Grundannahmen und Vorhersagen von Karl Marx den «Revisionismusstreit» in der deutschen Sozialdemokratie auslösen sollte.

Der grundsätzliche, vom «Chefideologen» Karl Kautsky verfasste Teil aber atmete den Geist des orthodoxen Marxismus. Die ökonomische Entwicklung, so hieß es darin, führe mit Naturnotwendigkeit zum Untergang des Kleinbetriebs und zum Absinken der Mittelschichten ins Proletariat. Der Klassenkampf zwischen Bourgeoisie und Proletariat, der die moderne Gesellschaft in zwei feindselige Heerlager spalte, werde immer erbitterter. Da alle anderen Klassen auf dem Boden des Privateigentums an den Produktionsmitteln stünden, könne die gesellschaftliche Umwandlung im Sinne des Sozialismus nur das Werk der Arbeiterklasse sein. Diesen Kampf zu gestalten, ihm sein «naturnotwendiges Ziel» zu weisen und die Arbeiterklasse in den Besitz der politischen Macht zu bringen, sei die Aufgabe der Sozialdemokratischen Partei.

Zwischen Erfurt und Görlitz lagen einschneidende Ereignisse: der Erste Weltkrieg und die Spaltung der SPD in Mehrheits- und Unabhängige Sozialdemokraten, kurz MSPD und USPD, das heißt Befürworter und Gegner der Bewilligung von Kriegskrediten, der Sturz der Monarchie und die Ausrufung der Republik im November 1918, der Berliner Januaraufstand von 1919, auch «Spartakusaufstand» genannt, die Wahl der Verfassunggebenden Nationalversammlung am 19. Januar 1919 und die Grundlegung der ersten deutschen Demokratie durch eine «Weimarer Koalition» aus den Mehrheitssozialdemokraten und den Parteien der bürgerlichen Mitte, der linksliberalen Deutschen Demokratischen Partei und dem katholischen Zentrum. Es folgten der Friedensvertrag von Versailles und die Verabschiedung der Weimarer Reichsverfassung, der Kapp-

Lüttwitz-Putsch, der von ihm ausgelöste Bürgerkrieg an der Ruhr im Frühjahr 1920 und die ersten Reichstagswahlen vom Juni desselben Jahres, in denen die Parteien der Weimarer Koalition ihre parlamentarische Mehrheit verloren und die USPD auf Kosten der MSPD erstarkte, schließlich das Votum der linken Mehrheit der USPD für den Eintritt in die Kommunistische Internationale im Oktober 1920 und ihre Vereinigung mit der Kommunistischen Partei Deutschlands zwei Monate später.

Die SPD der frühen zwanziger Jahre stellte mit Friedrich Ebert den ersten Reichspräsidenten und fühlte sich zu Recht als die staatstragende Partei der Weimarer Republik schlechthin. Als solche konnte sie auf die Herausforderungen der Gegenwart nicht mehr die Antworten des Programms von 1891 geben: Darin waren sich die Mehrheitssozialdemokraten einig. Unterschiedliche Meinungen gab es jedoch, wann immer der Umfang der Revision zur Diskussion stand.

Als folgenreich erwies sich in diesem Zusammenhang, dass die Delegierten des Kasseler Parteitags gegen den Willen der Parteiführung den Erzrevisionisten Eduard Bernstein in die Programmkommission gewählt hatten, der sich 1917 aus Gegnerschaft gegen die Kriegskredite der USPD angeschlossen hatte, inzwischen aber wieder der Mehrheitspartei angehörte. Wäre es nach ihm gegangen, hätte die SPD auf den Begriff «Klassenkampf» am besten ein für alle Mal verzichtet – einen Begriff, der alle verschrecken musste, die sich selbst nicht als Teil der Arbeiterklasse verstanden. Ganz so weit wollten die meisten seiner Parteifreunde indes nicht gehen. Die Endfassung des Görlitzer Programms, das auf weiten Strecken den Stempel Bernsteins trägt, enthält den Begriff «Klassenkampf» zwar, aber nicht im Sinne einer sozialen Kriegserklärung, sondern eher einer historischen Rechtfertigung: Die kapitalistische Entwicklung, so heißt es im zweiten Abschnitt, habe den Klassenkampf zur «geschichtlichen Notwendigkeit und zur sittlichen Pflicht» gemacht.

Anders als drei Jahrzehnte zuvor in Erfurt deutete die SPD in Görlitz den Sozialismus nicht mehr als Ergebnis einer naturnotwendigen Entwicklung, sondern als eine Frage des politischen Willens. Vage marxistisch klang die Feststellung, die kapitalistische Entwicklung habe die wirtschaftliche Ungleichheit gesteigert und «einer kleinen, im Überfluss lebenden Minderheit» weite Schichten entgegengestellt, «die in Not und Elend verkümmern». Gezielt angesprochen wurden «kleine und mittlere

Besitzer, Gewerbetreibende, Scharen geistiger Arbeiter, Beamte, Künstler, Schriftsteller, Lehrer, Angehörige aller Art der freien Berufe», denen das Programm attestierte, sie seien in proletarische Lebensbedingungen herabgedrückt worden.

Von einer positiven Umwerbung der Mittelschichten waren solche Aussagen weit entfernt. Doch im Gegensatz zum Erfurter Programm forderte die SPD in Görlitz nicht mehr pauschal die Abschaffung des Privateigentums an den Produktionsmitteln, sondern nur noch die «Überführung der großen konzentrierten Wirtschaftsbetriebe in die Gemeinwirtschaft und darüber hinaus die fortschreitende Umformung der gesamten kapitalistischen Wirtschaft zur sozialistischen, zum Wohl der Gesamtheit betriebenen Wirtschaft». Konkrete Aussagen zur Landwirtschaftspolitik fehlten; sie blieben einem noch zu beschließenden Agrarprogramm vorbehalten.

Auf Stimmengewinne aus Kreisen des selbstständigen Mittelstands durfte die SPD angesichts der Halbherzigkeit ihrer Programmrevision kaum hoffen. Das Echo in der Handwerkspresse war denn auch rundum negativ. Die Sozialdemokratie habe in Görlitz zwar einen strategischen Rückzug angetreten, hieß es etwa im «Deutschen Handwerksblatt», sie sei aber eine klassenkämpferische Partei geblieben. «Dieser Klassenkampfweltanschauung steht das Handwerk nicht nur innerlich vollkommen ablehnend gegenüber, sondern es setzt ihr die Idee der ‹solidarischen Berufsstandgemeinschaft› entgegen.» Ein regionaler Syndikus des Nordwestdeutschen Handwerkerbundes meinte, in Görlitz habe sich die SPD nicht vom Saulus zum Paulus gewandelt. Nach wie vor trage ihr Programm die Züge der «Handwerkerfeindlichkeit».

II.

Eine Chance, in der politischen Praxis erprobt zu werden, hatte das Görlitzer Programm nicht. Ein Jahr nach seiner Verabschiedung war es bereits Makulatur. Nach der Ermordung des Reichsaußenministers Walther Rathenau durch antisemitische Rechtsradikale am 24. Juni 1922 schloss sich die MSPD im September mit der «Rest-USPD», also dem Teil der Unabhängigen zusammen, der nicht im Dezember 1920 in der KPD aufgegangen war. Eines der Opfer, die die Mehrheitssozialdemokratie auf dem Altar dieser Wiedervereinigung brachte, war die Preisgabe des ein Jahr zuvor verabschiedeten, von den Unabhängigen als revisionistisch, mithin unmarxistisch, angeprangerten Görlitzer Programms. Es wurde provisorisch durch ein Aktionsprogramm ersetzt, in dem sich die SPD wieder uneingeschränkt zum Klassenkampf bekannte und sich auch sonst weit links von Görlitz positionierte.

Die Fusion der beiden sozialdemokratischen Parteien brachte der SPD zwar erhebliche Mandatsgewinne im Reichstag und in den Landtagen ein, schwächte aber ihre politische Handlungsfähigkeit. Anders als die Mehrheitssozialdemokraten standen die ehemaligen Unabhängigen Koalitionen mit den bürgerlichen Parteien äußerst reserviert, Bündnissen mit der unternehmernahen Deutschen Volkspartei (DVP) Gustav Stresemanns zunächst strikt ablehnend gegenüber.

Mitte November 1922, zwei Monate nach dem Nürnberger Vereinigungsparteitag, schied die SPD aus der Reichsregierung des Zentrumskanzlers Joseph Wirth aus. Grund war die von der erstarkten Parteilinken bekämpfte Erweiterung des Kabinetts zur Großen Koalition unter Einschluss der DVP. Von einer zweieinhalbmonatigen Unterbrechung auf dem Höhepunkt der innen- und außenpolitischen Krise vom Spätsommer und Herbst 1923, dem Jahr der Ruhrbesetzung und der Hyperinflation, abgesehen, blieb die SPD auf der Reichsebene bis zum Juni 1928 in der Opposition.

Ein neues Parteiprogramm gaben sich die Sozialdemokraten erst drei Jahre nach ihrer Wiedervereinigung. Das im September 1925 in Heidelberg verabschiedete Programm wird von der SPD noch heute gern zitiert, weil sich die Partei darin zur Bildung der Vereinigten Staaten von Europa bekannte. Das Heidelberger Programm stand dem Geist von Erfurt sehr viel näher als dem von Görlitz. Es begann mit der alten, an das Kommunistische Manifest von 1848 erinnernden Behauptung, dass die ökonomische Entwicklung zum Erstarken des kapitalistischen Großbetriebs geführt habe, «der in Industrie, Handel und Verkehr immer mehr den Kleinbetrieb zurückgedrängt und seine soziale Bedeutung verringert» habe.

Mit Stimmen aus den Reihen von Handwerkern und kleinen Kaufleuten durften die Sozialdemokraten nun noch viel weniger rechnen als vier Jahre zuvor in Görlitz. Es war ja ohnehin schon schwer, die Mauer wechselseitiger Vorurteile zwischen Arbeitern und «Kleinbürgern» zu durchbrechen. Aber mit der in triumphierendem Ton vorgetragenen Untergangsprognose, die in dieser pauschalen Form zudem noch sachlich falsch war, erweckte die SPD den Eindruck, als arbeite sie selbst auf die Verdrängung des Kleinbetriebs hin. Die Sozialdemokraten stießen die kleinen Selbstständigen zurück und damit, wenn auch ungewollt und erst auf längere Sicht, in die Arme jener, die dem alten Mittelstand mit dem größten Geschick Schutz und Schirm versprachen: den Nationalsozialisten.

Tatsächlich gelang es der NSDAP in den Jahren nach 1930 als einziger Partei der Weimarer Republik, im rein soziologischen Sinn zur «Volkspartei» oder «Catch-All-Party» zu werden, die Klassen- und Konfessionsgrenzen übersprang. Das Mittel, dessen sie sich dabei bediente, kam freilich für die Sozialdemokraten zu keiner Zeit in Frage: Es war ein extremer Nationalismus, in dessen Zeichen die Partei Hitlers Wähler aus den ländlichen und städtischen Mittelschichten, aber auch aus der Arbeiterschaft hinter sich versammelte – eine Strategie der antiliberalen, antimarxistischen und antisemitischen, also negativen Integration, die auf die Zerstörung der pluralistischen Demokratie zielte, wie sie in der Weimarer Republik Wirklichkeit geworden war.

III.

Nach 1945 war fast alles anders. Die Nationalsozialisten hatten die Klassengesellschaft des Kaiserreichs und der Weimarer Republik trotz aller «Volksgemeinschafts»-Rhetorik nicht überwunden, aber das Klassenbewusstsein großer Teile der Arbeiterschaft durch die Zerschlagung ihrer Parteien und Gewerkschaften und die Vollbeschäftigung im Zeichen der Hochrüstung nachhaltig geschwächt. Tiefgreifende gesellschaftliche Veränderungen brachten hingegen der alliierte Bombenkrieg, die Massenflucht aus den Ostgebieten in der letzten Phase des Zweiten Weltkriegs und die Vertreibungen in den ersten Jahren danach. Es folgten die Währungsunion in den drei Westzonen und das bundesdeutsche «Wirtschaftswunder» der fünfziger Jahre, die zu dem führten, was der Soziologe Helmut Schelsky 1956, wenn auch übertreibend, «nivellierte Mittelstandsgesellschaft» nannte. Die vier festgefügten sozialmoralischen Milieus, die M. Rainer Lepsius für das Kaiserreich und die Weimarer Republik herausgearbeitet hat – Mittelstand, Bauern, Arbeiterschaft und Katholiken –, ließen sich in der Bundesrepublik weniger denn je voneinander abschotten. Gerade in dieser Hinsicht gilt das Verdikt Fritz René Allemanns von 1956: «Bonn ist nicht Weimar».

Von ihren Weimarer Prägungen verabschiedeten sich nach 1945 als erste CDU und CSU. Als überkonfessionelle christliche Parteien stießen sie weit über das katholische Einzugsfeld des Zentrums und der Bayerischen Volkspartei hinaus. Die Sozialdemokraten, die sich in den Jahren der ersten deutschen Republik verstärkt von einer Arbeiter- zu einer Arbeitnehmerpartei entwickelt hatten, der auch zahlreiche Angestellte und Beamte angehörten, blieb zunächst auf diese Trägergruppen beschränkt. In den fünfziger Jahren begann die SPD dann gezielt, den gewerblichen Mittelstand zu umwerben. In ihrem Berliner Aktionsprogramm von 1954 versprach die SPD, das kleine und mittlere Privateigentum zu fördern; dem Handwerk sicherte sie den gesetzlich verankerten Befähigungsnachweis in Gestalt der Meisterprüfung zu. Die Maxime «Wettbewerb soweit wie möglich, Planung soweit wie nötig» sollte verbreiteten Ängsten vor einer sozialistischen Planwirtschaft entgegenwirken. Weiter vom «Klassenkampf» zu sprechen verbot schon das abschreckende Beispiel, das die deutschen Kommunisten mit der Errichtung eines angeblichen «Arbeiter- und Bauernstaates» im östlichen Teil Deutschlands, der DDR, lieferten.

Ihren Höhepunkt erreichte die Revision sozialdemokratischer Traditionsbestände 1959 mit dem Grundsatzprogramm von Bad Godesberg. Schärfer noch als 1921 in Görlitz fiel die Absage an jede Art von historischem Determinismus aus. Die Lehren von Marx und Engels fanden keine Erwähnung mehr. Der demokratische Sozialismus, vom neuen Programm als Erbe der christlichen Ethik, des Humanismus und der klassischen Philosophie präsentiert, wolle keine letzten Wahrheiten verkünden, und das nicht aus Gleichgültigkeit gegenüber Weltanschauungen und religiösen Wahrheiten, sondern aus Achtung vor den Glaubensentscheidungen der Menschen. Die SPD von Godesberg bejahte den freien

Markt, «wo immer wirklich Wettbewerb herrscht». Um Missbrauch wirtschaftlicher Macht zu verhindern, seien «Investitionskontrolle und Kontrolle wirtschaftlicher Macht» geeignete Mittel. Gemeineigentum nannte das Programm eine legitime Form öffentlicher Kontrolle. Es sei zweckmäßig und notwendig, wo mit anderen Mitteln eine gesunde Ordnung der wirtschaftlichen Machtverhältnisse nicht gewährleistet werden könne.

Das Grundsatzprogramm von 1959 ließ vieles offen und erlaubte liberale und orthodoxere Interpretationen. Nicht zuletzt deswegen trug es dazu bei, die SPD zu dem zu machen, was sie bereits zu sein beanspruchte: nicht mehr eine Partei der Arbeiter, als die sie entstanden war, sondern inzwischen eine «Partei des Volkes». Im Rückblick erscheint die Standortbestimmung von Godesberg als eine der beiden Weichenstellungen auf dem Weg der SPD zur politischen Macht im Bund; die andere war das Bekenntnis zur «Westbindung», also den außenpolitischen Verträgen der Ära Adenauer, das der Fraktionsvorsitzende Herbert Wehner namens seiner Partei am 30. Juni 1960 im Bundestag ablegte. Ohne Godesberg kein Außenminister Willy Brandt in der Großen Koalition von 1966 und kein Bundeskanzler Brandt in der sozialliberalen Koalition von 1969: Es spricht alles für diese Kausalität. Es bedurfte der Programmrevision von 1959, um die SPD so bündnis- und mehrheitsfähig zu machen, wie sie es als Volkspartei sein musste.

Dass die Kurskorrektur von Godesberg erfolgreicher war als die von Görlitz fast vier Jahrzehnte zuvor, lag an radikal unterschiedlichen Rahmenbedingungen. Die Bonner SPD hatte es, anders als die Weimarer, nicht mit einer starken Konkurrenz auf der Linken zu tun; die KPD war bereits zur Splitterpartei geworden, als sie 1956 verboten wurde. Das Wirtschaftswachstum während des langanhaltenden Nachkriegsbooms hatte einen Massenwohlstand zur Folge, wie es ihn noch nie in Deutschland gegeben hatte. Die Staatsform der Demokratie war, im Gegensatz zur ersten Republik, in der Bundesrepublik weithin unumstritten.

Die große Zeit der Volksparteien, verstanden als Parteien mit einem breiten Rückhalt in der Bevölkerung, die ihre Wähler aus unterschiedlichen sozialen Schichten und kulturellen Milieus rekrutieren und ein entsprechend pluralistisches Profil entwickelt haben, gehört der Vergangenheit an. Der Analyse des Politologen Oskar Niedermayer zufolge erreichten sie in der Bundesrepublik den Höhepunkt ihrer Dominanz in den siebziger Jahren, als Unionsparteien und SPD zusammen über 80 Prozent der Wahlberechtigten hinter sich versammeln konnten und etwa 90 Prozent der Bundestagsabgeordneten stellten. Seit den achtziger Jahren sind diese Anteile rückläufig, während kleinere Parteien an Bedeutung gewinnen. Erst erwuchsen der SPD linke Konkurrenten in Gestalt der Grünen, nach der Wiedervereinigung zusätzlich in Form der Partei des Demokratischen Sozialismus, der heutigen Partei Die Linke, dann entstand 2013 der CDU und der CSU, aber nicht nur ihnen, mit der AfD ein Konkurrent auf der Rechten. Die Mitgliederzahlen der «klassischen» Volksparteien sind zum Teil dramatisch zurückgegangen, die Parteibindungen haben nachgelassen, die Erosion der sozialmoralischen Milieus ist weiter fortgeschritten. Stimmenanteile über 40 Prozent für *eine* Partei liegen mittlerweile jenseits des Vorstellbaren.

Ein weiterer Niedergang der einst sehr viel größeren Volksparteien ist aber kein unabwendbares Schicksal. Auch heute sind sie dort am erfolgreichsten, wo sie es verstehen, die Bedürfnisse mehr als *einer* Schicht oder *eines* Milieus glaubwürdig zu vertreten, und wo sie über integrierende Führungsfiguren verfügen, deren Ausstrahlungskraft die ihrer Partei deutlich übertrifft. Das gilt, wie ein Blick auf die Länderebene zeigt, auch für Deutschlands älteste Partei. Aus ihrer Geschichte kann die Sozialdemokratie viele Schlussfolgerungen ziehen. Zumindest eine lässt sich schwerlich bestreiten: Ihre größten Erfolge hatte sie immer dann, wenn es ihr gelang, über die Mobilisierung ihrer (schrumpfenden) Stammwählerschaft hinaus weit in die liberale bis wertkonservative bürgerliche Mitte vorzustoßen.

IV.
WEGE UND IRRWEGE DER EUROPÄISCHEN EINIGUNG

1. WELTMACHT DURCH ÜBERDEHNUNG?

PLÄDOYER FÜR EUROPÄISCHEN REALISMUS

Januar 2006

Zu den großen europapolitischen Streitfragen des ersten Jahrzehnts des neuen Jahrhunderts gehörte die Frage, ob die Türkei, wie auch von der rot-grünen Bundesregierung unter Gerhard Schröder und Joschka Fischer gewünscht, Vollmitglied der Europäischen Union werden sollte oder nicht. In einem in der Wochenzeitung «Die Zeit» vom 7. November 2002 veröffentlichten Artikel schlug ich statt einer Vollmitgliedschaft eine «privilegierte Partnerschaft» mit der Türkei vor: ein Plädoyer, das ich mit dem ausgeprägten Nationalismus und den illiberalen Elementen in der politischen Kultur der Türkei begründete. Der Begriff «privilegierte Partnerschaft» wurde in der Folgezeit v.a. von den Unionsparteien, der Österreichischen Volkspartei und der französischen Union pour un mouvement populaire unter Jacques Chirac übernommen und vom türkischen Ministerpräsidenten Recep Tayyip Erdoğan scharf zurückgewiesen. Der folgende Artikel legt den größeren Zusammenhang der Kontroverse um eine Erweiterung der EU über den europäischen Kontinent hinaus dar.

Seit die Europäische Union sich ernsthaft anschickt, den Bosporus zu überspringen und ihr Gebiet bis zu den Ufern von Euphrat und Tigris auszudehnen, stellt sich die alte Frage nach den Grenzen Europas auf eine geradezu existentielle Weise neu. Seit langem ist es üblich, diese Frage entweder positivistisch oder politisch zu beantworten. Die positivistische Antwort ist die geographische, die Europa zwischen dem Atlantik und dem Ural verortet. Die politische Antwort rückt die politische Kultur in den Mittelpunkt. Das geographische Europa verfügt über keine gemeinsame politische Kultur. Wenn wir mit Blick auf die europäische Einigung dennoch von einer gemeinsamen politischen Kultur sprechen, dann meinen wir die politische Kultur des Westens.

Auch Trennungen können verbinden

Die begriffliche Unterscheidung zwischen «Europa» und «dem Westen» ist wichtig. Um den Wiener Historiker Gerald Stourzh zu zitieren: «Europa ist nicht (allein) der Westen. Der Westen geht über Europa hinaus. Aber Europa geht auch über den Westen hinaus.»

Zum Westen gehören unstrittig die großen, angelsächsisch geprägten Demokratien Nordamerikas, Australiens und Neuseelands. Große Teile Europas gehören nicht dazu. Der Westen: Das war ursprünglich jener Teil der Christenheit, der bis zur Reformation sein geistliches Zentrum in Rom hatte. Wenn wir von «europäischer Identität» sprechen, meinen wir, ob wir uns dessen bewußt sind oder nicht, die Identität des europäischen Okzidents.

Diese Identität ist sinnlich erfaßbar. Man denke nur an die großen Epochen der Geschichte der sakralen und weltlichen Architektur, der bildenden Kunst und der Musik. Die Europäer haben kulturell so viel miteinander gemeinsam, daß es ein sinnloses Unterfangen wäre, rein nationale Kunstgeschichten zu schreiben. Aber die Gemeinsamkeiten beschränken sich nicht auf die Kunst. Es gibt gemeinsame Rechtstraditionen, vom Kirchenrecht über die Rezeption des römischen Rechts bis zum Jus Publicum Europaeum nach dem Westfälischen Frieden von 1648. Es gibt die gemeinsamen Erfahrungen von Emanzipationsprozessen: vom Humanismus und der Reformation über die Aufklärung bis zur Herausbildung von Rechtsstaat und Demokratie. Schließlich gibt es die integrierende Kraft der Erinnerung an die mörderischen Folgen des Hasses auf Fremde und Minderheiten, von Nationalismus und Rassismus – mit dem Holocaust als extremster Steigerung. Ein aufgeklärtes europäisches Wir-Gefühl kann nur auf beidem beruhen: dem Bewußtsein dessen, was Europa seit mehr als einem Jahrtausend im Guten wie im Bösen verbunden hat, und der Erinnerung an das, was die Europäer über Jahrhunderte hinweg trennte.

Auch Trennungen können verbinden. Die Trennung von geistlicher und weltlicher Gewalt im Mittelalter, die Urform aller Gewaltenteilung, ist ein auszeichnendes Merkmal des historischen Okzidents. Dasselbe gilt für die Trennung von fürstlicher und ständischer Gewalt. Das byzantinisch und orthodox geprägte Europa hatte diese Trennungen und die ihnen folgenden Emanzipationsprozesse nicht mitvollzogen. Bis heute wirkt diese innereuropäische Grenze, die Grenze zwischen West- und Ostkirche, nach. Individualismus und Pluralismus, die Idee der unveräußerlichen Menschenrechte, Rechtsstaat und Demokratie sind nicht zufällig, sondern auf Grund historischer Bedingungen im Westen entstanden – die Demokratie zunächst nur in einem Teil des Westens.

Deutschland zum Beispiel, das einen Teil des Okzidents bildet und ihn entscheidend mitgeprägt hat, hat sich lange gegen die volle Aneignung der politischen Ideen des Westens, der Ideen der englischen, amerikanischen und französischen Revolutionen und damit der politischen Konsequenzen der Aufklärung, gewehrt. Der Erste Weltkrieg wurde von deutscher Seite als Kampf der «Ideen von 1914» gegen die «Ideen von 1789» geführt: Das Ideal eines starken und gerechten Staates, der die deutsche «Kultur» der Innerlichkeit vor der materialistischen «Zivilisation» des Westens schützte, wurde polemisch den Werten von Freiheit, Gleichheit und Brüderlichkeit gegenübergestellt. Der Höhepunkt der deutschen Auflehnung gegen den Westen war die Herrschaft des Nationalsozialismus. Offenbar bedurfte es dieser Erfahrung, um dem tiefsitzenden antiwestlichen Ressentiment der deutschen intellektuellen Eliten endgültig den Boden zu entziehen.

Rund vierzig Jahre nach dem Untergang des «Dritten Reiches» wurde in der «alten» Bundesrepublik Deutschland der «Historikerstreit» über die Einzigartigkeit des nationalsozialistischen Judenmordes ausgefochten. In diesem Zusammenhang sprach Jürgen Habermas 1986 sein vielzitiertes Verdikt aus: «Die vorbehaltlose Öffnung der Bundesrepublik gegenüber der politischen Kultur des Westens ist die große intellektuelle Leistung unserer Nachkriegszeit, auf die gerade meine Generation stolz sein könnte.»

Vorbehaltlose Öffnung gegenüber der politischen Kultur des Westens: In dieser Formel steckt auch eine Antwort auf die Frage nach den politischen Grenzen Europas und damit nach den Grenzen der Erweiterbarkeit der Europäischen Union. Als politische Wertegemeinschaft kann die EU nur Nationen umfassen, die sich der politischen Kultur des Westens vorbehaltlos geöffnet haben. Nationen, die sich diese Kultur nicht aneignen wollen, erteilen damit der Europäischen Union als Wertegemeinschaft eine Absage und können ihr nicht beitreten.

Die acht ostmitteleuropäischen Staaten, die bis zur Epochenwende von 1989/91 kommunistisch regiert wurden und seit dem 1. Mai 2004 Mitglieder der EU sind, gehören ausnahmslos zum historischen Westen. Die Spaltung Europas im Jahre 1945, für die der Name Jalta steht, war eine Teilung gegen die Geschichte. Deswegen hat keines der neuen Mitglieder der EU ein grundsätzliches Problem mit dem Bekenntnis zur politischen Kultur des Westens.

Aus dieser Feststellung folgt nicht, daß europäische Länder, die nicht zum historischen Okzident gehören, keine Mitglieder der EU werden können. Seit 1981 ist das orthodoxe Griechenland Mitglied der Europäischen Union. Seine Öffnung gegenüber der politischen Kultur des Westens begann im 19. Jahrhundert. Zwei andere orthodox geprägte Länder, Bulgarien und Rumänien, sollen nach den bisherigen Planungen der EU im Jahr 2007, spätestens aber im Jahr 2008 beitreten. Ob die Voraussetzungen für eine Mitgliedschaft bis dahin wirklich erfüllt sein werden, ist höchst zweifelhaft. Die Europäische Kommission hat in ihren Fortschrittsberichten immer wieder auf gravierende Mängel bei der Durchsetzung einer rechtsstaatlichen Ordnung hingewiesen, zuletzt am 25. Oktober 2005.

Die Defizite haben ihren tieferen Grund in überkommenen autoritären Strukturen und alten Vorbehalten gegenüber den politischen Ideen des Westens. Die Aufnahme beider Länder in die EU kann aber durch die Mängelrügen nicht mehr verhindert werden. Das äußerste, womit Bukarest und Sofia zu rechnen haben, ist die Verschiebung des Beitrittsdatums vom 1. Januar 2007 auf den 1. Januar 2008. Die objektiv verfrühte Vollmitgliedschaft Rumäniens und Bulgariens wurde und wird politisch gewollt, und entsprechend hat die EU die Kopenhagener Beitrittskriterien von 1993 «gedehnt».

Das Wunschdenken der Geostrategen

Über keine Beitrittsbewerbung ist in Europa so leidenschaftlich diskutiert worden wie über die türkische. Die Türkei hat seit dem 19. Jahrhundert, und verstärkt seit der Herrschaft Kemal Atatürks in den Jahren 1923 bis 1938, einen Prozess der Teilverwestlichung durchlaufen. Das gilt im geographischen wie im politischen Sinn. Das ländliche Ostanatolien entspricht westlichen Standards sehr viel weniger als der urbanisierte Westen; im Hinblick auf besonders rückständige Gegenden Anatoliens muss man immer noch von archaischen Lebensverhältnissen und Sitten sprechen. Die Türkei als Ganzes hat viele westliche Gesetzbücher eingeführt, aber nicht das, was Montesquieu den «Geist der Gesetze» genannt hat. Es gibt keine Trennung von Religion und Staat, sondern eine Verstaatlichung des Islams und eine fortdauernde Diskriminierung der anderen Religionen. Die Meinungsfreiheit unterliegt, ungeachtet der Reformen der letzten Jahre, weiterhin drastischen Beschränkungen. Durch einen Gummiparagraphen des neuen Strafgesetzbuches wird noch immer mit Strafen bedroht, wer den Völkermord an den Armeniern vor 90 Jahren mit ebendiesem Begriff benennt oder den Rückzug der türkischen Truppen aus Nordzypern fordert. Ein ausgeprägter Nationalismus spielt nach wie vor die Rolle einer Zivilreligion.

In der Nacht vom 3. zum 4. Oktober 2005 haben die Beitrittsverhandlungen mit der Türkei begonnen. Es sind die ersten Beitrittsverhandlungen, bei denen die EU ausdrücklich sagt, ihr Ausgang sei völlig offen. Noch nie hat die Gemeinschaft eine so lange Dauer von Beitrittsverhandlungen in Aussicht genommen wie im Fall der Türkei, nämlich zehn bis fünfzehn Jahre. Erstmals hält es die Europäische Union für notwendig, darauf hinzuweisen, daß eine Vollmitgliedschaft des Bewerberlandes auch von der eigenen Aufnahme- und Handlungsfähigkeit abhängt. Ein Novum ist sodann, daß die EU parallel zu den Verhandlungen einen flankierenden Dialog über die Entwicklung der Zivilgesellschaft für erforderlich hält. Schließlich faßt die EU auch den Fall ins Auge, daß die Verhandlungen scheitern oder ihr Ergebnis den Ratifizierungsprozeß nicht überlebt (aus heutiger Sicht sind vor allem das plebiszitäre Oui der Franzosen und die Zustimmung der Österreicher unwahrscheinlich): Auch bei einem Fehlschlag müsse die Türkei fest in den europäischen Strukturen verankert werden.

Um Mitglied der Europäischen Union zu werden, müßte die Türkei ein anderes Land werden. Die Mitglieder der EU müssen bereit sein, Teile ihrer Souveränität mit den anderen Mitgliedern zu teilen oder an die Union zu übertragen. Die souveränitätsstolze Türkei hat bisher nicht erkennen lassen, daß sie diese Konsequenz bejaht. Die Türkei kann der EU auch nicht beitreten, solange sie den Völkermord an den Armeniern leugnet. Darauf insistiert das Europäische Parlament, anders als die europäischen Regierungen, in seiner Entschließung vom 28. September 2005 zu Recht. Die Türkei muss endlich die Kluft zwischen dem «pays légal» und dem «pays réel» schließen: Solange es im südöstlichen Anatolien Zwangsheiraten, den Brauch der Vielehe und der Ehrenmorde gibt, kann man dem Land am Bosporus nicht bescheinigen, daß es in der politischen Kultur des Westens angekommen ist.

Die politischen Beitrittskriterien von Kopenhagen aus dem Jahr 1993 müssen im Licht der westlichen Werte interpretiert werden, von denen sie ausgehen. Diese Werte, an ihrer Spitze die unveräußerlichen Menschenrechte, haben eine Geschichte. Sie beginnt nicht, wie europäische Politiker so gern behaupten, mit der Aufklärung, sondern mit den Entwicklungen, die die Aufklärung möglich gemacht haben. Zur Vorgeschichte der Aufklärung gehört die Einsicht der griechischen Antike, dass es ungeschriebene Gesetze (*nomoi ágraphoi*) gibt, die allem positiven Recht vorausgehen und über ihm stehen. Auch das europäische Mittelalter hat seinen Ort in dieser Geschichte: Die Anfänge der Selbstsäkularisierung (oder Selbstaufklärung oder Entmythologisierung) des Christentums lassen sich bis in das 11. Jahrhundert zurückverfolgen. Man muß keinen Teil des historischen Okzidents bilden, um sich die westlichen Werte anzueignen. Aber wer sich zu diesen Werten bekennt, sollte ihre Geschichte kennen und anerkennen.

Vorbehaltlose Öffnung gegenüber der politischen Kultur des Westens: Wenn die Türkei diesem ungeschriebenen Kriterium einer Mitgliedschaft in der EU genügen will, steht ihr die eigentliche Kulturrevolution erst noch bevor. Ob sie dazu fähig und willens ist, bleibt abzuwarten. Sollte sich in den Beitrittsverhandlungen und im flankierenden Dialog über die Zivilgesellschaft herausstellen, daß die Voraussetzungen für die Vollmitgliedschaft (oder, wie man angesichts der vorgesehenen Beschränkungen der Freizügigkeit besser sagen sollte: Mitgliedschaft minus) in absehbarer Zeit nicht erreicht werden können, darf die Folge nicht der Bruch sein.

Es gibt eine Alternative, die über den Status quo hinausführt, aber keine der beiden Seiten überfordert. Eine sehr viele engere Zusammenarbeit, als sie bereits besteht, im Bereich der Außen- und Sicherheitspolitik wäre ein wesentliches Element eines solchen Sonderverhältnisses. Ich habe dafür am 7. November 2002 in einem Beitrag für die *Zeit* den bald von anderen übernommenen Begriff der «privilegierten Partnerschaft» vorgeschlagen. Die Türkei lehnt bislang jede Spielart eines «dritten Weges» ab. Doch es könnte durchaus sein, daß sie eines Tages die Vorteile eines solchen Modells erkennt.

Die entschiedensten Anwälte einer türkischen Vollmitgliedschaft sind auf europäischer Seite die sogenannten Geostrategen. Sie argumentieren mit dem Zugewinn an Sicherheit, den die EU haben werde, wenn ihr Territorium erst einmal bis weit nach Vorderasien reiche. Eine Türkei ohne ungelöste Minderheitsprobleme wie das kurdische und mit guten Beziehungen zu ihren Nachbarn könnte die Sicherheit Europas in der Tat erhöhen. Aber das Kurdenproblem in der Türkei gibt es nach wie vor; zu Armenien unterhält Ankara noch immer keine diplomatischen Beziehungen, und das Verhältnis zu Syrien und dem Irak ist belastet durch das riesige Talsperrenprojekt GAP, das die Türkei zum Kontrolleur der Wasserversorgung beider Länder machen wird. Durch die Aufnahme der Türkei würde sich die EU also eine Reihe schwerer regionaler Probleme und Konflikte einhandeln. Ein Zuwachs an Sicherheit sieht anders aus.

An einen EU-Beitritt des Landes am Bosporus knüpfen die Geostrategen noch eine andere Erwartung: als großes muslimisches, aber zugleich säkulares Land werde die Türkei eine Brücke zwischen dem christlich geprägten Europa und der islamischen Welt bilden und zum Vorbild für die reformfreundlichen Kräfte in den arabischen Staaten werden.

Am Realitätsgehalt dieser Annahme darf gezweifelt werden. Die Vorbehalte gegenüber den kemalistischen Erben des Osmanischen Reiches bei den arabischen Nachbarn sind auch heute noch stark. Der türkische Modernisierungsprozeß war und ist historisch einzigartig. Dazu kommt die Mitgliedschaft in der NATO – ein Faktum, durch das die Türkei sich deutlich von den arabischen Ländern abhebt. Eine konsequent verwestlichte, voll in die Europäische Union integrierte Türkei würde in den arabischen Ländern wohl kaum als Brücke zum Westen, sondern mehr denn je als Brückenkopf des Westens wahrgenommen werden. Die Zahl der arabischen Reformer, die in der zwangssäkularisierten (oder besser: zwangsweise laizistischen) Türkei mit ihrem verstaatlichten Islam ein Modell sehen, dürfte nicht groß sein, ihr Rückhalt in der jeweiligen Gesellschaft ebensowenig. Und wenn das Unwahrscheinliche wirklich einträte und einige nahöstliche und nordafrikanische Länder sich so entwickeln sollten, wie das die Geostrategen von der Türkei erhoffen, hätte die EU dann noch triftige Gründe, ihnen den Beitritt zu verwehren? Oder ist ihre Aufnahme bereits jetzt ein Fernziel der geostrategisch denkenden Großeuropäer?

Neben dem Sicherheits- und dem Brückenargument spielt bei den Geostrategen der Wunsch nach Weltgeltung eine wichtige Rolle. Europa habe noch nicht die richtige Größenordnung, hat Joschka Fischer in mehreren Zeitungsinterviews vom Frühjahr 2004 erklärt. Der frühere deutsche Außenminister, der erst nach den Terroranschlägen vom 11. September in das Lager der Geostrategen übergewechselt ist, erstrebt ähnlich wie EU-Kommissar Günter Verheugen ein Großeuropa bis zum Euphrat. Denn nur bei gemeinsamen Außengrenzen mit Syrien, dem Irak und dem Iran werde die EU langfristig mit Großmächten wie den USA, Rußland, China und Indien Schritt halten können.

Die Geostrategen verwechseln räumliche Ausdehnung und politische Kraft. Um ein globaler Akteur zu werden, muß Europa erst einmal lernen, mit einer Stimme zu sprechen. Wenn die EU das tun will, muß sie sich auf ein europäisches Wir-Gefühl stützen können. Wächst die Union über das Gebiet hinaus, in dem gemeinsame Prägungen und Erfahrungen Ansätze für ein solches Wir-Gefühl bieten, tritt sie in die Phase der Überdehnung ein. Die Geschichte kennt viele große Mächte, die an Überdehnung zugrunde gegangen sind, aber keine, die durch Überdehnung entstanden sind. Das Denken der deutschen Geostrategen führt in die Irre, weil es sich von Wunschdenken leiten läßt.

Grundlagenvertrag statt Verfassung

In einem Interview mit der *Berliner Zeitung* mußte Joschka Fischer am 28. Februar 2004 auch auf die Frage eingehen, wie denn die EU mit 25 oder 30 Mitgliedern noch funktionieren solle. Die Antwort lautete: «Bei so vielen verschiedenen Ländern müssen wir den inneren Zusammenhalt der Gemeinschaft stärken. Die Verabschiedung der EU-Verfassung wird dafür ganz entscheidend sein.»

Die Verfassung als Conditio sine qua non einer Erweiterung über den Kreis von 15 hinaus: Das war einmal. Am 29. Mai 2005 sagten die Franzosen, drei Tage später die Niederländer nein zum Europäischen Verfassungsvertrag. Die doppelte Niederlage bedeutet das Scheitern des Verfassungsvertrags – zumindest in seiner jetzigen Form.

Es gibt einen gemeinsamen Grund für die Zurückweisung durch die Wähler. Es ist der Protest gegen eine Politik, die als «entfremdet», unkontrollierbar, demokratisch nicht legitimiert wahrgenommen wird. Karl Marx hat vor rund 150 Jahren den französischen Bonapartismus unter Napoleon III. als «verselbstständigte Macht der Exekutivgewalt» charakterisiert. Der Begriff eignet sich auch, um das Wirken der Europäischen Kommission und des Europäischen Rates zu kennzeichnen. Viele wichtige Entscheidungen fallen hinter verschlossenen Türen, ohne vorherige öffentliche Diskussion und ohne Debatten in den nationalen Parlamenten. Eine Politik der vollendeten Tatsachen paßte zum Aufgeklärten Absolutismus und zum Bonapartismus (um keine Beispiele aus dem 20. Jahrhundert zu nennen). Demokratische Gesellschaften nehmen eine solche Politik nicht dauerhaft hin.

Der Verfassungsvertrag wollte das Demokratiedefizit der Europäischen Union mindern. Der Begriff «Verfassung» war aber wahrscheinlich ein Fehler. Er weckte überhöhte Erwartungen und übertriebene Befürchtungen. Die institutionellen Reformen, die der Vertrag vorsah, sollten die EU der 25 funktionstüchtig machen. Ohne diese Reformen, obenan das Prinzip der doppelten Mehrheit (also der Mehrheit der Staaten und der Unionsbürgerschaft) und die Anpassung der Stimmverteilung im Rat an die Bevölkerungszahlen der Mitgliedstaaten, ist die größer gewordene EU nur bedingt handlungsfähig und strukturell nicht erweiterungsfähig. Die EU bedarf eines Grundlagenvertrages, der die «Essentials» des Verfassungsvertrages enthält. Pathetische Begriffe wie «Verfassung» und «Europäischer Außenminister» gehören nicht zu dieser Kategorie.

Eine wichtige Reform kann jeder Mitgliedstaat bereits jetzt durchsetzen: Die Verleihung des Kandidatenstatus an ein Bewerberland und die Aufnahme von Beitrittsverhandlungen werden an die Zustimmung des nationalen Parlaments gebunden. Mehr repräsentative Demokratie wäre eine konstruktive Antwort auf den populären Ruf nach mehr plebiszitärer Demokratie. Das Nein der Franzosen und Niederländer zum Verfassungsvertrag war das Ergebnis des Zusammenwirkens von Kräften, die sich nur in der Negation einig waren. In Parlamenten sind solche Allianzen sehr selten. Werden die nationalen Parlamente mehr als bisher in die europäischen Entscheidungsprozesse eingebunden, wird das dem populistischen Protest gegen das «Brüssel-Syndrom» entgegenwirken.

Realismus statt Voluntarismus: Das wäre keine schlechte Devise für das Projekt Europa. Am Beginn der Krise, in die die EU in den letzten Jahren geraten ist, stand Wunschdenken, und nirgendwo war es so stark verbreitet wie in Deutschland. Die deutsche Europapolitik ging von drei Annahmen aus, die sich allesamt als irrig erwiesen haben. Die erste folgenreiche Fehleinschätzung war die *Konvergenzillusion*: das Vertrauen in eine Art von «prästabilierter Harmonie» von Erweiterung und Vertiefung des europäischen Einigungsprozesses. Tatsächlich ist die Erweiterung weit vorangeschritten, die Vertiefung aber auf der Strecke geblieben.

Ein ähnliches Schicksal wurde der zweiten, der *föderalistischen Illusion* zuteil: Europa dachte gar nicht daran, sich zu jener Föderation nach dem Vorbild des deutschen Bundesstaates zu entwickeln, die Joschka Fischer in seiner «Humboldt-Rede» vom Mai 2000 zur Finalität des Einigungsprozesses erhoben hatte. Ebensowenig Anklang fand die dritte, die *postnationale Illusion*. Die Deutschen hatten ihren ersten Nationalstaat, das von Bismarck gegründete Deutsche Reich, in den Jahren 1933 bis 1945 ruiniert. Viele von ihnen, zuerst katholische Konservative, später, in den achtziger und neunziger Jahren, auch namhafte sozialdemokratische und grüne Mitglieder der «postumen Adenauerschen Linken», folgerten aus dieser Erfahrung, die Deutschen seien in besonderem Maß berufen, den übrigen Europäern bei der Überwindung ihrer Nationalstaaten voranzugehen. Das Interesse an dieser neuen Spielart einer deutschen Sendung hielt sich außerhalb der Bundesrepublik in engen Grenzen.

Die EU besteht aus postklassischen Nationalstaaten, und Deutschland ist einer unter ihnen. Postklassische Nationalstaaten zeichnen sich dadurch aus, daß sie Teile ihrer Souveränität gemeinsamen ausüben. Als einen «Staatenverbund» hat das Bundesverfassungsgericht 1993 in seinem Maastricht-Urteil die Europäische Union bezeichnet, ein Gebilde irgendwo in der Mitte zwischen Staatenbund und Bundesstaat. Ein Staatenverbund wäre die EU auch dann geblieben, wenn alle Mitgliedstaaten den Verfassungsvertrag ratifiziert hätten. Den Staatenverbund durch die überfällige Reform seiner Entscheidungsprozesse und Institutionen so auszugestalten, daß er die Erweiterungsrunde von 2004 und die demnächst hinzukommenden Neumitglieder Bulgarien, Rumänien und Kroatien verkraften kann: Das wäre ein realistisches Ziel für die nächsten Jahre. Wenn sich die EU der 28 als funktionstüchtig und handlungsfähig erweist, dann, aber auch nur dann kann sie auch wieder an eine Erweiterung in dem Teil Europas denken, der dringend einen Stabilisator braucht: auf dem Balkan.

«Put first things first», pflegte John F. Kennedy zu sagen. Daß man den zweiten und dritten Schritt nicht vor dem ersten tun sollte, ist eine schlichte Hausväterweisheit. Wenn die EU ihr Handeln an dieser Maxime ausrichtet, kann sie Vertrauen zurückgewinnen, das ihr durch einen voluntaristischen und technokratischen Machbarkeitswahn verlorengegangen ist. Eine Freihandelszone bedarf nicht jener immateriellen Herrschaftsressource, die Max Weber «Legitimitätsglauben» genannt hat. Eine Politische Union, die zu werden noch immer ein erklärtes Ziel der EU ist, kann ohne diese Grundlage nicht entstehen.

2. VOM STAATENVERBUND ZUR FÖDERATION

ZUR KRISE DES EUROPÄISCHEN EINIGUNGSPROZESSES
VORTRAG VOR DER ÖSTERREICHISCHEN GESELLSCHAFT FÜR AUSSENPOLITIK UND DIE VEREINTEN NATIONEN

Juni 2012

Unter dem Eindruck der europäischen Schuldenkrise, die ihrerseits ein Teil der 2008 ausgebrochenen Weltfinanzkrise war, gelangte ich 2011/12 zu der Folgerung, dass die Europäische Union dringend eines Integrationsschubs, ja der Weiterentwicklung des Staatenverbundes zur Föderation, bedurfte. Für die nötige demokratische Legitimation sollte neben einem Referendum die Parlamentarisierung der EU in Gestalt einer qualitativen Erweiterung der Rechte des Europäischen Parlaments sorgen. Ebendieses Konzept erläutere ich in dem folgenden Vortrag vor der Österreichischen Gesellschaft für Außenpolitik und die Vereinten Nationen vom 12. April 2012.

In der Folgezeit kamen mir, ausgelöst durch die Entwicklung der französischen Politik unter dem sozialistischen Präsidenten François Hollande, aber auch durch die intensivere Beschäftigung mit der einschlägigen Rechtsprechung des Bundesverfassungsgerichts und den Analysen des ehemaligen Bundesverfassungsrichters Dieter Grimm, zunehmend Bedenken gegenüber der Stichhaltigkeit dieses Konstrukts. Die Wahlen zum Europäischen Parlament sind zwar allgemein, frei, direkt und geheim, aber nicht gleich und insofern nicht wirklich demokratisch. Es kann auch nicht anders sein: Würde das Prinzip «one person, one vote» auch auf europäischer Ebene gelten, wären die kleinen Mitgliedstaaten der EU im Straßburger Parlament entweder gar nicht beziehungsweise nur marginal vertreten oder dieses Parlament müsste mehrere tau-

send Abgeordnete umfassen, wäre also nicht arbeitsfähig. Es gibt also gute, ja zwingende Gründe für eine Privilegierung der kleineren auf Kosten der größeren Mitgliedstaaten, freilich auch gegen eine Erweiterung der Befugnisse des Europäischen Parlaments mit dem Ziel der Parlamentarisierung der EU.

Für die demokratische Legitimation der europäischen Politik bleiben die aus gleichen, demokratischen Wahlen hervorgegangenen Parlamente der Mitgliedstaaten der EU unentbehrlich. Ohne ihre maßgebliche Beteiligung kann der Gefahr einer fortschreitenden Verselbständigung der europäischen Exekutivgewalt nicht wirksam entgegengewirkt werden. In mehreren der in diesem Abschnitt abgedruckten Beiträge lege ich diese Sicht der Dinge näher dar.

Jede Krise hat ihre Vorgeschichte. Die Vorgeschichte der Vertrauenskrise, in der sich das Projekt Europa seit geraumer Zeit befindet, führt zurück in das Epochenjahr 1989/90, und sie ist aufs engste verknüpft mit der Wiedervereinigung Deutschlands. Für die deutschen Bundesregierungen waren die politische Einigung Europas und die Schaffung einer gemeinsamen europäischen Währung stets die zwei Seiten einer Medaille gewesen: Sie sollten gemeinsam verwirklicht werden.

Dieses Junktim ließ sich nicht mehr durchhalten, als nach dem Fall der Berliner Mauer die deutsche Frage wieder auf die Tagesordnung der internationalen Politik kam. Dem französischen Staatspräsidenten François Mitterrand lag vor allem daran, die DM so rasch wie möglich in einer europäischen Währung aufgehen zu lassen. Aus seiner Sicht war das der einzig mögliche Weg, um zu verhindern, dass einem wiedervereinigten Deutschland die Hegemonie über Europa zufiel.

Die Politische Union wollte Mitterrand zwar auch, aber nicht in der dichten, supranationalen Form, wie sie Bonn vorschwebte, und vor allem mit sehr viel weniger Rechten für das Europäische Parlament, als die deutsche Seite sie für notwendig hielt. Mit der Einsetzung von zwei getrennten Regierungskonferenzen – einer zur Vorbereitung der Wirtschafts- und Währungsunion, einer zur Schaffung der Politischen Union – wurden auf der Außenministerkonferenz in Dublin im April 1990 die Weichen gestellt. Das Ergebnis war der Vertrag von Maastricht, der in Sachen Politische Union weit hinter den ursprünglichen deutschen Vorstellungen zurückblieb. Man kann diesen Sachverhalt auch schärfer umreißen: Um die deutsche Frage im Einvernehmen mit Europa lösen zu können, musste die europäische Frage offen bleiben. Es blieb die Hoffnung, dass die Währungsunion mit innerer Zwangsläufigkeit zur politischen Einigung Europas führen würde.

Ein Versuch, die EU einer Politischen Union näherzubringen, war der Europäische Verfassungsvertrag, der bekanntlich in zwei Referenden, am 29. Mai 2005 in Frankreich und drei Tage später in den Niederlanden keine Mehrheit fand und daher nicht in Kraft treten konnte. Die Ersatzlösung, der Vertrag von Lissabon vom Dezember 2009, vermied auf der begrifflichen und symbolischen Ebene alles, was auch nur von fern an einen Bundesstaat erinnern konnte, vermochte deswegen aber auch nicht, die Europäer emotional anzusprechen. Was die wichtigsten inhaltlichen Bestimmungen, nämlich die Erleichterungen von Mehrheitsentscheidungen im Europäischen Rat und die Erweiterung der Rechte des Europäischen Parlaments, angeht, unterscheidet sich der Ersatzvertrag nicht wesentlich vom gescheiterten Verfassungsvertrag. Der Vertrag von Lissabon markiert das Minimum dessen, was die EU der 27 an institutionellen Reformen brauchte, und zugleich das Maximum an Integration, zu dem die Mitgliedstaaten im Jahr 2009 bereit waren.

Dem Buchstaben nach schreibt der Vertrag von Lissabon jenen «supranationalen Föderalismus» fort, den der deutsche Europarechtler Armin von Bogdandy in der EU verwirklicht sieht. In der politischen Realität haben sich die Gewichte seit dem Inkrafttreten des Vertrags von der Europäischen Kommission zum Europäischen Rat verschoben. Die EU von 2012 entspricht weitgehend jenem «Europa der Staaten», von dem der französische Staatspräsident Charles de Gaulle in seiner berühmten Pressekonferenz von 15. Mai 1962 behauptet hat, ein anderes Europa könne es einstweilen nicht geben.

Die Mitgliedstaaten der EU im Allgemeinen und die der Währungsunion im Besonderen haben zwar Hoheitsrechte auf supranationale Einrichtungen übertragen, sich aber ungeachtet aller intergouvernementalen Zusammenarbeit in der Außen- und Sicherheitspolitik einen Kernbereich von Souveränität bewahrt. Manche Betrachter sprechen von «geteilter Souveränität» und sehen die Bürgerinnen und Bürger, so etwa Jürgen Habermas in seiner Abhandlung «Die Krise der Europäischen Union im Lichte der Konstitutionalisierung des Völkerrechts», «auf doppelte Weise an der Konstituierung des höherstufigen politischen Gemeinwesens beteiligt, in ihrer Rolle als künftige Unionsbürger und als Angehörige eines der Staatsvölker». Doch solange die Europäische Kommission nicht aus einer Wahl des Europäischen Parlaments hervorgeht, hat die Wahl des Europäischen Parlaments eine sehr viel geringere Bedeutung als die Wahl der nationalen Parlamente. Im Bewusstsein der Bevölkerungen der Mitgliedstaaten vollzieht sich *ihre* Beteiligung am Prozess der politischen Willensbildung nach wie vor über Wahlen im nationalstaatlichen Rahmen. An diesem Zustand dürfte sich erst durch eine konsequente Parlamentarisierung der EU etwas ändern, und diese wird in dem Maß notwendig, wie weitere Hoheitsrechte von der nationalen auf die supranationale Ebene der EU übertragen werden – bis zu dem Punkt, wo die Souveränitätsfrage sich zugunsten der Europäischen Union klärt.

Das weitverbreitete Gefühl, dass Europa ein «Elitenprojekt» ist und die wichtigsten Entscheidungen hinter verschlossenen Türen fallen, hat der Vertrag von Lissabon nicht entkräften können. Kommission und Rat werden weithin als «verselbständigte Macht der Exekutivgewalt» begriffen (ein Begriff, mit dem Karl Marx 1852 den französischen Bonapartismus unter Louis Napoleon Bonaparte, dem späteren Kaiser Napoleon III., charakterisiert hat). Diese Wahrnehmung ist der Hauptgrund der Vertrauenskrise, in die das europäische Projekt geraten ist.

Vor dem Hintergrund schwindender Unterstützung für das europäische Projekt ist das Urteil des Bundesverfassungsgerichts zum Lissabon-Vertrag vom 30. Juni 2009 zu sehen, das die «Integrationsverantwortung» der nationalen Parlamente geradezu emphatisch betont – und damit wesentlich dazu beigetragen hat, dass die europapolitischen Debatten des Deutschen Bundestages inzwischen sehr viel mehr öffentliche Aufmerksamkeit finden als zuvor. Der demokratischen Legitimation des europäischen Gedankens konnte nichts Besseres widerfahren als diese Stärkung der repräsentativen Demokratie auf nationaler Ebene. Sie wirkt dem entgegen, was Jürgen Habermas «postdemokratischen Exekutivföderalismus» genannt hat. Das Karlsruher Urteil ist deshalb auch eine konstruktive Antwort auf die Forderung von Populisten aller Lager, die Europapolitik durch häufige Referenden plebiszitär zu legitimieren – oder vielmehr zu delegitimieren.

Als Joschka Fischer, der Außenminister der damaligen rot-grünen Koalition, im Mai 2000 sein berühmtes Plädoyer für einen qualitativen

Sprung in Richtung Föderation vortrug, war die Zeit für einen derartig revolutionären Schritt noch nicht reif. Die Schuldenkrise hat eine neue Situation geschaffen. Inzwischen gilt die Entkoppelung von Währungs- und Politischer Union als der entscheidende Konstruktionsfehler der Lösung, auf die sich die Regierungen der Mitgliedstaaten der damaligen Europäischen Gemeinschaft zwischen 1990 und 1992 geeinigt hatten. Die große Mehrheit der Mitgliedstaaten der EU, darunter alle Mitglieder der Eurozone, bekennt sich mittlerweile zumindest grundsätzlich zu dem Ziel, die Währungsunion zu einer Fiskalunion und längerfristig zu einer Politischen Union weiterzuentwickeln. Wie die Politische Union konkret aussehen soll, ist dagegen nach wie vor offen. Zudem hat das Nein von Großbritannien und Tschechien es verhindert, dass sich die EU auf entsprechende Änderungen des Vertrags von Lissabon verständigen konnte.

Von den acht Nicht-Euro-Staaten, die dem Fiskalpakt beigetreten sind, beabsichtigt einer, Polen, der Währungsunion bis 2016/17 beizutreten. Sollte es dazu kommen, werden sich vermutlich zwei andere Ostseeländer, Schweden und Dänemark, die Frage stellen, ob sie weiterhin auf ihren nationalen Währungen beharren oder ebenfalls zum Euro übergehen wollen. Wenn sie denselben Schritt tun wie Polen, wird das der Europadiskussion in Großbritannien einen neuen Anstoß geben. Aus der bisherigen Geschichte der europäischen Einigung lässt sich die Vermutung ableiten, dass das Vereinigte Königreich seine Positionen revidiert, wenn die Kontinentaleuropäer sich entschließen, mehr Gemeinsamkeit zu praktizieren, und damit erfolgreich sind. Das britische Nein zum Fiskalpakt und zur Politischen Union gilt bis auf weiteres – aber nicht notwendigerweise für immer.

Der Fiskalpakt verpflichtet die Unterzeichnerstaaten zu mehr Haushaltsdisziplin und zu einer «Schuldenbremse» nach deutschem Vorbild. Daran dürfte sich auch nichts ändern, wenn der Fiskalpakt demnächst durch einen Wachstumspakt ergänzt wird. Die unmittelbare Folge des britischen und des tschechischen Nein besteht darin, dass der Fiskalpakt als intergouvernementaler Vertrag verabschiedet werden muss. Ob es gelingt, den Pakt wie beabsichtigt, nach fünf Jahren in EU-Recht zu überführen, ist keineswegs sicher. Die Gefahr der Herausbildung von Parallelstrukturen ist also nicht gebannt: auf der einen Seite der weitere Bund in Gestalt der EU der 27, auf der anderen Seite der engere Bund der 25 Staaten, die sich durch einen zwischenstaatlichen Vertrag auf eine sehr viel intensivere intergouvernementale Zusammenarbeit als bisher festgelegt haben. Innerhalb dieses engeren Bundes obliegt die demokratische Kontrolle mehr noch als im Rahmen des weiteren Bundes den nationalen Parlamenten. Da die Verfestigung solcher Parallelstrukturen nicht im Interesse der EU als Ganzer liegt, kann der derzeitige Zustand nur als Transitorium betrachtet werden (wie das der Fiskalpakt auch tut).

Die Schuldenkrise erzwingt also eine neue Finalitätsdebatte – einen breiten öffentlichen Diskurs über Ziel und Zweck des europäischen Einigungsprozesses. Die von der deutschen Bundesregierung anvisierte Weiterentwicklung der Fiskalunion zur Politischen Union läuft auf einen qualitativen Integrationssprung hinaus. Die deutsche Bundeskanzlerin Angela Merkel hat das in einem Interview mit der *Süddeutschen Zeitung* vom 26. Januar 2012 klar ausgesprochen: «Wir werden im Laufe eines langen Prozesses mehr Kompetenzen an die Kommission abgeben, die dann für die europäischen Zuständigkeiten wie eine europäische Regierung funktioniert. Dazu gehört ein starkes Parlament. Die gleichsam zweite Kammer bildet der Rat mit den Regierungschefs. Und schließlich haben wir den Europäischen Gerichtshof als Oberstes Gericht. Das könnte die zukünftige Gestalt der politischen Union Europas sein, in einiger Zukunft, wie gesagt, und nach vielen Zwischenschritten.»

In eine ähnliche Richtung zielen Äußerungen von zwei anderen europäischen Politikern. Die luxemburgische EU-Kommissarin Viviane Reding hat in einem Artikel für die *Frankfurter Allgemeine Zeitung* vom 8. März 2012 ebenfalls ein europäisches Zweikammersystem gefordert, wobei das Europäische Parlament das Recht der Gesetzesinitiative und das alleinige Recht haben soll, die Kommission zu wählen. (Damit kaum zu vereinbaren ist freilich der irritierende Vorschlag, eine Personalunion von Kommissions- und Ratspräsident herzustellen und dem gemeinsamen Präsidenten das Recht einzuräumen, das Europäische Parlament aufzulösen.) Der entsprechende Vertrag soll in Kraft treten, wenn er von zwei Dritteln der Mitgliedstaaten per Referendum ratifiziert worden ist. Ein Nein hätte zur Folge, dass der betreffende Staat nur noch dem Binnenmarkt, aber nicht der Europäischen Politischen Union angehört. Begrifflich am weitesten ist bisher der polnische Außenminister Radek Sikorski gegangen. In seiner Berliner Rede vom 28. November 2011 bekannte er sich zum Ziel einer europäischen Föderation und ließ keinen Zweifel daran, dass er darunter ein bundesstaatsartiges Gebilde versteht.

Für eine solche Perspektive spricht zunächst einmal die innere Logik des Einigungsprozesses: Die Legitimationskrise, in die das europäische Projekt geraten ist, kann nur überwunden werden, wenn es gelingt, eine überzeugende Antwort auf die Gefahr einer Verselbständigung der Exekutivgewalten zu finden. Nur wenn das Europäische Parlament die Kommission als europäische Regierung mindestens so effektiv kontrolliert wie nationale Parlamente die nationalen Regierungen, ist eine Übertragung der entscheidenden Hoheitsrechte im Bereich der Budgetbewilligung auf die europäische Ebene gerechtfertigt. Deswegen ist der Vorschlag, die Kommission durch das Europäische Parlament zu wählen, sehr viel sinnvoller als die Direktwahl des Kommissionspräsidenten durch die Unionsbürgerschaft, wie die CDU und der deutsche Außenminister Guido Westerwelle dies neuerdings fordern. Das Europäische Parlament würde durch diesen Schritt in Richtung einer europäischen Präsidialdemokratie geschwächt – ein Widerspruch zu dem, was oberstes Ziel einer Reform der EU sein sollte, nämlich eine feste demokratische Legitimation des europäischen Einigungswerkes zu schaffen.

Eine solche Reform verlangt Änderungen der nationalen Verfassungen. Für die Bundesrepublik Deutschland heißt das, dass eher früher als später der Punkt erreicht sein wird, wo Artikel 146 ins Spiel kommt – jener Artikel, der vorsieht, dass das Grundgesetz seine Gültigkeit an dem Tag verliert, «an dem eine Verfassung in Kraft tritt, die von dem ganzen deutschen Volke in freier Entscheidung beschlossen worden ist». Das Bundesverfassungsgericht hat darauf vor allem in seinem Urteil zum Lissabon-Vertrag verwiesen. Bei der Abstimmung muss klar sein, was die Folge eines Nein wäre: das Ausscheiden aus der erneuerten EU, aus der Währungsunion und der Rückfall in die nationalstaatliche Isolierung.

Es ist nicht nur die Schuldenkrise, die einen breiten öffentlichen Diskurs über die Finalität des europäischen Einigungsprozesses verlangt. Auch außenpolitische Gründe sprechen dafür, dieser Debatte nicht länger auszuweichen. Neben den großen Mächten der multipolaren Welt von heute – den USA, Russland, China, Indien und Brasilien – nehmen sich auch die größten unter den europäischen Nationalstaaten klein aus. Nur wenn Europa seine Kräfte bündelt und in wichtigen außenpolitischen

Fragen mit *einer* Stimme spricht, kann es die gemeinsamen Interessen der Europäer in einer globalisierten Welt wirksam vertreten. Dabei geht es um materielle und um immaterielle Interessen.

Die EU bezeichnet sich gern als Wertegemeinschaft. Die Werte, zu denen sie sich bekennt, sind, historisch gesehen, westliche Werte – die Werte der beiden atlantischen Revolutionen des späten 18. Jahrhunderts, der Amerikanischen Revolution von 1776 und der Französischen Revolution von 1789, gipfelnd in den Menschenrechtserklärungen jener Jahre. Das normative Projekt des Westens verbindet die Mitgliedstaaten der Europäischen Union mit den anderen westlichen Demokratien, obenan den Vereinigten Staaten von Amerika.

In Europa und den USA haben sich unterschiedliche Formen des normativen Projekts des Westens herausgebildet. Die Meinungsverschiedenheiten zwischen Europa und Amerika betreffen so wichtige Fragen wie das Verhältnis von Politik und Religion, das Verständnis von Rechtsstaatlichkeit im Allgemeinen und im Strafrecht und Strafvollzug im Besonderen, die Pflichten des Staates als Sozialstaat. Doch wenn Europäer und Amerikaner sich streiten, sind das meist Dispute über unterschiedliche Auslegungen gemeinsamer Werte. Es gibt gute Gründe, in diesem innerwestlichen Wettkampf der Systeme dem «European way of life» den Vorzug vor dem amerikanischen zu geben. Aber ohne die Hilfe Amerikas gäbe es das europäische Modell gar nicht.

Für sich allein genommen sind weder Europa noch die Vereinigten Staaten von Amerika stark genug, um die Sache des Westens in einer Welt zu vertreten, die längst aufgehört hat, vom Westen dominiert zu werden. Die USA, die sich immer mehr als pazifische Macht definieren, bedürfen eines starken Partners auf der anderen Seite des Atlantiks – und umgekehrt. Auch deswegen muss Europa lernen, in wichtigen Fragen als einheitlicher Akteur aufzutreten. Und beide, Europa und Amerika, müssen darauf achten, dass sie bei ihrem Bekenntnis zu den Werten des Westens glaubwürdig bleiben. Deshalb darf es die EU nicht tatenlos hinnehmen, wenn eines ihrer Mitglieder beharrlich gegen diese Werte verstößt, wie es derzeit unter der Regierung Orbán in Ungarn geschieht.

Das Projekt Europa ist eine historisch einzigartige Ausprägung der politischen Kultur des Westens. Es steht für Einheit in der Vielfalt, für die Überwindung von Nationalismen, für die Lernfähigkeit von Nationen, die erkannt haben, dass sie ihre Interessen und Überzeugungen nur gemeinsam wirksam vertreten können. Ihr Wertekompass sind die unveräußerlichen Grundrechte, die Herrschaft des Rechts, die Gewaltenteilung, die Volkssouveränität, die repräsentative Demokratie, die freie Entfaltung der Persönlichkeit und das Bemühen um soziale Gerechtigkeit. Wenn ein geeintes Europa sich an diesem normativen Projekt orientiert, hat es alle Aussichten, zu einem Modell für andere Teile der Welt zu werden.

3. EUROPAS FALSCHE FREUNDE

WER DIE NATIONEN ABSCHAFFEN WILL, FÖRDERT DIE NATIONALISTEN

Oktober 2017

Ist Walter Hallstein, der erste Präsident der Europäischen Wirtschaftsgemeinschaft in den Jahren 1958 bis 1967, wirklich der Vordenker der europäischen Sezessionisten, als der er neuerdings von einigen Autoren porträtiert wird? Drei mehr oder weniger gleichlautende Äußerungen werden ihm zugeschrieben. Erstens: «Die Abschaffung der Nation ist die europäische Idee.» Zweitens: «Das Ziel des europäischen Einigungsprozesses ist die Überwindung des Nationalstaates.» Drittens: «Ziel ist und bleibt die Überwindung der Nation und die Organisation eines nachnationalen Europa.»

In den Reden und Schriften Walter Hallsteins sind diese Aussagen nicht zu finden. Dennoch behaupten der österreichische Schriftsteller Robert Menasse, auf der Frankfurter Buchmesse soeben für seinen Brüssel-Roman «Die Hauptstadt» mit dem Deutschen Buchpreis geehrt, seine deutsche Mitstreiterin, die Politologin Ulrike Guérot, und neuerdings auch Jakob Augstein, dass Hallstein sich so geäußert habe – Augstein, der das dritte Zitat offensichtlich von Menasse übernimmt, mit der Einschränkung, der Kommissionspräsident «solle» dies gesagt haben.

Leider sagen Menasse und Guérot nicht, wo sie die angeblich wörtlichen Zitate von Hallstein gefunden haben, und wir erfahren von ihnen auch nicht, wann, wo und in welchem Zusammenhang er sich so geäußert haben soll. Menasse erwähnt wohl zwei wichtige Reden des Europapolitikers, aber was Hallstein dort sagt, widerspricht dem, was sein Interpret ihm unterstellt. In seiner ersten Rede vor dem Europäischen

Parlament beschrieb der frisch ernannte Kommissionspräsident am 19. März 1958 die Europäische Wirtschaftsgemeinschaft als eine «Staatengemeinschaft mit starken föderativen Zügen». Vor dem Europäischen Gemeindetag in Rom erteilte er zwar am 15. Oktober 1964 der Idee der nationalstaatlichen Souveränität alten Stils «und der heutigen politischen Form der Nationen» eine Absage, ebenso aber auch der Folgerung, «dass die bestehende politische Ordnung ausgelöscht, durch einen europäischen Supranationalstaat ersetzt wird». Es gehe vielmehr darum, die «Kraftquellen der Nationen zu erhalten, ja sie zu noch lebendigerer Wirkung zu bringen».

Falls Guérot und Menasse sich auf Quellen stützen können, die der bisherigen Forschung nicht bekannt waren, sollten sie diese nennen. Solange es keine belastbaren Belege für die Hallstein zugeschriebenen Zitate gibt, müssen diese als apokryph, das heißt als unecht, gelten. Die Lesart vom post-, ja antinationalen EU-Vorkämpfer Hallstein dürfte eine Legende oder, anders gewendet, Ausfluss einer postfaktischen Geschichtsbetrachtung sein.

Doch Hallstein hin oder her, auch ohne die problematische Berufung auf ihn gibt es genug Gründe, sich kritisch mit den Thesen von Menasse, Guérot und Augstein auseinanderzusetzen. «Nationen haben sich bekriegt, Regionen haben gelitten, immer wieder ihre Eigenheiten bewahrt, Regionen sind die Herzwurzel der Identität», heißt es in einem Text von Robert Menasse. Glaubt der Autor wirklich, dass regionale Sezessionsbewegungen von Natur aus friedlich sind? Hat er den jahrzehntelangen Terror der baskischen ETA militar, der nordirischen IRA und die Anschläge der Südtiroler Separatisten in den fünfziger und sechziger Jahren des letzten Jahrhunderts vergessen?

Menasse übersieht zudem, dass Regionalismus und Nationalismus keine Gegensätze sein müssen. Die Schotten betrachten sich ebenso wie die Katalanen als Nationen, und dafür gibt es gute historische Gründe. Beim aktuellen Konflikt um die Unabhängigkeit Kataloniens prallen zwei Nationalismen aufeinander, der spanische und der katalanische. Die Gegenüberstellung von friedlicher Region und kriegerischer Nation ist ein Produkt ahistorischen Wunschdenkens.

Augstein plädiert, ganz im Sinne von Menasse und Guérot, dafür, die Landkarten neu zu sortieren und begründet das so: «Das Europa der

Regionen wäre das gerechtere Europa.» Wenn er sich da mal nicht irrt. Der Separatismus der Katalanen, Flamen und der Norditaliener von der Lega Nord ist von Wohlstandschauvinismus geprägt. Die dortigen Sezessionsbewegungen wehren sich gegen die Zumutung, Solidarität gegenüber den sozial schwächeren Regionen des jeweiligen Landes üben zu müssen. Einen militanten Regionalismus treffen wir nur in wohlhabenden, nicht in strukturell benachteiligten Gegenden an. Die Letzteren wären die Opfer, nicht die Nutznießer jener «Dekonstruktion der Nationalstaaten», für die Ulrike Guérot bereits einen festen Zeitplan vorgesehen hat: Im Jahr 2045, wenn sich das Ende des Zweiten Weltkrieges zum hundertsten Mal jährt, soll dieser Prozess abgeschlossen sein und die Europäische Republik errichtet werden.

Für die Freunde der Europäischen Republik spielt es offenbar keine Rolle, ob die Völker Europas die Auflösung der Nationalstaaten und ihre Ersetzung durch Regionen überhaupt wollen. In den meisten Staaten der Europäischen Union gibt es zur Zeit nicht die geringsten Anzeichen für einen erstarkenden Sezessionismus. Ihre Bürger empfinden unbeschadet aller regionalen Besonderheiten die Zugehörigkeit zu ihrer Nation als selbstverständlich, und im Nationalstaat sehen sie den einzig verlässlichen Hüter von Rechtsstaat, Sozialstaat und Demokratie.

Das ficht Menasse aber nicht im geringsten an. Er hält die nationalstaatliche Demokratie ohnehin für ein Relikt der Vergangenheit, das zu erhalten sich nicht lohnt. In seinem 2012 erschienenen Buch «Der Europäische Landbote» schreibt er, man müsse sich mit dem Gedanken befreunden, «die Demokratie erst einmal zu vergessen, ihre Institutionen abzuschaffen, soweit sie nationale Institutionen sind, und dieses Modell einer Demokratie, das uns so heilig und wertvoll erscheint, weil es uns vertraut ist, dem Untergang zu weihen. Wir müssen stoßen, was ohnehin fallen wird, wenn das europäische Projekt gelingt. Wir müssen dieses letzte Tabu der aufgeklärten Gesellschaften brechen, dass unsere Demokratie ein heiliges Gut ist.»

Die Konturen der neuen nachnationalen Demokratie, die es Menasse zufolge zu erfinden gilt, bleiben im Dunkeln. Er selbst wisse nicht, wie sie aussehen werde, räumt er ein. Vermutlich setzt er aber auch hier auf die überlegene Einsicht der von ihm verklärten Brüsseler Beamten, in denen er den Geist des Aufgeklärten Absolutismus habsburgischer Prägung fortleben sieht. Sie sollen, so scheint es, den Kern jener sich allmählich herausformenden «wirklich universalen Klasse» bilden, «deren Engagement zu einem System eines universalen Rechtszustands in Freiheit für alle, in Nachhaltigkeit führen wird». Dass eine derart aufgeklärte Elite keines demokratischen Mandats bedarf, ergibt sich aus dem Gesagten mit zwingender Logik. Denn dieses Mandat würde ja noch die Spuren der nationalen Demokratie an sich tragen und damit nicht «wirklich universal» sein.

Die Pioniere der westeuropäischen Einigung haben aus den Erfahrungen der beiden Weltkriege den Schluss gezogen, dass es den Nationalismus zu überwinden galt, der Europa an den Rand der Selbstzerstörung getrieben hatte. Der klassische, isolierte, souveräne Nationalstaat hatte aus ihrer wohlbegründeten Sicht zumindest in Europa keine Zukunft mehr. Die Mitglieder des Staatenverbundes, den sie schufen, sind denn auch postklassische Nationalstaaten, die Teile ihrer Hoheitsrechte gemeinsam ausüben und andere Teile auf supranationale Einrichtungen übertragen haben.

Die Abschaffung der Nationen und Nationalstaaten aber lag nicht in der Absicht der Wegbereiter der Europäischen Union und auch nicht in der von Walter Hallstein. Sie waren sich bewusst, dass die Wurzeln der meisten europäischen Nationen bis tief in das Mittelalter zurückreichen, und die der älteren Nationalstaaten ebenfalls. Sie hatten Recht: Zu den Besonderheiten Europas gehört seine historisch gewachsene nationale Vielfalt. Wer die Nationen und die Nationalstaaten abschaffen will, zerstört Europa und fördert den Nationalismus. Menasse und seine Mitstreiter befinden sich auf einem Holzweg.

4. DIE LEGENDE VON DER EUROPÄISCHEN SOUVERÄNITÄT

WARUM MACRON IN DEUTSCHLAND MISSVERSTANDEN WIRD

Oktober 2021

Ein Begriff fasziniert die deutsche Politik: der Begriff der europäischen Souveränität. In einer der letzten außenpolitischen Debatten des «alten» Bundestages, am 24. Juni 2021, beschwor die scheidende Bundeskanzlerin Angela Merkel im letzten Satz ihrer Regierungserklärung eine «souveräne Europäische Union». Der sozialdemokratische Kanzlerkandidat, Bundesfinanzminister Olaf Scholz, forderte in der gleichen Sitzung kurz darauf «eine stärkere Souveränität Europas». Auch im Wahlkampf war der Begriff «europäische Souveränität» omnipräsent, und das nicht zuletzt in Reden und Interviews des christdemokratischen Kanzlerkandidaten Armin Laschet und der grünen Kanzlerkandidatin Annalena Baerbock. Was «europäische Souveränität» konkret zu bedeuten hat, blieb allerdings unklar. Sicher ist nur, dass der Anstoß zu diesem Bekenntnis ursprünglich aus Paris kam.

In seiner inzwischen historischen Rede an der Sorbonne vom 26. September 2017 hatte der französische Staatspräsident Emmanuel Macron seine Vision von der «Neugründung eines souveränen, einigen und demokratischen Europas» entworfen. Es war ein fulminantes Plädoyer für ein Europa, das seine Sicherheit selbst zu garantieren vermag, das gemeinsame Antworten auf die Herausforderungen der Migration, des Klimawandels und der Digitalisierung gibt und sich eben dadurch besser als bisher in der Welt behaupten kann. Auf eine Antwort aus Berlin wartete

Macron vergebens. Strategische Festlegungen in der Europapolitik gehörten nicht zu den Merkmalen der Ära Merkel. Sie widersprachen dem situativen Politikverständnis der Kanzlerin.

Drei Jahre später, am 12. November 2020, räumte Macron in einem Interview mit der Online-Zeitschrift «Le Grand Continent» ein, dass sein Begriff von europäischer Souveränität wohl «etwas überzogen» (un peu excessif) sei. In Deutschland erregte nur ein Teil des Interviews Aufsehen: jene Passagen, in denen der Präsident, für ein Staatsoberhaupt ungewöhnlich, sich scharf gegen einen zehn Tage zuvor, am Vorabend der amerikanischen Präsidentenwahl, von einer anderen Online-Zeitschrift, «Politico», veröffentlichten Gastbeitrag der deutschen Verteidigungsministerin Annegret Kramp-Karrenbauer wandte. Darin hatte die Berliner Ressortchefin gefordert, es müsse Schluss sein mit den «Illusionen von einer strategischen Autonomie Europas». Die Europäer seien nicht in der Lage, die Schlüsselrolle Amerikas als Sicherheitsgarant zu übernehmen; sie blieben auch weiterhin abhängig von der nuklearen Abschreckung durch die USA. Die Kanzlerin hatte sich so eindeutig bislang nicht festgelegt. Macron äußerte deshalb die Vermutung, sie teile wohl gar nicht die Ansichten ihrer Ministerin.

Angesprochen fühlte sich Macron zurecht. «Strategische Autonomie Europas» ist die militärische Quintessenz seiner Idee von europäischer Souveränität. Er meint damit eine weitestgehende Unabhängigkeit von den USA und der NATO, die er in dem Interview kokett sein «Über-Ich» (Surmoi) nennt, gegen das er von Zeit zu Zeit aufbegehre. Eine andere, materielle Dimension von europäischer Souveränität machte er ebenso deutlich: Die EU soll großzügig Zukunftsinvestitionen finanzieren, für die die Wirtschaftskraft Frankreichs und anderer Mitgliedstaaten nicht ausreicht, und die Eurozone zur Schulden- und Haftungsgemeinschaft weiterentwickelt werden.

Abgesehen von der Kritik an «AKK» blieb der «Macron-Plan», wie «Le Grand Continent» das Interview betitelte, in Deutschland nahezu unbeachtet. Dabei waren die Ausführungen zur Finalität des europäischen Einigungsprozesses von so grundsätzlicher Natur, dass sie ein amtliches Echo geradezu zu erzwingen schienen. Echte europäische Souveränität, so Macron, würde vollständig vom europäischen Volk (le peuple européen) gewählte Lenker Europas (dirigeants européens) erfordern. So weit seien wir noch nicht. Nicht das erste Mal schlug der Präsident für die Wahlen zum Europäischen Parlament länderübergreifende Listen der Parteifamilien vor, um die «Entstehung eines wahren europäischen Demos» (l'émergence d'un véritable démos européen) zu fördern. Die europäische Souveränität nannte Macron «transitiv». «Doch aus den Tätigkeiten der EU- Kommission, des Europäischen Rates mit den von ihrem jeweiligen Volk gewählten Staats- und Regierungschefs sowie des Europäischen Parlaments bildet sich eine neue Form der Souveränität heraus, die nicht national, sondern europäisch ist.»

Macrons Ausführungen klangen supranationaler, als sie gemeint waren. Wenn es tatsächlich seine Absicht gewesen wäre, die Souveränität von der nationalen auf die europäische Ebene zu übertragen, hätte er bereit sein müssen, den Ständigen Sitz Frankreichs im Sicherheitsrat der Vereinten Nationen zu «europäisieren» und die französischen Atomwaffen einer (Mit-)Kontrolle der EU zu unterstellen: ein Ding der Unmöglichkeit für jeden französischen Präsidenten. Rhetorisch ist Macron der europäischste unter den bisherigen Präsidenten der Fünften Republik. Wenn es um den harten Kern der französischen Staatsräson geht, handelt Macron nicht weniger national als der Republikgründer Charles de Gaulle.

Nichts spricht denn auch dafür, dass Macron jemals daran gedacht hätte, die französische Nation in einem europäischen Demos aufgehen zu lassen. Den Begriff der Souveränität scheint er, soweit es um Europa geht, nur im Sinne einer Metapher zu verwenden: Die EU soll, vor allem im militärischen Bereich, unabhängig von den USA agieren können und so ihr weltpolitisches Gewicht erhöhen. Der Präsident irrt im Übrigen, wenn er glaubt, länderübergreifende Listen der verschiedenen Parteifamilien seien geeignet, dem Konstrukt eines europäischen Demos näher zu kommen. Schon jetzt sind die Bindungen der Straßburger Abgeordneten an ihre Wählerschaft schwächer als die der Abgeordneten in den nationalen Parlamenten. Sie würden sich weiter abschwächen, kämen diese Abgeordneten nicht mehr aus dem eigenen Land, sondern aus anderen EU-Staaten.

Das demokratische Defizit des Europäischen Parlaments lässt sich auf diese Weise auch nicht beheben. Das Parlament der EU geht zwar aus allgemeinen, freien, geheimen und direkten, aber nicht aus gleichen

Wahlen hervor. Es kann auch gar nicht anders sein. Wenn alle Mitgliedstaaten des Staatenverbundes, auch die kleinsten, im Europäischen Parlament vertreten sein sollen, müssten ihm mehrere tausend Abgeordnete angehören. Es wäre arbeitsunfähig. Also privilegierten die Staats- und Regierungschefs der Europäischen Gemeinschaft, als sie 1976 die Direktwahl des Europaparlaments beschlossen, die kleineren Staaten auf Kosten der größeren: Eine maltesische Stimme wiegt heute etwa zwölf Mal so schwer wie eine deutsche. Das ist nach wie vor hinnehmbar, solange dieses Parlament nicht über dieselben Kompetenzen verfügt wie die nach dem gleichen Wahlrecht gewählten nationalen Parlamente.

Es ist der Mangel an demokratischer Legitimation des Europaparlaments, auf den das Bundesverfassungsgericht immer wieder verweist, wenn es um Kompetenzverlagerungen von der nationalen auf die europäische Ebene geht. Um die demokratische Kontrolle europapolitischer Entscheidungen zu gewährleisten, müssen die Parlamente der Mitgliedstaaten ihre Integrationsverantwortung wahrnehmen. Das Europaparlament kann sie ihnen nicht abnehmen, weil es nicht dasselbe demokratische Mandat besitzt wie sie. Eine Vollparlamentarisierung der EU, wie sie vor allem deutsche Mitglieder des Straßburger Parlaments und von den deutschen Parteien besonders nachdrücklich die Grünen und die FDP fordern, würde das Demokratiedefizit der Union nach dem Urteil des ehemaligen Bundesverfassungsrichters Dieter Grimm daher nicht vermindern, sondern vergrößern.

Mehr Europa darf also nicht weniger Demokratie bedeuten. Wenn die Mitgliedstaaten der EU Hoheitsrechte auf den Staatenverbund übertragen, müssen sie dafür sorgen, dass die Folgen dieses Transfers durch ihre Parlamente fortlaufend (mit-)kontrolliert und damit demokratisch legitimiert werden können. Die nationalen Parlamente können ihre Europapolitik besser koordinieren und synchronisieren. Aber an den europapolitischen Entscheidungsprozessen mitwirken müssen sie, weil andernfalls «Brüssel» mehr noch als bisher, und zwar zurecht, als verselbstständigte Exekutivgewalt wahrgenommen würde. Die Folge wäre eine wachsende Entfremdung zwischen den Hütern des Projekts Europa und den Völkern der Europäischen Union. In den Worten des Staats- und Völkerrechtlers Christian Hillgruber: «Wer das europäische Haus unter Missachtung der für die europäischen Staaten konstitutiven Verfassungsprinzipien der Volkssouveränität und Demokratie bauen will, baut auf Sand. Nur wenn es auf dem soliden Fundament demokratischer Selbstbestimmung der europäischen Völker ruht, kann das europäische Aufbauwerk gelingen und zur Vollendung geführt werden.»

Dass Macrons Parole von der «europäischen Souveränität» gerade in Deutschland viel Zustimmung findet (mehr als in Frankreich selbst), hat historische Gründe. Die Deutschen haben ihren ersten Nationalstaat durch extremen Nationalismus und Militarismus zerstört. Daraus folgerten nach 1945 viele, dass der Nationalstaat schlechthin keine Zukunft mehr habe: eine Auffassung, die, abgesehen vielleicht von Luxemburg und Belgien, in den Staaten der EU heute kaum noch geteilt wird. Die alte Bundesrepublik war kein Nationalstaat; viele ihrer Intellektuellen empfanden sie in den späten siebziger und achtziger Jahren, um einen von dem Bonner Politikwissenschaftler Karl Dietrich Bracher 1976 geprägten Begriff zu zitieren, als eine «postnationale Demokratie unter Nationalstaaten». Das wiedervereinigte Deutschland ist ein Nationalstaat, wenn auch von gänzlich anderer Art als das katastrophal gescheiterte Reich von 1871. Es gehört zu den postklassischen Nationalstaaten Europas, die einige ihrer Hoheitsrechte gemeinsam ausüben und andere, wie die Währungshoheit, auf supranationale Einrichtungen übertragen haben.

In den deutschen Parteien gibt es nach wie vor Vorstellungen von der künftigen Gestalt der Europäischen Union, die kaum irgendwo sonst Unterstützung finden, ja vielfach als unhistorisch und als Ausdruck deutschen Wunschdenkens betrachtet werden. Das gilt für das von der FDP geforderte, in der Partei aber höchst umstrittene Ziel eines europäischen Bundesstaates wie für die von den Grünen propagierte Föderale Europäische Republik. Es gilt aber auch für das zuerst von Politikern der CDU verfochtene, dann von der SPD, den Grünen und der FDP übernommene Projekt von «Spitzenkandidaturen» bei den Wahlen zum Europäischen Parlament, das auf die Vollparlamentarisierung der EU, die Bestellung des Präsidenten oder der Präsidentin der Kommission allein durch die Abgeordneten des Straßburger Parlaments, abzielt. Macron wusste, weshalb er sich strikt gegen dieses Vorhaben aussprach und maßgeblich zu seiner Verhinderung beitrug.

Für die Forderung nach «Mehr Europa» gibt es gute, ja zwingende Gründe. Die weltpolitische Lage verlangt förmlich nach einer handlungsfähigen EU, die in wichtigen Fragen mit einer Stimme spricht. Sie verlangt aber auch eine EU, die ihre Stärken und Schwächen realistisch einschätzt und nach innen und außen nicht mehr verspricht, als sie halten kann. Sie bleibt auf die Partnerschaft mit den USA angewiesen, und das gerade auch dann, wenn es um die Selbstbehauptung Europas gegenüber China geht. In der EU der 27 fehlt es, seit einige ostmitteleuropäische Mitgliedstaaten sich als «illiberale Demokratien» verstehen und den Abbau des Rechtsstaates vorantreiben, an dem inneren Zusammenhalt, der für eine gemeinsame Willensbildung in der Außenpolitik notwendig ist. Infolgedessen kommt alles auf die engstmögliche Zusammenarbeit der Staaten an, die am Grundkonsens der Gemeinschaft festhalten und notfalls zu einer Um- oder Neugründung der EU bereit sind.

Von einer unablässig fortschreitenden Übertragung von Hoheitsrechten von der nationalen auf die europäische Ebene kann längst keine Rede mehr sein. Im Juli 2013 gab der damalige sozialdemokratische Außenminister der Niederlande, der heutige Vizepräsident der EU-Kommission Frans Timmermans, die Parole aus «National, wo es möglich ist, europäisch wenn es sein muss.» Kurz darauf, im August 2013, gab Angela Merkel unter Berufung auf das Beispiel der Niederlande zu Protokoll, «mehr Europa» müsse nicht Kompetenzverlagerung nach Brüssel, es könne auch verstärkte Koordination unter den Regierungen der Mitgliedstaaten der Union bedeuten. Statt «ever closer union» «ever closer cooperation»: Das ist der Paradigmenwechsel, der sich in den Mitgliedstaaten der EU im letzten Jahrzehnt vollzogen hat, den in Deutschland bis heute aber viele nicht wahrhaben wollen.

Auch der Begriff der «europäischen Souveränität» weckt, selbst wenn er nur floskelhaft, im Sinne einer handlungsfähigen EU, gemeint ist, Erwartungen, die nicht zu erfüllen sind. Ein Begriff, der so viel Spielraum für beliebige Assoziationen lässt, ist ein fragwürdiger Begriff. Dasselbe trifft auf Begriffe wie «postnational» und «europäische Republik» zu. Sie sind nicht geeignet, Europa zusammenzuführen, sondern zu spalten. Im Hinblick auf das wiedervereinigte Deutschland lässt sich Ähnliches sagen. Wer vor 1989 nicht in der alten Bundesrepublik gelebt hat, kann sich kaum mehr in eine Begriffswelt hineinversetzen, die zutiefst geprägt ist von jenem Sonderbewusstsein westdeutscher Intellektueller, das europäisch und gesamtdeutsch gesehen inzwischen zum «falschen Bewusstsein» im Sinne von Marx geworden ist. Die europäische Einigung ist ein antinationalistisches, aber kein antinationales Projekt. Es will die Nationen nicht überwinden, sondern überwölben. Ein Europa, das seine nationale Vielfalt aufgeben wollte, gäbe sich selbst auf.

Die postklassischen Nationalstaaten werden gebraucht, weil sie bislang der einzige verlässliche Rahmen für den Rechts-, Kultur- und Sozialstaat sind und weil nur sie die demokratische Legitimation der nationalen wie der europäischen Politik verbürgen können. Ohne sie hätte das Prinzip der Volkssouveränität keine sichere Heimstatt mehr. Ein harter Kern von nationaler Souveränität muss also bleiben – um der Demokratie und um Europas willen.

5. WARNUNG VOR DEUTSCHEM WUNSCHDENKEN

EIN NIEDERLÄNDISCHES PLÄDOYER FÜR EUROPÄISCHEN REALISMUS

April 2022

Den Koalitionsvertrag, mit dem die Sozialdemokraten, die Grünen und die Freien Demokraten am 24. November 2021 ihre künftige Zusammenarbeit in der Regierung von Olaf Scholz programmatisch zu untermauern versuchten, kann der niederländische Publizist René Cuperus noch nicht gekannt haben, als er sein Buch «7 Mythen über Europa» schrieb, das im Dezember 2021 im Verlag J. H. W. Dietz, dem Traditionsverlag der SPD, erschien. Seine Beobachtung, dass die Deutschen die Europäische Union bewusst oder unbewusst als «eine Art vergrößerte Bundesrepublik, nur mit zusätzlichen Bundesländern» sehen, wird durch dieses Grundsatzdokument aber eindrucksvoll bestätigt. Denn dort steht es schwarz auf weiß: Die Koalitionspartner bekennen sich zur Weiterentwicklung der EU «zu einem föderalen europäischen Bundesstaat …, der dezentral nach den Grundsätzen der Subsidiarität und Verhältnismäßigkeit organisiert ist und die Grundrechtecharta zur Grundlage hat».

Für Cuperus, einen bekennenden Sozialdemokraten, ist die Europäische Union geradezu ein «heiliges Projekt». Er wendet sich deshalb mit scharfen Worten gegen die Nationalpopulisten, denen er vorwirft, die EU mit ihren Forderungen auseinanderzureißen, «als gäbe es keine Geschichte». Der Folgesatz aber lautet kontrapunktisch: «Die Föderalisten reißen die Nationalstaaten auseinander, als gäbe es keine Geschichte.» Was Cuperus' Absage an einen europäischen Bundesstaat zugrunde liegt, ist die Befürchtung, manche selbst ernannten Freunde Europas in Deutschland, aber auch in der Brüsseler EU-Zentrale wollten eine «Vereinigung

Europas erzwingen, ohne dafür den nötigen Rückhalt in der Bevölkerung zu haben». Solche «Unvorsichtigkeit» und «ahistorische Einfältigkeit» setze die «vernünftige Mitte», vor allem in den kleineren Mitgliedstaaten der Europäischen Union, zunehmend unter Druck. «Je größer die EU, desto mächtiger werden die größeren Länder und desto relativ machtloser die kleinen Länder.»

Die Föderalisten als ungewollte Förderer, mithin als «nützliche Idioten» der Nationalpopulisten: Auf diese Pointe läuft Cuperus' «Plädoyer für ein vorsichtiges Europa» hinaus. Er steht mit seiner Warnung vor dem europapolitischen «Weiter so» keineswegs allein da. Bereits im Juni 2013 hatte der damalige niederländische Außenminister, der Sozialdemokrat Frans Timmermans, der heutige Vizepräsident der EU-Kommission, in einem Brief an das Parlament festgestellt, die Zeit einer immer engeren Union in jedem möglichen Politikfeld sei abgelaufen; für die Zukunft solle die Devise gelten: «National, wo es möglich ist, europäisch, wenn es sein muss.»

In Dänemark und Schweden werden die Prioritäten seit langem so gesetzt wie seit 2013 in den Niederlanden, von den ostmittel- und südosteuropäischen Mitgliedstaaten der EU ganz zu schweigen, von denen manche, obenan die «illiberalen Demokratien» Ungarn und Polen, inzwischen auf einen radikalen Anti-Brüssel-Kurs eingeschwenkt sind. Für die Idee eines europäischen Bundesstaates, wie sie der Koalitionsvertrag der Ampelparteien beschwört, gibt es am ehesten noch in Belgien und Luxemburg Sympathien. In den meisten europäischen Hauptstädten wird diese Vision als Ausdruck eines spezifisch deutschen Wunschdenkens, wenn nicht eines verkappten Hegemoniestrebens des größten Mitgliedslandes der EU wahrgenommen.

Cuperus tritt durchaus für «Mehr Europa» im Bereich der Außen- und Sicherheitspolitik und, was diesen Sektor angeht, für den Übergang vom Einstimmigkeitsprinzip zur Mehrheitsentscheidung im Europäischen Rat ein. Er fordert eine «Doppelstrategie»: «stark nach außen, sanft nach innen». Das Mandat der Wähler für eine solche «externe europäische Souveränität» in einer immer feindlicher werdenden Welt könne nur durch mehr innereuropäischen Respekt vor der «nationalen Souveränität, Identität und Demokratie» erlangt werden. «Ein ‹geopolitisches Europa› ist besser als eine ‹politische Union› … Wir brauchen selbstbewusste, gut regierte Nationalstaaten, die von der EU gestärkt und unterstützt, anstatt behindert und gebremst werden.»

Mit dem Begriff der «externen europäischen Souveränität» dürfte Cuperus seiner Sache freilich keinen Gefallen erweisen. Er betont ja zu Recht die Unabdingbarkeit der demokratischen Legitimation politischer Entscheidungen, also das Prinzip der Volkssouveränität. Diesem Prinzip können nur Staaten gerecht werden, in denen die Regierungen, wenn auch nur mittelbar, aus Wahlen nach dem allgemeinen gleichen Wahlrecht, also gemäß dem Grundsatz «eine Person, eine Stimme», hevorgehen. Nach einem solchen Wahlrecht werden die Parlamente der Mitgliedstaaten der EU gewählt, aber nicht das Europäische Parlament. Das Wahlrecht, das seiner Wahl zugrunde liegt, privilegiert aus gutem Grund die kleineren auf Kosten der größeren Staaten. Wäre es anders, wäre das Straßburger Parlament gar nicht arbeitsfähig.

Eine demokratische Kontrolle der Europäischen Kommission kann das Europäische Parlament aber nicht oder jedenfalls nicht allein verbürgen. Dafür ist die Mitwirkung der nationalen Parlamente erforderlich. Was von der EU künftig auf außen- und sicherheitspolitischem Gebiet an bislang nationalen Befugnissen ausgeübt werden soll, muss folglich von den Volksvertretungen der Mitgliedstaaten mitgetragen und mitverantwortet werden. Andernfalls liefe «Mehr Europa» auf «Weniger Demokratie» hinaus. Solange das Prinzip der demokratischen Legitimation der Macht gilt, kann es weder eine interne, noch eine externe Souveränität der EU *jenseits* der Volkssouveränität geben, auf die sich nur die Nationalstaaten berufen können, aber nicht der europäische Staatenverbund. Was er an Macht besitzt, beruht auf den von den Mitgliedstaaten beschlossenen europäischen Verträgen.

Deutschland ist der eigentliche Adressat der Streitschrift des niederländischen Kolumnisten. Die Deutschen haben ihren ersten Nationalstaat, das von Bismarck gegründete Deutsche Reich, durch einen aggressiven Nationalismus und Militarismus zugrunde gerichtet und daraus in den Jahrzehnten nach 1945 vielfach gefolgert, der Nationalstaat sei schlechthin historisch erledigt. Cuperus erinnert sie daran, dass man das in den von Deutschland überfallenen und besetzten Ländern Europas anders sieht. Der Nationalstaat, so schreibt er, «ist lebenswichtig für einen gut funktionierenden Wohlfahrtsstaat und für eine Demokratie. Die

Nationalstaaten tragen das europäische Gesellschaftsmodell, den *European Way of Life.*»

Die deutsche Politik täte gut daran, sich mit den Thesen von Cuperus intensiv auseinanderzusetzen. Ein sozialdemokratischer Autor, der die Europäer vor einer Mythisierung Europas ebenso warnt wie vor einer Mythisierung der eigenen Nation und des eigenen Nationalstaates, lässt sich nicht so einfach als rückwärtsgewandter Nationalist abtun. Seine Kritik an der Vision eines europäischen Bundesstaates trägt er zu einem Zeitpunkt vor, wo sie mit dem Koalitionsvertrag der Ampelparteien eine Renaissance zu erleben scheint. In der Regierungserklärung des Bundeskanzlers Olaf Scholz vom 15. Dezember taucht sie allerdings nicht auf, und von dem Vorsitzenden der FDP, Bundesfinanzminister Christian Lindner, weiß man, dass er dieser Endzielbeschwörung im Gegensatz zu den Europapolitikern und zumal den Straßburger Abgeordneten seiner Partei skeptisch gegenübersteht. Auch für die deutsche Ampelkoalition gilt mithin, was Cuperus ganz allgemein feststellt: «Man hat Europa an eine kleine Zahl von Experten in den europäischen Institutionen delegiert.»

Eines grundsätzlichen Nachdenkens bedarf auch der von Cuperus ausdrücklich so genannte «Mythos» der europäischen Souveränität. Der prominenteste Verfechter dieses Begriffs, Frankreichs Staatspräsident Emmanuel Macron, versteht darunter etwas ganz anderes als die deutschen Ampelpartner, die den Begriff in ihrem Gründungspapier geradezu inflationär verwenden, und das besonders im Sinne einer «strategischen Souveränität» der EU, einer auch vom Bundeskanzler und der Außenministerin häufig benutzten Formel. Gemeint ist damit eine erhöhte Handlungsfähigkeit des Staatenverbundes in einer Vielzahl von Politikbereichen auf der Basis gemeinsamer Interessen, aber im Unterschied zu Macron keine weitgehende militärische Unabhängigkeit von dem wichtigsten transatlantischen Partner Deutschlands und der EU, den USA, und ebenso wenig eine Konkurrenz zur NATO.

Die Europapolitiker der Ampel wollen offenkundig auch nicht wahrhaben, dass ein europäischer Bundesstaat der Staatsräson von Frankreichs Fünfter Republik strikt zuwiderläuft. Macron denkt denn auch gar nicht daran, weitere französische Hoheitsrechte an die EU zu übertragen, schon gar nicht so symbolträchtige Großmachtattribute wie die Alleinverfügung über die französischen Atomwaffen und den Ständigen Sitz im Sicherheitsrat der Vereinten Nationen. Der Begriff der «europäischen Souveränität» könnte sich also als eine rhetorische Falle spätgaullistischer Provenienz erweisen.

Angesichts von Putins Angriffskrieg gegen die Ukraine wirkt die Europäische Union auf den ersten Blick heute einiger als zuvor. Ihre inneren Widersprüche und Probleme bestehen aber nach wie vor, und nichts deutet darauf hin, dass sie durch den Krieg verschwinden werden. Die deutsche Politik ist deshalb gut beraten, wenn sie mit ihren Selbsttäuschungen auf dem Feld der Europapolitik ebenso kritisch ins Gericht geht wie mit ihren Illusionen in Sachen Russland und äußere Sicherheit ganz allgemein. Die Lektüre von Cuperus könnte hierbei hilfreich sein. Sein Buch hat durch den Ukrainekrieg jedenfalls nichts von seiner Aktualität verloren.

V.
MORAL VERSUS INTERESSE

1. DIE STUNDE DER VEREINFACHER

EINHEIT DER GEGENSÄTZE: WAS RECHTE UND LINKE POPULISTEN VERBINDET

Februar 2015

«Les extrêmes se touchent»: Die alte französische Weisheit, derzufolge die Extreme sich berühren, bestätigt sich dieser Tage aufs Neue. Über den Wahlsieg der linkspopulistischen Syriza hat sich außerhalb Griechenlands kaum jemand so gefreut wie die Führerin des französischen Front National, Marine Le Pen. Alexis Tsipras wiederum findet nichts dabei, ein Regierungsbündnis zwischen seiner Syriza und den rechtspopulistischen Unabhängigen Griechen unter dem radikalen Nationalisten Panos Kammenos einzugehen. Bei der deutschen Linkspartei, der sonst schon die Sozialdemokraten zu rechts sind, stößt die Athener Koalition auf wohlwollendes Verständnis: Sie sei, so heißt es, nach Lage der Dinge unvermeidlich.

Gewiss: Es gibt immer noch Trennendes zwischen linken und rechten Populisten. Fremdenfeindlichkeit und Kult der eigenen Nation sind Merkmale der Rechten, das Bekenntnis zur internationalen Solidarität ist ein Kennzeichen der Linken. Wer sich auf das Gleichheitspostulat der Französischen Revolution von 1789 beruft, steht links, wer die Ungleichheit unter den Menschen für naturgegeben und notwendig hält, rechts. Doch mittlerweile sind auch die Gemeinsamkeiten zwischen den populistisch auftretenden Rechten und Linken nicht mehr zu übersehen. Die einen wie die anderen machen Front gegen die Globalisierung, gegen die Supermacht Amerika, gegen das Fortschreiten der europäischen Integration, gegen die etablierten Parteien. Sie beanspruchen, unabhängig von den Wahlergebnissen für das Volk insgesamt zu sprechen, ja das Volk zu sein.

Das Oszillieren zwischen rechts und links gehört zum Wesen des

Populismus, seit er im letzten Jahrzehnt des 19. Jahrhunderts in den USA sein historisches Debüt erlebte. Die 1892 von Farmern des Mittleren Westens gegründete People's Party befürwortete mehr direkte Demokratie in Gestalt von Referenden, der Direktwahl des amerikanischen Senats und die Beschränkung der Amtszeit des Präsidenten und des Vizepräsidenten auf eine Wahlperiode. Manche Forderungen der *Populists* klangen sozialdemokratisch bis sozialistisch, so der Ruf nach Verstaatlichung der Eisenbahnen. Andere Programmpunkte muteten entschieden rechts an: Die People's Party verlangte ein Verbot von Landerwerb durch Ausländer und eine Einwanderungssperre für «die armen und verbrecherischen Klassen der Welt». Die frühen amerikanischen Populisten traten antiurban und antiintellektuell und nicht selten antisemitisch auf.

In Europa kam der Populismus mit beträchtlicher Verspätung an. Die europäischen Rechtsparteien waren, auch wenn sie sich, wie namentlich die italienischen Faschisten und die deutschen Nationalsozialisten, pseudodemokratischer Parolen bedienten, von Grund auf antidemokratisch. Eine Chance erhielt der Populismus rechter Spielart auf dem alten Kontinent erst, als die Rechte nach dem Zweiten Weltkrieg erkannte, dass sie nur dann politischen Einfluss gewinnen konnte, wenn sie sich, zumindest verbal, auf den Boden der Demokratie stellte.

Zu einer Prämie auf den Populismus von links und rechts entwickelte sich die «verselbständigte Macht der Exekutivgewalt». Dieser Begriff, mit dem Karl Marx um 1852 den französischen Bonapartismus charakterisierte, passt gut auf die abgehobene Entscheidungsfindung auf europäischer Ebene, gleichviel, ob in der Europäischen Kommission oder im Europäischen Rat. Eine Politik der vollendeten Tatsachen, die ohne vorherige parlamentarische und öffentliche Diskussion hinter verschlossenen Türen geschaffen wurden, erzeugte Misstrauen in das Projekt Europa, das zunehmend als reines Elitenprojekt empfunden wurde. Dass die nationalen Parlamente im Zuge der europäischen Integration an Einfluss verloren, ohne dass gleichzeitig das Europäische Parlament entsprechend an Einfluss gewann, trug dazu bei, das Vertrauen in die repräsentative Demokratie insgesamt auszuhöhlen, ja den Eindruck aufkommen zu lassen, die EU-Staaten befänden sich bereits auf dem Weg in die «Postdemokratie» (Colin Crouch): in eine Realverfassung, in der die demokratischen Institutionen nur noch als Fassaden dienen.

Die Populisten von links und rechts sind Nutznießer der Legitimationskrise, in die das Projekt Europa und mit ihr die repräsentative Demokratie geraten sind. Vom Aufstieg der Populisten wiederum profitiert ein externer Gegner des europäischen Einigungswerkes wie Wladimir Putin. Russlands postkommunistischer Autokrat hat keinerlei ideologische Bedenken, rechtspopulistischen bis rechtsradikalen Parteien wie dem Front National, der FPÖ, dem antisemitischen Jobbik in Ungarn und der neofaschistischen Goldenen Morgenröte in Griechenland seine Unterstützung angedeihen zu lassen. Alles, was den Zusammenhalt der EU und des Atlantischen Bündnisses schwächt, liegt im russischen Interesse, so wie es der Kremlherrscher auffasst. Die Athener Koalition von Links- und Rechtspopulisten ist der bislang größte Erfolg seiner auf die Zersetzung des Westens gerichteten Politik.

Die Lobby, über die Putin inzwischen in Europa verfügt, ist ein buntscheckiges Gebilde. Zur Gemeinde der Putinfreunde gehört eine altmarxistische Linke, die in Russland immer noch das Mutterland der proletarischen Revolution und den Gegenpol zum amerikanisch dominierten internationalen Finanzkapitalismus sieht. Sie tut das, obwohl Putin längst dabei ist, eine reaktionäre Internationale aufzubauen, zu deren Wesenszügen Homophobie, Antifeminismus, Autoritarismus und Antiliberalismus gehören. Diese Stoßrichtung des Putinismus macht den russischen Präsidenten zu einem Idol erzkonservativer Politiker, vom brandenburgischen AfD-Vorsitzenden Alexander Gauland bis zum ungarischen Ministerpräsidenten Viktor Orbán.

Dem populistischen Ruf nach mehr plebiszitärer Demokratie nachzugeben wäre illusorisch und gefährlich. Bei nationalen Plebisziten finden häufig Kräfte zusammen, die zu konstruktiver gemeinsamer Arbeit weder willens noch fähig sind. (Das französische Referendum gegen den Europäischen Verfassungsvertrag vom Mai 2005 ist nur ein Beispiel für solche destruktiven Allianzen.) Da die Beteiligung bei Plebisziten meist unter der bei Parlamentswahlen liegt, steht keineswegs fest, dass Volksentscheide dem Volkswillen in höherem Maß entsprechen als Parlamentsentscheidungen. Von dem großen Juristen und Politologen Ernst Fraenkel stammt das Wort: «Ein Volk, das seinem Parlament nicht die Fähigkeit zur Repräsentation zutraut, leidet an einem demokratischen Minderwertigkeitskomplex.» Parteien, die nicht den Mut zur Verteidigung der repräsentativen Demokratie haben, mangelt es an Vertrauen in eine der größten Errungenschaften der politischen Kultur des Westens.

Zur aktiven Verteidigung der repräsentativen Demokratie gehört der offen ausgetragene parlamentarische Meinungskampf um die Grundfragen der Politik. Große Koalitionen müssen schon deswegen Ausnahmen sein, weil unter ihnen große Parlamentsdebatten selten sind. Wer der Entfremdung zwischen Parteien und Bevölkerung entgegenwirken will, tut gut daran, Parteiversammlungen für Nichtmitglieder zu öffnen und die Mitglieder, vielleicht sogar registrierte Sympathisanten durch Urabstimmungen an der Kandidatenaufstellung für Bundestag und Europaparlament zu beteiligen, also *Primaries* nach amerikanischem Vorbild einzuführen. Der «Eurofrust» lässt sich nur überwinden, wenn die nationalen Parlamente die großen Fragen der Europapolitik diskutieren, bevor in Brüssel weitreichende Entscheidungen fallen. Ein Mehr an europäischer Integration um den Preis von weniger Demokratie darf es nicht mehr geben.

«Populismus ist einfach, Demokratie ist komplex: Das ist am Ende vielleicht das wichtigste Unterscheidungsmerkmal zwischen den beiden Formen des Bezugs auf das Volk», so heißt es in einem Essay von Ralf Dahrendorf aus dem Jahr 2003. Gegen die Vereinfachung von Problemen ist nicht nur nichts zu sagen, sie ist vielmehr notwendig. Die Vereinfachungen der Populisten aber weisen ihre Urheber meist als schreckliche Vereinfacher und damit als Demagogen aus. Fazit: Dem Volk aufs Maul zu schauen ist richtig, dem Volk nach dem Munde zu reden ist falsch.

2. WER HAT DIE DEUTSCHEN ZU RICHTERN DER NATIONEN BESTELLT?

Dezember 2015

In den Jahrzehnten nach der Wiedervereinigung Deutschlands gab es mehrfach Anlass, auf ein Phänomen hinzuweisen, das längst auch von wohlwollenden Beobachtern jenseits der deutschen Grenzen registriert worden war: die vor allem links der politischen Mitte verbreitete Neigung, für Deutschland eine Art von Sondermoral zu reklamieren. So wurde in den 1990er Jahren ein Nein zu «out of area»-Einsätzen der Bundeswehr von der Partei des Demokratischen Sozialismus und großen Teilen der Grünen und der SPD auch dann vertreten, wenn es sich, wie im Fall Bosnien-Herzegowina, um humanitäre Interventionen zum Schutz der Zivilbevölkerung handelte, die durch ein Mandat der Vereinten Nationen legitimiert waren. Begründet wurde dieser spezifisch deutsche Pazifismus mit der historischen Singularität der nationalsozialistischen Menschheitsverbrechen und namentlich des Holocaust. Der Hinweis auf die Perversion des deutschen Nationalismus in den Jahren 1933 bis 1945 fehlt auch nicht in vielen Beiträgen, die auf eine besondere «postnationale» Sendung Deutschlands innerhalb der Europäischen Union hinauslaufen. Einen Höhepunkt erreichte die Neigung, Deutschland in den Rang der moralischen Leitnation Europas zu erheben, in der Flüchtlingskrise von 2015/16. Auf die mit dieser Art von Selbstüberhöhung verbundenen Gefahren gehen die folgenden Beiträge ein, die vom Spannungsverhältnis zwischen Moral und Interesse handeln.

Eine «verspätete Nation» hat der Philosoph Helmuth Plessner 1959 das Bismarckreich von 1871 genannt, die «Großmacht ohne Staatsidee». Deutschland wurde in der Tat später als Frankreich und Großbritannien ein Nationalstaat. Eine deutsche Nation hatte sich aber schon viel früher, seit dem Mittelalter, herausgebildet.

Diese ältere Nation lebte nach 1871 im Bewusstsein vieler Deutscher als deutsche Kulturnation fort: ein Begriff, der immer auch das deutschsprachige Österreich, wenn nicht darüber hinaus die deutschsprachige Schweiz oder gar das «Deutschtum im Ausland» insgesamt umfasste und damit die konkurrierende Idee der kleindeutschen Staatsnation auf schillernde Weise überlagerte. Die Frage «Was ist deutsch?» war 1871 also noch nicht abschließend beantwortet worden.

Nach dem Untergang des deutschen Kaiserreichs und der Habsburger Monarchie im Ersten Weltkrieg waren es vor allem die deutschen und österreichischen Sozialdemokraten, die in Anknüpfung an das großdeutsche Erbe der Revolution von 1848 die Vereinigung der beiden im November 1918 entstandenen deutschsprachigen Republiken forderten. Bekanntlich waren die Siegermächte anderer Meinung und verhinderten, was sie drei Jahrzehnte später, im März 1938, als Hitler den «Anschluss» Österreichs herbeiführte, unter verbalen Protesten hinnahmen.

Bei der Gründung des zweiten deutschen Nationalstaates im Jahr 1990 war von vornherein klar, dass es nur um eine Wiedervereinigung Deutschlands in den Grenzen von 1945 gehen konnte. Bismarcks kleindeutsche Lösung wurde damit bestätigt – auf einem sehr viel kleineren Territorium als 1871 freilich und unter Vorzeichen, die sich grundlegend von der preußisch dominierten Reichsgründung knapp 120 Jahre zuvor unterschieden.

Neun Jahre nach der Wiedervereinigung gab sich Deutschland ein neues Staatsbürgerschaftsrecht. Das alte stammte aus dem Jahr 1913 und orientierte sich am «jus sanguinis», dem Blut- und Abstammungsrecht: Deutscher war, wer mindestens einen deutschen Elternteil hatte. Dieses Prinzip entsprach der deutschen Tradition: der Deutung der Nation als objektiver Schicksalsgemeinschaft, nicht als subjektiver Willensgemeinschaft «westlicher», namentlich französischer Prägung. Die deutsche Nation hatte sich stets durch die gemeinsame Sprache und Kultur, nicht durch politische Zusammengehörigkeit verbunden gefühlt: eine Sichtweise, die sich leicht in völkischem Sinn interpretieren ließ – als Abgrenzung von jenen «stammesfremden Elementen», von denen der Staatssekretär des Reichsamts des Innern, Clemens von Delbrück, bei der Einbringung des Gesetzes über die Reichs- und Staatsangehörigkeit am 25. Juni 1913 im Reichstag sprach.

Das neue Staatsbürgerschaftsrecht, das am 1. Januar 2000 in Kraft trat, war eines der wichtigsten Reformgesetze der rot-grünen Bundesregierung unter Gerhard Schröder. Angesichts von Millionen von Kindern nichtdeutscher Eltern, die in Deutschland lebten, wirkten die Bestimmungen des Gesetzes von 1913 als das, was sie waren: das Relikt einer vergangenen Epoche. Die Ersetzung des «jus sanguinis» durch das in den meisten westlichen Demokratien praktizierte «jus soli» (Bodenrecht) war überfällig. Diesem Prinzip zufolge entschied der Geburtsort und nicht die Abstammung über die Staatsangehörigkeit. Es erlaubte unter gewissen Voraussetzungen, die Staatsbürgerschaft des Landes zu erwerben, in dem man lebte, also durch einen Willensakt in die Nation aufgenommen zu werden. Von der Abstammungs- zur Abstimmungsgemeinschaft: So ließ sich, der Tendenz nach, der Paradigmenwechsel beschreiben, den Deutschland mit der Reform von 1999/2000 einleitete.

Eine andere Reform aus den Jahren nach der Wiedervereinigung erweist sich hingegen, und das nicht erst im Rückblick, als höchst problematisch: die Änderung des Asylrechts. Die Väter und Mütter des Grundgesetzes von 1949 hatten in Artikel 16, Absatz 2, Satz 2, mit den Worten «Politisch Verfolgte genießen Asylrecht» ein individuelles Grundrecht auf Asyl geschaffen und damit Neuland betreten. Denn die meisten westlichen Demokratien kennen das Asylrecht nur als institutionelle Garantie im Rahmen des Völkerrechts, als ein vom Staat gewährtes Recht.

Was der Parlamentarische Rat 1948/49 bei der Formulierung des Asylrechts vor Augen hatte, waren die Verfolgung und Vertreibung politisch oder rassisch missliebiger Deutscher unter dem Nationalsozialismus und die politische Unterdrückung in den kommunistischen Regimen der Nachkriegszeit.

Als in den frühen Neunzigerjahren die Zahl der Asylbewerber aus der ehemaligen jugoslawischen Teilrepublik Bosnien-Herzegowina dramatisch anstieg, mehrten sich die Stimmen, die eine Änderung des Asylrechts forderten. Die Befürworter einer Neufassung verwiesen darauf, dass auf Deutschland fast vier Fünftel aller Asylbewerber in der EU entfielen, aber nur 4,3 Prozent der über 438 000 Asylbewerber des Jahres 1992 als politisch Verfolgte anerkannt worden waren.

Das Ergebnis scharfer Auseinandersetzungen und langwieriger Verhandlungen war ein im Juli 1993 in Kraft getretener Kompromiss. Der

Satz «Politisch Verfolgte genießen Asylrecht» wurde als erster Absatz in den neuen Artikel 16a des Grundgesetzes übernommen. Personen, die aus einem Mitgliedsland der EU oder aus einem anderen sicheren Drittstaat einreisten, konnten sich aber auf dieses Recht nicht mehr berufen. Dasselbe galt in der Regel für Menschen, die aus einem sicheren Herkunftsland kamen. Was sichere Drittstaaten außerhalb der EU und sichere Herkunftsländer waren, war durch Gesetz zu bestimmen.

Damit war das Prinzip des individuellen Grundrechts auf Asyl zumindest dem Anschein nach gewahrt, allerdings auf Kosten Dritter. Das waren, seit die Asylbewerber überwiegend nicht mehr aus dem ehemaligen Jugoslawien, sondern aus Afrika und Asien kamen, in erster Linie die Mittelmeerländer Spanien, Malta, Italien und Griechenland. Die Frage stellt sich nicht erst heute, ob es nicht eine ehrlichere Lösung gewesen wäre, Deutschland durch die Reform des Artikels 16 zu verpflichten, politisch Verfolgten nach Maßgabe seiner Aufnahme- und Integrationsfähigkeit, also im Rahmen des Möglichen und nach besten Kräften, Asyl zu gewähren, gleichzeitig auf die Europäisierung des Asyl- und Flüchtlingsrechts im Geist der Solidarität zu dringen und die legale Immigration, derer Deutschland aus demografischen Gründen dringend bedarf, durch ein großzügiges, modernes Einwanderungsgesetz zu erleichtern.

Vermutlich stünde Deutschland in der Asyl- und Flüchtlingsfrage heute weniger isoliert da, wenn es in den Neunzigerjahren diesen Weg eingeschlagen hätte. Dass der Bundesrepublik häufig eine Doppelmoral in Sachen Asyl vorgeworfen wird, hat sie sich jedenfalls selbst zuzuschreiben. Der deutsche Appell an die europäische Solidarität wäre glaubwürdiger, wenn die grundlegenden Berliner Entscheidungen des Spätsommers 2015 – der Verzicht auf die Einzelfallprüfung bei syrischen Bürgerkriegsflüchtlingen und die mit Wien vereinbarte Öffnung der Grenzen gegenüber den in Ungarn festsitzenden Flüchtlingen – mit der EU abgestimmt worden wären. Deutsche Alleingänge stimmen die europäischen Nachbarn misstrauisch, und wenn es etwas gibt, was bei ihnen noch mehr Unbehagen hervorruft, sind es deutsch-österreichische Alleingänge.

Es ist eine Folge des exzessiven Nationalismus, dem Deutschland in den Jahren der nationalsozialistischen Diktatur gehuldigt hat, dass Europa für viele Deutsche nach 1945 zu einer Art Ersatzvaterland geworden ist. 1976 beschrieb der Zeithistoriker und Politikwissenschaftler Karl Dietrich Bracher die Bundesrepublik erstmals als eine «postnationale Demokratie unter Nationalstaaten»: eine Formel, die rasch Karriere machte.

Die Bonner Republik war als einziges EU-Mitgliedsland kein Nationalstaat, aber diese von Bracher betonte Besonderheit hinderte viele westdeutsche Intellektuelle nicht daran, den Begriff «postnational» im Sinne eines allgemeinen Epochenmerkmals zu benutzen und der europäischen Integration das Ziel zuzuschreiben, die Nationen nicht nur zu überwölben, sondern zu überwinden. Außerhalb der Bundesrepublik fand diese Teleologie nur wenig Zustimmung. Nation und Nationalstaat blieben das vorrangige politische «Zuhause», dem sich die Bürgerinnen und Bürger solidarisch verbunden fühlten.

Die deutsche Neigung, in Europa etwas hineinzuprojizieren, was das real existierende Europa nicht hergibt, ist auch heute noch virulent. Im Oktober 2012 beobachtete der Soziologe Hans Joas in Deutschland eine «rückwärtsgewandte Idealisierung und Sakralisierung Europas, die paradoxerweise auch für hochgradig säkularisierte Intellektuelle attraktiv ist».

Die Gefahr dieser quasireligiösen Überhöhung liegt darin, dass die Enttäuschung programmiert ist: Gegenüber den deutschen Erwartungen können die anderen Staaten nur abfallen. Da Deutschland sie das spüren lässt, fühlen sie sich moralisch bevormundet. «Wer hat die Deutschen zu Richtern der Nationen bestellt?» So fragte 1160, zur Zeit des Stauferkaisers Friedrich Barbarossa, anlässlich einer umstrittenen, keineswegs allgemeinen, sondern vom Reichsepiskopat dominierten Kirchenversammlung in Pavia Johann von Salisbury, der Bischof von Chartres. Die Frage könnte aus dem Jahr 2015 stammen.

Eine Instrumentalisierung Europas zu nationalen Zwecken ist keine deutsche Besonderheit. Sehr deutsch ist es hingegen, an ein Europa zu glauben, das es nur als Wille und Vorstellung gibt. Die Tatsache, dass fast alle anderen Mitgliedstaaten der EU in der Asyl- und Flüchtlingsfrage anders denken und handeln als die Bundesrepublik, beweist noch längst nicht, dass sie recht haben. Aber es ist wichtig zu wissen, warum die Unterschiede gerade auf diesem Gebiet so groß sind.

Historische Prägungen sind nun einmal nicht auswechselbar. Von ihnen auszugehen, ist notwendig, wenn man die Gegensätze innerhalb der Europäischen Union ausgleichen und zu einer Lösung gelangen will, die möglichst viele Mitgliedstaaten mittragen können. Die plausible

Maxime, dass alle nach Maßgabe ihrer Leistungsfähigkeit an der Bewältigung des Flüchtlingsproblems mitwirken müssen, verlangt auch von Deutschland ein hohes Maß an Kompromissbereitschaft. Es darf weder andere überfordern noch sich selbst.

Man kann, um ein bekanntes Wort über die Wahl der eigenen Eltern abzuwandeln, nicht vorsichtig genug sein in der Wahl der eigenen Vergangenheit. Die Deutschen hatten sich nach 1945 mit einer besonders schrecklichen Vergangenheit auseinanderzusetzen. Sie haben nach jahrzehntelangen, oft leidenschaftlich geführten Debatten ein überwiegend selbstkritisches Verhältnis zu ihrer Geschichte entwickelt und sich eben dadurch der politischen Kultur des Westens geöffnet.

Zu dieser Kultur gehören die unveräußerlichen Menschenrechte, darunter die Meinungs- und Religionsfreiheit und die Gleichberechtigung von Mann und Frau, das Bekenntnis zur wehrhaften, pluralistischen, repräsentativen Demokratie, die kategorische Absage an Rassismus und Judenfeindschaft und die allmähliche Überwindung des ethnisch verengten Verständnisses von Nation. In der Summe bilden die normativen Errungenschaften der alten Bundesrepublik eine zeitgemäße Antwort auf die Frage «Was ist deutsch?». Es ist eine Antwort, hinter die das wiedervereinigte Deutschland nicht zurückfallen darf.

Die Aufgabe, die politische Kultur der Bundesrepublik Menschen zu vermitteln, die in großer Zahl aus islamischen Krisenländern nach Deutschland kommen und zu einem erheblichen Teil dauerhaft hier bleiben werden, ist eine der größten Herausforderungen, vor die dieses Land je gestellt worden ist. Viele der Herkunftsländer sind zerfallende und zerfallene Staaten. Fast alle sind autoritäre, hierarchische und patriarchalische, durch Clanstrukturen, Korruption und Gewalt geprägte Gesellschaften, in denen antifeministische, homophobe und judenfeindliche Überzeugungen weit verbreitet sind. Integration bedeutet deshalb vor allem eines: die Verpflichtung auf die gleichen westlichen Werte, an denen sich auch die Deutschen selbst messen lassen müssen. Es wäre leichtfertig, sich über die Schwierigkeiten dieser Aufgabe Illusionen zu machen oder sie schönzureden. Es wäre nicht minder gefährlich, sie für unlösbar zu halten und darum gar nicht erst anzupacken.

3. ES GIBT KEIN DEUTSCHES MORALMONOPOL

April 2016

Es geschah am 23. September 1948 in Bonn. Ort der Handlung war die Pädagogische Akademie am linken Rheinufer, das spätere Bundeshaus. Drei Wochen nach der konstituierenden Sitzung des Parlamentarischen Rates, in dem Delegierte der westdeutschen Landtage das Grundgesetz für die Bundesrepublik ausarbeiten und beschließen sollten, tagte dort der Ausschuss für Grundsatzfragen, um unter anderem über das künftige Asylrecht zu beraten. Den Mitgliedern lag ein Formulierungsvorschlag des Redaktionskomitees vor. Er lautete: «Politisch Verfolgte genießen Asylrecht im Rahmen des allgemeinen Völkerrechts.»

Bei dieser Fassung wäre es wohl geblieben, hätte nicht der Sozialdemokrat Carlo Schmid, Professor des Völkerrechts in Tübingen, den Verzicht auf die Worte «im Rahmen des allgemeinen Völkerrechts» gefordert. Seine Begründung, dass ja an anderer Stelle des Grundgesetzes, dem späteren Artikel 25, die allgemeinen Grundsätze des Völkerrechts zum Bestandteil des Bundesrechts erklärt werden sollten, schien den Ausschussmitgliedern stichhaltig, sodass der zweite Halbsatz gestrichen wurde. Im Grundgesetz, wie es am 23. Mai 1949 verkündet wurde, stand das Asylrecht in Artikel 16, Absatz 2, Satz 2 in der Fassung, die Carlo Schmid ihm gegeben hatte: «Politisch Verfolgte genießen Asylrecht.»

Damit schlug die Bundesrepublik Deutschland einen Weg ein, der sich von dem der anderen westlichen Demokratien deutlich unterschied, im Wortsinn also ein Sonderweg war. Nach dem Völkergewohnheitsrecht blieb es den einzelnen Staaten überlassen, ob sie politisch Verfolgten Asyl gewährten. Eingeschränkt wurde dieses Ermessen durch die Genfer Flüchtlingskonvention von 1951, die den Unterzeichnerstaaten verbot, einen Flüchtling durch Ausweisung oder Zurückweisung der Gefahr der

Verfolgung auszusetzen. Doch ein individuelles Grundrecht auf politisches Asyl, wie es das Grundgesetz verbürgte, bedeutete auch diese Bestimmung, der Grundsatz des *non-refoulement,* nicht.

Die Mitglieder des Parlamentarischen Rates waren, wo immer sie das «Dritte Reich» überlebt hatten, von der jüngsten Vergangenheit geprägt. Sie hatten jenes Asyl vor Augen, das andere Staaten nach 1933 Deutschen, darunter auch späteren Mitgliedern des Parlamentarischen Rates, gewährt hatten, die im nationalsozialistischen Deutschland staatlicher Verfolgung oder massiver Diskriminierung ausgesetzt waren. Dass es auch nach dem Untergang von Hitlers Herrschaft politische Verfolgung und damit Bedarf an politischem Asyl gab, zeigte ein Blick auf die damalige Sowjetische Besatzungszone und die Staaten im Einflussbereich der Sowjetunion.

Hat die Bundesrepublik in Sachen Asylrecht 1949 mehr versprochen, als sie halten kann? Diese Frage wird seit dem Anstieg der Zahlen von Asylbewerbern in den achtziger Jahren kontrovers diskutiert. Zu einer Zäsur in der Debatte wurde die Massenmigration, die auf den Zusammenbruch der kommunistischen Systeme Europas zwischen 1989 und 1991 folgte. Am 1. März 1990 brachte die bayerische Staatsregierung unter CSU-Ministerpräsident Max Streibl im Bundesrat den Antrag ein, das individuelle Grundrecht auf Asyl zu streichen und politisch Verfolgten nur noch «nach Maßgabe der Gesetze» Asyl zu gewähren. Der Vorschlag war chancenlos, da sich sowohl die FDP, der Bonner Koalitionspartner der Unionsparteien, als auch die SPD dagegen aussprachen. Als die Zahl der Asylbewerber, vor allem aus Rumänien und dem Libanon, im Verlauf des Jahres 1990 immer weiter anstieg, machten sich aber auch zwei sozialdemokratische Ministerpräsidenten, Johannes Rau aus Nordrhein-Westfalen und Oskar Lafontaine aus dem Saarland, für eine Einschränkung des Asylrechts stark.

Dass sich die restriktive Linie schließlich durchsetzte, lag am Bürgerkrieg in Bosnien-Herzegowina, der im April 1992 ausbrach. Der Flüchtlingsstrom nach Deutschland, den die blutigen Kämpfe in der ehemaligen jugoslawischen Teilrepublik auslösten, stieß nicht nur in den neuen, östlichen Bundesländern auf wütende, häufig gewaltsame Proteste. Auch im Westen des Landes kam es zu Angriffen auf Asylbewerber und andere Menschen ausländischer, namentlich türkischer Herkunft, darunter die Brandanschläge in Mölln im November 1992 und in Solingen Ende Mai

1993. Vor dem Hintergrund dieser Gewalttaten verständigten sich Unionsparteien und SPD auf den bis heute umstrittenen Asylrechtskompromiss, der am 1. Juli 1993 in Kraft trat. Der Satz «Politisch Verfolgte genießen Asylrecht» blieb zwar als Absatz 1 des neuen Artikels 16 a erhalten. Die folgenden Absätze schränkten das Asylrecht aber massiv ein. Wer über einen Mitgliedstaat der EU oder über einen «sicheren Drittstaat» nach Deutschland kam, konnte sich nicht mehr auf dieses Recht berufen.

Nicht erst im Rückblick stellt sich die Frage, ob die Asylrechtsreform von 1993 nicht ein Scheinkompromiss, eine Wahrung des Prinzips von 1949 zulasten Dritter, der «sicheren Drittstaaten», war. Ehrlicher wäre es allemal gewesen, sich zu dem Grundsatz zu bekennen, dass die Bundesrepublik politisch Verfolgten nach Maßgabe ihrer Aufnahme- und Integrationsfähigkeit Asyl gewährt, also sich der Praxis anderer westlicher Demokratien anzunähern. Dass es dazu 1993 nicht kam und bis heute nicht gekommen ist, liegt an einer bestimmten Lesart der Lehren, die es aus der deutschen Geschichte zu ziehen gilt – einer Deutung, die den niederländischen Politologen René Cuperus, einen der führenden Theoretiker der sozialdemokratischen Partei der Arbeit, im Februar 2016 zu der Frage veranlasst hat: «Kann es sein, dass Deutschland die Stabilität seiner Gesellschaft aufs Spiel setzt für seine ewige Vergangenheitsbewältigung, für die Wiedergutmachung der Kriegsschuld?»

Cuperus' Frage zielt auf die Neigung vieler Deutscher, aus der Erfahrung des «Dritten Reiches» und vor allem aus dem Holocaust Folgerungen abzuleiten, die sich auf den Begriff einer deutschen Sondermoral bringen lassen. Die Asyl- und Flüchtlingsfrage ist nicht das erste Gebiet, auf dem sich diese Art von Vergangenheitspolitik manifestiert. Nach dem Zweiten Weltkrieg entwickelten zuerst katholische Konservative den Gedanken einer besonderen europäischen Sendung Deutschlands – eine Idee, die im Lauf der Jahrzehnte über die politische Mitte nach links wanderte, bis hin zu dem Diktum des damaligen stellvertretenden Vorsitzenden der SPD, Oskar Lafontaine, von 1988, gerade weil die Deutschen mit einem «pervertierten Nationalismus schrecklichste Erfahrungen» gemacht hätten, seien sie «geradezu prädestiniert, die treibende Rolle in dem Prozess der supranationalen Vereinigung Europas zu übernehmen».

Außerhalb der Bundesrepublik fanden solche Überlegungen kaum

Resonanz, auch nicht in der Variante vom «postnationalen» Charakter der Epoche. Deutsche Versuche, eine europäische gegen die nationale Identität auszuspielen, stießen in allen europäischen Staaten, abgesehen vielleicht von Belgien und Luxemburg, auf entschiedene Ablehnung. Irritationen löste auch eine andere, eher «linke» Folgerung aus der deutschen Geschichte aus: die Behauptung, Deutschland sei aufgrund der nationalsozialistischen Verbrechen gegen die Menschlichkeit auch dann zu einer Politik des Gewaltverzichts verpflichtet, wenn die Vereinten Nationen oder die westlichen Verbündeten eine Intervention zum Schutz der Menschenrechte für dringend geboten hielten. Zu Ende gedacht, lief eine solche, in der Tendenz nationalpazifistische Argumentation darauf hinaus, aus der Singularität der NS-Verbrechen eine Pflicht zur politischen Selbstsingularisierung Deutschlands in der Gegenwart abzuleiten, also erneut einen deutschen Sonderweg einzuschlagen.

Die Auseinandersetzung mit dem schrecklichsten Kapitel der deutschen Geschichte gehört seit Langem zum Fundament der politischen Kultur der Bundesrepublik. Deutschland würde aufhören, eine westliche Demokratie zu sein, wenn es von seinem selbstkritischen Selbstverständnis abließe. Selbstkritik ist freilich nicht gegen die Gefahr gefeit, in ein neues, moralisch überhöhtes Selbstbewusstsein umzuschlagen. Auch im aktuellen Flüchtlingsdiskurs lassen sich solche dialektischen Volten beobachten. So heißt es etwa in einem Weihnachtsartikel, den der evangelische Bischof von Berlin-Brandenburg, Markus Dröge, 2015 für den *Tagesspiegel* schrieb: «Die Auseinandersetzung mit der eigenen Schuldgeschichte hat uns offenbar sensibel gemacht.» Plakativer drückte sich die Fraktionsvorsitzende der Grünen, Katrin Göring-Eckardt, am 9. September 2015 im Bundestag aus. Sie nannte die Deutschen die «Weltmeister der Hilfsbereitschaft und der Menschenliebe».

Mit am deutlichsten tritt der Umschlag des deutschen Schuldbewusstseins in neuen Nationalstolz in einem Text zutage, den einer der großen alten Männer der CDU, der frühere Bundesarbeitsminister Norbert Blüm, nach einem Besuch im Flüchtlingslager Idomeni an der mazedonisch-griechischen Grenze am 23. März 2016 in der ZEIT veröffentlicht hat: «Wir Deutsche waren lange Zeit der Schrecken der Menschheit. Unser Name war verbunden mit Rassenwahn und Massenmord. Dass wir plötzlich in der Welt als Menschenfreunde dastehen, macht mich froh. Ich bin stolz auf mein Land, wenn es sich seine Freundlichkeit von niemandem ausreden lässt, auch nicht von der AfD.»

So wie es von der Zerknirschung zur Selbstbewunderung manchmal nur ein kleiner Schritt ist, so ist es auch von der Proklamation einer deutschen Sondermoral zum Anspruch auf ein deutsches Moralmonopol nicht allzu weit. Im Spätsommer 2015 schien nicht nur das Berliner Regierungslager, sondern auch die parlamentarische Opposition davon auszugehen, dass Europa dem Beispiel Deutschlands und Österreichs folgen und sich den Flüchtlingen öffnen würde, die über die Balkanroute nach Mitteleuropa kamen. Als sich die meisten Mitgliedstaaten dieser Erwartung versagten, wurde ihnen deutscherseits fehlende Solidarität vorgehalten. Gleichzeitig artikulierte sich in Deutschland immer vernehmlicher das Gefühl, erstmals ein Vorbild für andere, ja so etwas wie die moralische Leitnation Europas zu sein, die mit Recht stolz auf sich sein durfte.

Es waren und sind nicht nur nationalkonservative Politiker der «neuen», der EU seit 2004 beigetretenen Mitgliedstaaten wie Viktor Orbán in Ungarn und Jarosław Kaczyński in Polen, die die Forderung nach Solidarität in der Flüchtlingsfrage schroff zurückweisen, sondern auch nominelle Sozialdemokraten wie der slowakische Ministerpräsident Robert Fico. Sie können sich dabei auf breite Mehrheiten in der Bevölkerung stützen, die durch die langjährige Abschottung in der Zeit des Kalten Krieges geprägt sind und, anders als die westlichen Demokratien, keine Gelegenheit hatten, sich an das Zusammenleben mit Menschen aus anderen Kulturen zu gewöhnen. Diese kollektive Abwehrhaltung zu überwinden wird der Europäischen Union ebenso viel Geduld wie Entschiedenheit abfordern.

Doch nicht nur die ostmittel- und südosteuropäischen EU-Staaten wehren sich gegen die Aufnahme einer größeren Zahl von Flüchtlingen. Auch ehemalige Kolonialmächte mit einem hohen Bevölkerungsanteil an Migranten wie Großbritannien und Frankreich wollen eine weitere Zuwanderung in engen Grenzen halten. Unter diesen Umständen war und ist auch auf dem Gebiet der Asylpolitik kein «deutsches Europa» zu erwarten.

Als die deutsche Bundeskanzlerin Angela Merkel und der österreichische Bundeskanzler Werner Faymann in der Nacht vom 4. zum 5. September 2015 vereinbarten, ihre Länder für Flüchtlinge zu öffnen, die in

Ungarn festsaßen, verstand es sich für sie von selbst, dass dieser humanitäre Schritt eine Ausnahmeentscheidung in einem Notfall war. Der Öffentlichkeit wurde dieser Vorbehalt aber kaum vermittelt, und durch die Praxis der folgenden Wochen wurde er dementiert. Erstaunlich bleibt sodann, dass die beiden Bundeskanzler es nicht für erforderlich hielten, ihr Vorhaben mit der Europäischen Union, vertreten durch den Ständigen Ratspräsidenten Donald Tusk und den Kommissionspräsidenten Jean-Claude Juncker, und mit anderen Staats- und Regierungschefs, außer François Hollande, abzustimmen. So viel Kommunikation hätte im Interesse jener Solidarität gelegen, die Deutschland in der Folgezeit von seinen Partnern einforderte. Der Eindruck eines deutsch-österreichischen Alleingangs war dem europäischen Zusammenhalt jedenfalls nicht zuträglich.

In seinem berühmten Vortrag *Politik als Beruf* hat Max Weber im Oktober 1919 die «Verantwortungsethik» (im Unterschied zur reinen «Gesinnungsethik») als die Einsicht beschrieben, «dass man für die (voraussehbaren) Folgen des eigenen Handelns aufkommen muss». Dass es in Berlin Anfang September 2015 keinerlei Abwägung der möglichen Folgen des deutsch-österreichischen Vorgehens gegeben, dass Bundeskanzlerin Merkel also rein gesinnungsethisch gehandelt hat, ist höchst unwahrscheinlich. Es war wohl so, dass ihr die möglicherweise destabilisierende Wirkung einer Schließung der österreichischen und deutschen Grenzen auf die Balkanstaaten ebenso deutlich vor Augen stand wie die Gefahr eines Zerfalls der visafreien Schengen-Zone, einer der großen Errungenschaften des europäischen Einigungsprozesses.

Eine umfassende Prüfung der voraussehbaren Konsequenzen der Entscheidung vom 4. September aber fand offensichtlich nicht statt. Dass Deutschland sich innerhalb der EU isolieren würde, wenn es sich auf einen deutsch-österreichischen Alleingang einließ, war voraussehbar. Es konnte auch niemanden überraschen, dass die Zustimmung zur Flüchtlingspolitik der Bundesregierung nachließ, je länger die angebliche Ausnahmesituation an der deutsch-österreichischen Grenze andauerte, je häufiger Fälle von Verwaltungsnotstand gemeldet wurden und je mehr der Eindruck sich verfestigte, dass Deutschland sich mit der Aufnahme von Migranten zu überfordern begann.

Die Berliner Folgenabwägung vom Spätsommer 2015 war mithin zu fragmentarisch, als dass man, dem Vorschlag Herfried Münklers folgend, der Bundesregierung im Nachhinein eine durchdachte Strategie unterstellen könnte. Ebenso wenig plausibel wäre es, den starken Rückgang der Flüchtlingszahlen seit März 2016 als Erfolg einer zielgerichteten deutschen Politik auszugeben. Den Hauptanteil an dieser Entwicklung hat die von Österreich inspirierte Schließung der Balkanroute – ein Vorgehen, von dem Deutschland profitiert, das es aber nicht herbeigeführt und von dem es sich sogar offiziell distanziert hat. Glaubwürdig ist die deutsche Kritik an der neuen Wiener Linie aber nicht. Denn erstens ist der von Berlin initiierte «Deal» mit der Türkei kaum «moralischer» als die Schließung der Balkanroute, und zweitens wäre ohne das koordinierte Handeln der Anrainer der Balkanroute, ihren Druck auf Athen und Brüssel zu erhöhen, die im März vereinbarte «EU-Türkei-Lösung» schwerlich zustande gekommen. Deutschland war also weder in der Lage, die im Prinzip von allen Mitgliedstaaten erstrebte Sicherung der EU-Außengrenze auf dem von ihm verfolgten Weg, der Offenhaltung der Binnengrenzen, zu erreichen, noch kann es davon ausgehen, dass sich die Verteilung von Flüchtlingen in der EU künftig an den Berliner Vorstellungen orientieren wird. Das aber heißt nichts anderes, als dass Deutschland mit seinem im Sommer 2015 begonnenen Alleingang in der Flüchtlingspolitik gescheitert ist.

Im Oktober 2015 brachte der britische Politologe Hans Kundnani das Nachwort zur deutschen Ausgabe seines viel beachteten Buches *The Paradox of German Power* zu Papier. Es schließt mit den Worten: «Die Ereignisse der vergangenen fünf Jahre – und insbesondere die Flüchtlingskrise – lassen vermuten, dass Deutschland nicht nur nicht willens, sondern auch nicht in der Lage ist, ein europäischer Hegemon zu sein. Kurz gesagt: Europa kann nicht von Berlin aus regiert werden.»

Die Hegemonie eines Landes wäre mit dem Selbstverständnis eines Staatenverbundes wie der Europäischen Union gänzlich unvereinbar. Die Bundesrepublik hat deshalb gut daran getan, weder nach Hegemonie zu streben, noch sich Analysen ausländischer, vor allem angelsächsischer Beobachter zu eigen zu machen, die ihr eine hegemoniale Rolle in Europa zuschreiben. Unumstritten ist hingegen, dass Deutschland, der bevölkerungsreichste und wirtschaftlich stärkste Mitgliedstaat der EU, eine besondere Verantwortung für den Zusammenhalt der Gemeinschaft trägt. Gegen Kundnanis These, dass es dieser Verantwortung in der Krise der

Währungsunion nicht gerecht geworden sei, lassen sich gute Gründe vorbringen. Doch im Hinblick auf die Asyl- und Flüchtlingskrise ist seine Kritik berechtigt.

Es waren nicht nur Kommunikationsmängel auf der Exekutivebene, die fehlende Fühlungnahme der Bundesregierung mit der EU und den Nachbarn Ende August und Anfang September 2015, die jenseits der deutschen Grenzen Unmut hervorriefen. Es war auch der hohe Ton, den manche Vertreter des (nach eigener Einschätzung) progressiven Deutschland anschlugen, um deutlich zu machen, wie stolz sie waren, endlich für ein Land sprechen zu können, das nach vielen Irrungen und einer von ihm herbeigeführten Weltkatastrophe seine Lektionen aus der Geschichte gelernt, ja inzwischen ein historisches Entwicklungsstadium erreicht hatte, zu dem sich andere Nationen erst noch emporarbeiten müssen. Ob einige Deutsche wirklich glaubten, dass sich deutsche Menschheitsverbrechen durch gute Werke wiedergutmachen ließen, ist unerheblich. Um viele Nachbarn vor den Kopf zu stoßen, reichte die moralische Herablassung, mit der ihnen einige Sprecherinnen und Sprecher des vermeintlich «guten Deutschland» gegenübertraten.

«Schwer zu erlernen, schwerer noch auszuführen ist des Weltbeglückers heiliges Amt – aber es ist eine Wollust der Tugend, eine menschliche Göttlichkeit, die Erde als Heiland zu segnen und den Völkern Menschwerdungskeime einzupflanzen»: Es war der Turnvater Jahn, einer der Pioniere des deutschen Nationalismus, der 1810 in seinem Buch *Deutsches Volkstum* mit diesen Worten seinen Landsleuten die Aufgabe des Welterlösers nahezubringen versuchte. Der junge Karl Marx intonierte etwas anders, aber gleichfalls missionarisch, als er Anfang 1844 in der Einleitung zu seinem Aufsatz *Zur Kritik der Hegelschen Rechtsphilosophie* das Verdikt niederschrieb: «Die Emanzipation des Deutschen ist die Emanzipation des Menschen.»

Als der Nationalismus sich in der zweiten Hälfte des 19. Jahrhunderts von einer ursprünglich linken in eine rechte Ideologie verwandelte, verblasste der Gedanke der Emanzipation der Menschheit durch die Deutschen. Den universalistischen Ideen der westlichen Demokratien, gipfelnd im Dreiklang von Freiheit, Gleichheit, Brüderlichkeit, stellte Deutschland im Ersten Weltkrieg die Verherrlichung von Ordnung, Zucht und Innerlichkeit, im Zweiten Weltkrieg die Vernichtung des Weltjudentums und den Endsieg der arischen Rasse unter Führung des «Großdeutschen Reichs» entgegen.

Der Wunsch, an andere, bessere deutsche Traditionen anzuknüpfen, war nach 1945 nur allzu berechtigt. Der Anspruch auf moralische Führung aber gehört nicht zu diesen Traditionen, gleichviel ob er in weltweitem Maßstab oder «nur» gegenüber Europa erhoben wird. Deutschland kann, weil es wirtschaftlich stark ist, auf dem Gebiet der Flüchtlingspolitik mehr leisten als andere und sollte dies auch künftig tun, nicht zuletzt durch die rasche Verabschiedung eines großzügigen Einwanderungsgesetzes. Den Eindruck, andere bevormunden zu wollen, aber sollte die Bundesrepublik meiden. Wenn Deutschland seiner Verantwortung in der Gegenwart gerecht werden will, ist nüchterne Einsicht in die eigenen Möglichkeiten eine klügere Haltung als auftrumpfende Selbstüberhebung nach dem Motto: Einst waren wir schlechter, heute sind wir besser als alle anderen.

Vielleicht bedurfte es des Scheiterns des deutschen Alleingangs in der Flüchtlingspolitik, um dieser Erkenntnis in Deutschland zum Durchbruch zu verhelfen. Wenn dem so ist, dann würde das Frühjahr 2016 eine Zäsur markieren. Dann würden spätere Betrachter von unserer unmittelbaren Gegenwart als einer Zeit sprechen können, in der die Bundesrepublik sich anschickte, auf dem Gebiet der Asylpolitik ihr eigenes Lernen aus der Geschichte selbstkritisch zu hinterfragen und sich umfassender als bisher an den Maximen einer auf Europa ausgerichteten Verantwortungsethik zu orientieren.

4. ROHR DES ANSTOSSES

DIE SPD, RUSSLAND UND EUROPA

Oktober 2020

In der ältesten deutschen Partei wird wieder einmal, von der Öffentlichkeit bisher kaum bemerkt, ein Grundsatzstreit ausgefochten: ein Streit um das Verhältnis von Moral und Interesse in der auswärtigen Politik. Es ist eine Art Stellvertreterkrieg. Denn nicht nur in der SPD, sondern auch in den Unionsparteien wird, ausgelöst durch den Fall Nawalny, über die Frage gestritten, ob sich Deutschland bei seiner Politik gegenüber Russland mehr von seinen so oft beschworenen Werten, also den «europäischen» oder «westlichen Werten», oder mehr von materiellen Interessen leiten lassen sollte. Ein konkreter Ausdruck dieses Disputs ist der Meinungskampf um die Vollendung des von Anfang an umstrittenen Baus der Gaspipeline Nord Stream 2.

Eine ebenso einfache wie verblüffende Antwort auf die Frage «Werte oder Interessen» gibt Niedersachsens sozialdemokratischer Ministerpräsident Stefan Weil. Auf seiner Homepage stellte er am 7. September 2020 zunächst fest, neue Sanktionen gegenüber Russland, wie sie nach dem Giftanschlag auf den russischen Oppositionsführer Alexei Nawalny auch in Deutschland gefordert würden, seien zwecklos, weil die bisherigen Sanktionen nichts gebracht hätten. Im Übrigen schadeten Sanktionen immer dann, wenn es vorrangige wirtschaftliche oder strategische Anliegen gebe. Weil empfiehlt dann, der Einsicht von Egon Bahr, dem Vordenker der sozialdemokratischen Ostpolitik unter Willy Brandt, zu folgen: «In der internationalen Politik geht es nie um Demokratie und Menschenrechte. Es geht um die Interessen von Staaten. Merken Sie sich das, egal, was man Ihnen im Geschichtsunterricht erzählt.»

Bahr hat das tatsächlich gesagt. So steht es jedenfalls in einem Bericht der *Rhein-Neckar-Zeitung* über eine Diskussion, die Egon Bahr mit Schülern des Heidelberger Bunsen-Gymnasiums Anfang Dezember 2013 bei der Reichspräsident-Friedrich-Ebert-Gedenkstätte führte. Erstaunlich ist das Zitat nicht, wenn man bedenkt, dass Bahr sich auch schon früher ähnlich geäußert hat. Im Herbst 1981, als in Polen die unabhängige Gewerkschaft Solidarność durch Streiks das Machtmonopol der kommunistischen Partei in Frage stellte, stand er zwei Mitarbeitern des Rowohlt-Verlags Rede und Antwort für einen Interviewband. Auf die Frage, ob die Sowjetunion ein Recht habe, in Polen militärisch zu intervenieren, wenn dieses Land seine Mitgliedschaft im Warschauer Pakt, dem östlichen Gegenstück zur NATO, in Frage stellen sollte, antwortete er: «Aber selbstverständlich.» Er begründete diese Aussage mit dem Hinweis auf den auch von Deutschland beachteten Vorrang des Friedens vor allen nationalen Ambitionen. Als der Band unter dem Titel «Was wird aus den Deutschen?» im März 1982 erschien, herrschte in Polen bereits seit einem Vierteljahr das Kriegsrecht, mit dem Staatschef Jaruzelski einer Intervention des Warschauer Pakts vorbeugen wollte.

Was Bahr vortrug, war die Philosophie der (schon von Zeitgenossen so genannten) «zweiten Phase» der sozialdemokratischen Ostpolitik. Sie stand nicht mehr unter dem von Bahr im Juli 1963 ausgegebenen Motto «Wandel durch Annäherung», das die Ostverträge der sozialliberalen Koalition in den 1970er Jahren bestimmt hatte, sondern im Zeichen von «Sicherheitspartnerschaften» mit den Staaten des Ostblocks – Vereinbarungen, deren vorrangiger Zweck es war, das bisher erreichte Maß an Ost-West- und, vor allem, an innerdeutscher Entspannung zu sichern. Oppositionelle Bestrebungen in den Warschauer-Pakt-Staaten wie die von Solidarność erschienen den Vertretern dieses unbedingten Stabilitätsdenkens als gefährliche Störfaktoren. Bei dieser von Bahr vorgegebenen Linie blieb die SPD auch nach dem Machtwechsel vom 1. Oktober 1982 – dem Tag des ersten und bisher einzigen konstruktiven Misstrauensvotums in der Geschichte der Bundesrepublik, durch das der Sozialdemokrat Helmut Schmidt vom Christdemokraten Helmut Kohl im Kanzleramt abgelöst wurde. Die SPD war fest davon überzeugt, damit «im deutschen Interesse» (dem sozialdemokratischen Slogan im «Raketen-Wahlkampf» vom Frühjahr 1983) zu handeln.

Stefan Weils Berufung auf Bahr verweist auf ein doppeltes sozialdemokratisches Versäumnis. *Erstens* hat die «offizielle» SPD bis heute nicht versucht, die erste Phase der zu Recht gerühmten Ostpolitik von Willy Brandt historisch einzuordnen. Weder als Regierender Bürgermeister von Berlin noch als Außenminister und Bundeskanzler war Brandt ein naiver Friedensschwärmer. Er ging von einer realistischen Einschätzung der deutschen, der amerikanischen und der sowjetischen Interessen aus. Er wusste, dass die Bundesrepublik nur im festen Bündnis mit den westlichen Demokratien eine Chance hatte, die Sowjetunion zu einer Änderung ihrer Deutschlandpolitik zu bewegen.

Was die Sowjetunion anging, unterstellte Brandt aus guten Gründen, dass diese unter der langjährigen Führung Leonid Breschnews im Hinblick auf Deutschland und Europa vor allem an der Sicherung ihres Besitzstandes, also am Status quo, interessiert war. Wenn viele Sozialdemokraten heute dazu neigen, die damals mit der Sowjetunion gemachten Erfahrungen auf das gegenwärtige Russland zu übertragen, irren sie: Putin ist kein Status-quo-Politiker, sondern ein Revisionist. Er will Russland wieder zum Rang einer der Sowjetunion vergleichbaren Weltmacht verhelfen und schreckt dabei auch nicht vor einer Politik der territorialen Expansion mit militärischen Mitteln zurück. Eben das macht ihn viel schwerer kalkulierbar als Breschnew.

Zweitens hat eine kritische Aufarbeitung der zweiten Phase der sozialdemokratischen Ostpolitik in den achtziger Jahren bisher nicht stattgefunden. Vielen Sozialdemokraten scheint nicht einmal mehr bewusst, dass es zwei Phasen der Ostpolitik gegeben hat und dass die zweite Phase sich von der ersten deutlich unterschied. Vergessen ist weithin, dass das Verhältnis der SPD zu den Bürgerrechtsgruppen im «sozialistischen Lager» bis zuletzt von kühler Distanz, ja von Misstrauen geprägt war. Das hätte nicht so sein müssen. Denn die wachsende Bedeutung dieser Gruppen war nicht zuletzt eine Folge des krönenden Abschlusses der ersten Phase der sozialliberalen Ostpolitik: der Helsinki-Schlussakte der Konferenz über Sicherheit und Zusammenarbeit in Europa von 1975, in der sich die Regierungen der Ostblockstaaten mit der Sowjetunion an der Spitze zu den grundlegenden Menschen- und Bürgerrechten bekannt hatten.

Ausschließlich auf Gesprächsbeziehungen zu den Partei- und Staatsführungen des Ostblocks fixiert, fiel es der SPD auch nach dem epochalen Ereignis vom 9. November 1989, dem Fall der Berliner Mauer, schwer, dem Drängen der Ostdeutschen auf Wiederherstellung der deutschen Einheit gerecht zu werden. Willy Brandt, inzwischen Ehrenvorsitzender der SPD, sah darin zu Recht den wichtigsten Grund der Niederlage seiner Partei in der ersten gesamtdeutschen Bundestagswahl vom Dezember 1990. Es war noch mehr: die tiefere Ursache für die Fortdauer der Ära Kohl bis 1998.

Ob die SPD gut beraten ist, sich in außenpolitischer Hinsicht auf Egon Bahr zu berufen, erscheint aus mehr als einem Grund fraglich. Der 2015 verstorbene Bahr war nicht nur ein ausnehmend kluger Kopf, er war auch, was er wohl selbst gar nicht bestritten hätte, ein deutscher Nationalist (und hatte deshalb auch keine Bedenken, der «Jungen Freiheit», einem Organ der neuen Rechten, 2004 und erneut 2011 ein Interview zu geben). Ein Nationalist blieb er auch in der Zeit, als er von der Fortdauer von zwei deutschen Staaten auf lange Zeit ausging und an diesem Status quo nicht rütteln wollte. Das absolute Primat deutscher Interessen, das Bahr verfocht, war, der Wahlparole «Im deutschen Interesse» zum Trotz, nie eine sozialdemokratische Parteidoktrin. Schon gar nicht macht sich die SPD heute Bahrs Maxime zu eigen, in der Außen- und Sicherheitspolitik hätten die universalen Menschenrechte nichts zu suchen. Vielmehr sieht sich Deutschlands älteste Partei seit ihrem Heidelberger Programm von 1925 als «Europa-Partei, weil sie die Partei der Solidarität und des Zusammenhalts ist». So hat es der Parteivorsitzende Norbert Walter-Borjans im Dezember 2019 auf dem Berliner Parteitag der SPD ausgedrückt.

Eine Trennung von Moral- und Realpolitik, wie Weil sie unter Berufung auf Bahr propagiert, wird vom Vorsitzenden der sozialdemokratischen Bundestagsfraktion, Rolf Mützenich, strikt abgelehnt. In einem ausführlichen Gespräch mit der «Neuen Zürcher Zeitung» hat er sich unlängst, am 23. September [2020], zu einer wertegeleiteten Außenpolitik bekannt und betont, zwischen einer solchen und einer realistischen Politik bestehe «per se kein Gegensatz». Er befürwortet eine vom Willen zu «einer gewissen Koexistenz geprägte, illusionsfreie Russlandpolitik», Distanz, wenn auch nicht Äquidistanz zum Amerika Donald Trumps und eine «souveräne und selbstbewusste Außen- und Sicherheitspolitik für Europa», die militärische Antworten möglichst vermeidet; er erteilt Atomwaffen aus moralischen Gründen eine klare Absage und fordert «begrenzte einseitige Schritte der Abrüstung» auf westlicher Seite; er nennt den Fokus auf Nord Stream 2 «nicht zielführend».

Mit seinem Nein zu einer krassen Gegenüberstellung von Moral- und Realpolitik à la Bahr und Weil hat Mützenich sicherlich Recht. Wenn westliche Demokratien die von ihnen beschworenen Werte vergessen, sobald sie das Terrain der internationalen Beziehungen betreten, handeln sie zynisch und verlieren ihre Glaubwürdigkeit. Wenn sie vergessen, dass sie ihre Werte niemandem aufzwingen können und beim Versuch, bestimmten Prinzipien Rechnung zu tragen, immer die Realitäten berücksichtigen müssen und die möglichen Folgen zu bedenken haben, handeln sie verantwortungslos, also ebenfalls zynisch. Doch wenn es um die praktischen Schlussfolgerungen geht, ist Mützenichs Plädoyer nicht minder anfechtbar als das von Weil.

Eine Illusion ist es zu glauben, die Europäische Union könne ihre Verteidigung notfalls auch ohne den militärischen Rückhalt der USA gewährleisten – eine Illusion erst recht, wenn man sich, wie Mützenich, gleichzeitig für den Abzug der amerikanischen Atomwaffen aus Deutschland ausspricht, ja, für eine einseitige nukleare Abrüstung eintritt. Mit welchen europäischen Partnern würde Deutschland eine solche Politik durchsetzen wollen? Frankreich denkt aus nachvollziehbaren Gründen nicht daran, seine Position als einzige Atommacht innerhalb der EU aufzugeben. Und wann immer Präsident Macron von der «Souveränität Europas» spricht, ist weder die Preisgabe der militärischen Souveränität Frankreichs noch die des Ständigen Sitzes im Sicherheitsrat der Vereinten Nationen, des anderen Unterpfandes des französischen Großmachtstatus, gemeint.

Mützenichs Konzept ist ein Ausdruck von deutschem Wunschdenken, und falls er Recht hat mit seiner Vermutung, dass seine Forderungen von der Mehrheit der SPD geteilt werden, gilt das für den Mainstream der heutigen Sozialdemokratie. Die SPD denkt und handelt viel nationaler, als es ihrem europapolitischen Pathos entspricht und als ihr anscheinend selbst bewusst ist. Ebenso wenig scheint ihr bewusst zu sein, dass sie sich mit ihrer betont russlandfreundlichen Haltung in die Linie einer Tradition stellt, die nicht erst seit Bismarcks Zeiten von den deutschen Konservativen gepflegt wird – und immer auf Kosten Polens ging.

Am augenfälligsten tritt die Diskrepanz zwischen supranationaler Rhetorik und nationaler Praxis im anhaltenden Streit um die russisch-deutsche Gaspipeline durch die Ostsee (Nord Stream 1 und 2) in Erscheinung. Die Anfänge des Vorhabens reichen in die Amtszeit des letzten sozialdemokratischen Bundeskanzlers Gerhard Schröder zurück, der nach dem Ende seiner Regierungszeit im Jahre 2005 auf die Rolle des «elder statesman» verzichtete und stattdessen die des Cheflobbyisten des halbstaatlichen russischen Energiekonzerns Gazprom übernahm. Der Bau von Nord Stream 2 war von Anfang an ein weitaus kontroverseres Vorhaben als der von Nord Stream 1. Es hagelte Proteste nicht nur aus der Ukraine, dem bislang wichtigsten Transitland für russisches Gas und Erdöl, aus Polen und den baltischen Republiken, die ihre Sicherheitsinteressen bedroht sehen, sondern auch von der EU-Kommission, dem Europäischen Parlament und Frankreich sowie, besonders massiv, den Vereinigten Staaten, bei denen freilich neben der Sorge vor einer wachsenden energiepolitischen Abhängigkeit Deutschlands von Russland auch eigene Gasexportinteressen eine maßgebliche Rolle spielen.

Bis heute gehören die Sozialdemokraten zu den entschiedensten Befürwortern der Vollendung des Baus der Pipeline Nord Stream 2, aber sie stehen damit nicht allein. Innerhalb der Unionsparteien sind es vor allem die ostdeutschen Ministerpräsidenten, die dieselbe Position vertreten. Sie können davon ausgehen, dass nicht nur der christdemokratische Bundeswirtschaftsminister Peter Altmaier, sondern letztlich auch die Russland gegenüber sonst sehr realistische Bundeskanzlerin auf ihrer Seite stehen, und das wohl auch aus Rücksicht auf die wirtschaftlichen Interessen des Bundeslandes, in dem ihr Bundestagswahlkreis (Vorpommern-Rügen–Vorpommern-Greifswald I) liegt: In Mecklenburg-Vorpommern, im Hafen Lubmin bei Greifswald, trifft die Pipeline erstmals auf Territorium, das zur EU gehört. Im Hafen von Mukran auf Rügen liegen die Röhren für die noch ungebaute Reststrecke der Pipeline Nord Stream 2 auf Halde.

Ob Nord Stream 2 energiepolitisch wirklich im deutschen Interesse liegt, ist inzwischen auch hierzulande hoch umstritten. Dass es, wie von den Befürwortern immer wieder versichert wurde, im europäischen Interesse liegt, kann heute niemand mehr ernsthaft behaupten. Auch deshalb stellt sich die Frage, ob Deutschland nicht gut daran täte, die Neigung zur ideologischen Überhöhung seiner Politik selbstkritisch zu überprüfen.

«Die ‹Idee› blamierte sich immer, soweit sie von dem ‹Interesse› verschieden war», heißt es in der «Heiligen Familie», einer Streitschrift von Karl Marx und Friedrich Engels aus dem Jahr 1844/45. Drei Jahrzehnte später, im November 1876, gab Reichskanzler Otto von Bismarck zu Protokoll, er habe «das Wort ‹Europa› immer im Mund derjenigen Politiker gefunden, die von anderen Mächten etwas verlangten, was sie im eigenen Namen nicht zu fordern wagten». In Einem stimmten die politischen Antipoden des 19. Jahrhunderts also offensichtlich überein: Wer dem eigenen Handeln, und sei es auch noch so eigennützig, ständig höhere Weihen zu verleihen versucht, weckt Zweifel an seiner Glaubwürdigkeit.

Im Fall von Nord Stream 2 hätte eine nüchterne Interessenabwägung deutscherseits zum Verzicht auf das Projekt führen müssen: Die Bundesrepublik darf als Mitglied der Europäischen Union nicht gegen vitale Interessen von Nachbarstaaten, hier Polens und der baltischen Republiken, verstoßen – von den Interessen der mit der EU assoziierten Ukraine ganz zu schweigen. Wenn es sein vermeintliches Eigeninteresse höher stellt als alle anderen Erwägungen, darf Deutschland nicht behaupten, im Interesse Europas zu handeln. Wenn es dies dennoch tut, schadet es einem höheren Eigeninteresse: der Legitimation seines Anspruchs, ein besonders gemeinschaftsfreundliches Mitglied des europäischen Staatenverbundes zu sein. Mit dem Blick auf die deutsche Rolle innerhalb des Atlantischen Bündnisses gilt grundsätzlich dasselbe.

Die Neigung zur ideologischen Überhöhung des eigenen Tuns ist keine Spezialität der deutschen Sozialdemokratie. Aber noch stärker als die machtgewohnten Unionsparteien sind die Sozialdemokraten in der Gefahr, sich Täuschungen über die eigenen Motive hinzugeben und zu glauben, was sie sagen. Das trifft besonders auf das demonstrative Europäertum der SPD zu. Bekenntnisse zu Europa sind oft nichts Anderes als Beschwörungen einer bestimmten, nämlich der eigenen Idee von Europa, die mit dem real existierenden Europa postklassischer Nationalstaaten meist nicht viel gemein hat. Links der Mitte ist diese Verwechslung häufiger anzutreffen als auf der eher konservativen Seite des politischen Spektrums.

Für eine Partei wie die SPD, die eine Volkspartei bleiben oder, besser, wieder werden will, ist ein solcher Realitätsverlust fatal. Er verschreckt sowohl Wechsel- als auch Stammwähler: Je ideologischer die SPD auftritt, desto weniger Politikfähigkeit wird ihr zugetraut. Wenn die Sozialdemokratie ihren Niedergang beenden will, muss sie hier ansetzen und sich auf ein Wort ihres Gründervaters Ferdinand Lassalle aus dem Jahr 1862 besinnen: «Alle große politische Aktion besteht in dem Aussprechen dessen, was ist, und beginnt damit. Alle politische Kleingeisterei besteht in dem Verschweigen und Bemänteln dessen, was ist.» Die alte Maxime gilt nicht nur für die Außen-, die Europa- und die Energiepolitik. Sie gilt für alle Politikbereiche.

5. DER FALSCHE CHARME DER SCHAUKELPOLITIK

EIN BEITRAG ZUR GESCHICHTE DER DEUTSCH-RUSSISCHEN BEZIEHUNGEN

Februar 2022

Deutschland und Russland: Das scheint eine unendliche Geschichte zu sein. Hierzulande mag man es vergessen haben, in Polen aber wird 2022 immer wieder daran erinnert werden: Vor 250 Jahren, im August 1772, begannen Preußen und Österreich zusammen mit dem russischen Zarenreich, Polen unter sich aufzuteilen. Der ersten polnischen Teilung folgten bis zum Ende des 18. Jahrhunderts noch zwei weitere. Es sollten nicht die letzten bleiben.

Ein anderes Schlüsselereignis der wechselhaften deutsch-russischen Geschichte jährt sich im April zum 100. Mal: Am 16. April 1922, dem Ostersonntag, unterzeichneten der deutsche Außenminister Walther Rathenau und sein sowjetrussischer Kollege Georgi Wassiljewitsch Tschitscherin am Rand einer Weltwirtschaftskonferenz in Genua den von Legenden umwobenen Vertrag von Rapallo: ein scheinbar harmloses Dokument, in dem zwei Verlierer des Ersten Weltkriegs die Wiederaufnahme diplomatischer Beziehungen, Erleichterungen im Handel und den gegenseitigen Verzicht auf Kriegsentschädigungen vereinbarten.

Der sozialdemokratische Reichspräsident Friedrich Ebert hatte die von Reichskanzler Joseph Wirth geführt deutsche Delegation bei der Konferenz von Genua eindringlich vor einem deutsch-russischen Alleingang gewarnt, weil er darin eine Herausforderung der westlichen Siegermächte sah. Außenminister Rathenau teilte diese Einschätzung, wurde aber vor Ort vom Leiter der Ostabteilung des Auswärtigen Amtes, Ago von Maltzan, einem der energischsten Verfechter einer Annäherung der beiden weltpolitischen «have-nots», ausmanövriert. Auch Reichskanzler Wirth vom katholischen Zentrum, innenpolitisch eher links, außenpolitisch ein Nationalist, drängte auf den Vertragsabschluss. Ebenso wie dem Chef der Heeresleitung, General Hans von Seeckt, ging es ihm um einen deutsch-russischen Schulterschluss auf Kosten des 1918 neu erstandenen unabhängigen Polen. Polen müsse zertrümmert und Deutschland wieder ein unmittelbarer Nachbar Russlands werden, wie vor 1914, bemerkte Wirth im Oktober 1922 gegenüber dem deutschen Botschafter in Moskau, Ulrich Graf von Brockdorff-Rantzau. Der von Wirth gern zitierte Seeckt, einer der Pioniere der geheimen Kooperation zwischen der Reichswehr und der Roten Armee, hatte kurz zuvor in einem Memorandum erklärt, Polens Existenz sei «unerträglich, unvereinbar mit den Lebensbedingungen Deutschlands. Es muss verschwinden durch eigene Schwäche und durch Russland – mit unserer Hilfe».

Obwohl nichts von alledem im Vertrag von Rapallo steht, wirkte er so, wie Ebert es befürchtet hatte: Besonders Frankreich war aufs Höchste alarmiert und unterstellte Deutschland eine verborgene revanchistische Agenda. Der Vertrag vom April 1922 war nicht der einzige, aber ein wichtiger Grund der französisch-belgischen Ruhrbesetzung im Januar 1923, der das Deutsche Reich rasch an den Rand des Abgrunds brachte. «Rapallo» wurde zum Inbegriff einer deutschen Schaukelpolitik zwischen West und Ost, und das über das Ende der Weimarer Republik hinaus. Nachdem der fanatische Antibolschewist Adolf Hitler im August 1939 seinen als Nichtangriffspakt getarnten Doppelangriffspakt mit Stalin geschlossen hatte, konnte er nicht nur verwirklichen, was Wirth, Seeckt und viele andere deutsche Nationalisten seit Langem erträumt hatten, die Zertrümmerung Polens und die Wiederherstellung einer gemeinsamen deutsch-russischen Grenze. Er konnte auch den Zweiten Weltkrieg entfesseln, an dessen Ende es kein Deutsches Reich mehr gab.

Nach 1945 war fast alles anders. Deutschland schrumpfte de facto auf das Gebiet westlich der Oder und der Görlitzer Neiße. Die Sowjetunion verwandelte ihre Besatzungszone, die spätere DDR, in eine der kommunistischen Diktaturen, aus denen der Ostblock bestand. Aus den drei westlichen Besatzungszonen wurde die Bundesrepublik Deutschland, die sich zu einer funktionierenden westlichen Demokratie entwickelte. Anders als in Weimar wurde in Bonn die rechte Mitte unter dem Gründungskanzler Konrad Adenauer zum Vorkämpfer der supranationalen Einigung Westeuropas, während die traditionell internationalistische Sozialdemokratie unter Kurt Schumacher und Erich Ollenhauer den nationalen Part übernahm und der Wiedervereinigung Deutschlands den Vorrang vor der Westintegration der Bundesrepublik gab.

Die Wahlergebnisse gaben Adenauer recht. Gegen Ende seiner vierzehnjährigen Kanzlerschaft standen Romantiker, die in der Tradition des konservativen Denkens von einer besonderen, gegen den vernunftgeleiteten Westen gerichteten deutsch-russischen «Seelenverwandtschaft» träumten, und Neutralisten rechter wie linker Couleur, die, nicht selten unter Berufung auf den Reichsgründer Otto von Bismarck, ein blockfreies Deutschland forderten, auf verlorenem Posten. Im Frühsommer 1960 stellte sich auch die SPD auf den Boden von Adenauers Westpolitik, was auch die NATO-Mitgliedschaft der Bundesrepublik einschloss.

Die «neue Ostpolitik» des ersten sozialdemokratischen Bundeskanzlers Willy Brandt nach dem Machtwechsel von 1969 beruhte auf ebendiesem Fundament und wurde deshalb auch mit den westlichen Verbündeten, namentlich den USA, abgestimmt. Ermöglicht wurde die sozialliberale Öffnung nach Osten freilich erst dadurch, dass der amerikanische Präsident John F. Kennedy im Sommer 1963, wenige Monate vor seiner Ermordung, die Weichen in Richtung einer Ost-West-Entspannung gestellt hatte und die Sowjetunion nach dem Sturz des impulsiven Chruschtschow im Oktober 1964 in einem spezifischen Sinn zu einer konservativen Macht geworden war: Unter der Führung von Leonid Breschnew ging es ihr vor allem um die Sicherung ihres Herrschaftsbereichs in Ostmittel- und Südosteuropa, wie er im Februar 1945 zwischen den Kriegsalliierten auf der Konferenz von Jalta vereinbart worden war, also um die Festigung des Status quo in Gestalt der Unverletzlichkeit der bestehenden Grenzen, besonders der deutsch-polnischen und der innerdeutschen Grenze.

Brandt war schon als Regierender Bürgermeister von Berlin nach dem Bau der Mauer im August 1961 zu der Einsicht gelangt, dass die Zweistaatlichkeit Deutschlands durch Adenauers «Politik der Stärke» allein nicht zu überwinden war, die Einheit der Nation aber trotz fortdauernder nationaler Spaltung aufrechterhalten werden musste. Deshalb galt es einen «modus vivendi» für das geteilte Berlin und das geteilte Deutschland zu erreichen, über ein geregeltes Nebeneinander der beiden verfeindeten deutschen Staaten zu einem geregelten Miteinander zu gelangen. «Wandel durch Annäherung»: Die berühmte Tutzinger Formel von Brandts engem Mitarbeiter Egon Bahr, damals Pressesprecher des Berliner Senats, vom Juli 1963 zielte darauf ab, durch einen deutschen Beitrag zur westlichen Entspannungspolitik die Spielräume der Bonner Republik zu erweitern, die DDR zu «entkrampfen», das Zusammenleben der Deutschen in Ost und West zu erleichtern und längerfristig die Spaltung Deutschlands und Europas zu überwinden.

Die Politik der Ostverträge fand ihren krönenden Abschluss in der Unterzeichnung der Helsinki-Schlussakte der Konferenz über Sicherheit und Zusammenarbeit in Europa, der KSZE, im Sommer 1975. Erfolgreich war diese Politik, weil sich die gemeinsamen Interessen von Ost und West als stark genug erwiesen hatten, um die Entspannungspolitik auf eine feste vertragliche Grundlage zu stellen. Als die Regierungszeit der sozialliberalen Koalition im Sommer 1982 zu Ende ging, setzte die neue christlich-liberale Koalition unter Helmut Kohl die von den Unionsparteien zunächst heftig befehdete Ostpolitik nahtlos fort.

Die oppositionellen Sozialdemokraten versuchten ihrerseits in der sogenannten «zweiten Phase» der Ostpolitik, durch «Sicherheitspartnerschaften» mit den regierenden Parteien des Warschauer Pakts, des östlichen Verteidigungsbündnisses, die Ergebnisse der ersten Phase zu sichern und auszubauen. Das gern beschworene «deutsche Interesse» trat dabei so stark in den Vordergrund, dass Interessen Anderer dahinter zurücktreten mussten. Das bekamen sogleich die Bürgerrechtsgruppen des Ostblocks zu spüren, die sich bei ihren Forderungen auf die Menschenrechtsklauseln der Helsinki-Schlussakte beriefen, und in besonderer Härte die im Sommer 1980 gegründete unabhängige Gewerkschaft Solidarność in Polen. Diese galt manchen führenden deutschen Sozialdemokraten geradezu als friedensgefährdender Störfaktor. Bei dem Präsidiumsmitglied Egon Bahr ging das so weit, dass er im Herbst 1981 in einem Interview der Sowjetunion ein «selbstverständliches» Recht attestierte, militärisch zu intervenieren, falls Polen seine Zugehörigkeit zum Warschauer Pakt in Frage stellen sollte. Noch bevor diese Äußerung im Druck erschien, wurde im Dezember 1981 in Polen zwecks Unterdrückung der Solidarność das Kriegsrecht verhängt.

Während der Ära Gorbatschow, die 1985 begann, unternahm Bahr, neben Brandt der meistzitierte Kronzeuge in Sachen Ostpolitik, einen weiteren bemerkenswerten Versuch, die oppositionellen Sozialdemokraten als außenpolitischen Akteur zu profilieren. Er überredete den Parteivorsitzenden Willy Brandt, Gorbatschow gegenüber seine, Bahrs, Idee eines geheimen «back channel» zwischen dem Generalsekretär der KPdSU und dem Vorsitzenden der SPD, zu unterstützen. Gorbatschow, der die politische Brisanz des Vorschlags erkannte, antwortete freundlich, aber unverbindlich. Der Geheimkontakt kam nicht zustande.

Die etatistischen, national verengten Denkmuster der zweiten Phase der sozialdemokratischen Ostpolitik wirken in Teilen der SPD auch heute noch, über drei Jahrzehnte nach der Wiedervereinigung Deutschlands, nach. Die Sozialdemokraten berufen sich gern auf die vermeintlichen Lehren der Ost- und Friedenspolitik des Bundeskanzlers Willy Brandt, erwähnen aber nur selten die Vorbedingungen ihres Erfolges: das enge Zusammenwirken mit den westlichen Verbündeten und das sowjetische Interesse am damaligen Status quo. Nicht nur die Linkspartei, sondern auch viele Sozialdemokraten betonen seit Langem die moralische Bringschuld Deutschlands gegenüber Russland, und zwar einmal wegen des Vernichtungskrieges, mit dem das nationalsozialistische Deutschland die Sowjetunion seit 1941 überzogen hat, zum anderen wegen der Friedenspolitik Michael Gorbatschows, der 1989/90 die Lösung der deutschen Frage im Zeichen von Einheit und Freiheit erlaubte. Dass die Weißrussen und die Ukrainer im Zweiten Weltkrieg nicht minder unter Deutschland zu leiden hatten als die Russen und darum ebenso wie diese deutsche Empathie erwarten können, bleibt meist außer Betracht.

Zu kurz kommt auch die Erkenntnis, dass Putin sich in einer wesentlichen Hinsicht von Breschnew und seinen Nachfolgern unterscheidet: Er will den heutigen Status quo nicht bewahren, sondern radikal ändern. Wenn er schon die Ende 1991 aufgelöste Sowjetunion und den Warschauer Pakt nicht wieder herstellen kann, so will er doch so viel wie möglich von dem einstigen Einflussbereich Moskaus restaurieren. Putin bestreitet deshalb nicht nur das Recht ehemaliger Sowjetrepubliken wie Georgien und der Ukraine, dem Atlantischen Bündnis beizutreten, sondern stellt auch die NATO-Mitgliedschaft Estlands, Lettlands und Litauens, der drei 1940 im Vollzug des Hitler-Stalin-Pakts annektierten baltischen Republiken, ja aller ehemaligen Warschauer-Pakt-Staaten in Frage. Und anders als die Kremlherren der Sowjetzeit setzt Putin auch Erdgas als Mittel ein, um Druck auf Westeuropa und besonders auf Deutschland auszuüben.

Dass Gorbatschow sich im November 1990 in der Charta von Paris namens der Sowjetunion zum Recht aller Staaten der KSZE, der heutigen OSZE, auf nationale Souveränität, territoriale Integrität und freie Wahl eines Verteidigungsbündnisses bekannt hat, kümmert den Präsidenten der Russischen Föderation, des größten Nachfolgestaates der Sowjetunion, nicht. Eine gewisse Kontinuität zwischen Breschnew und Putin gibt es aber doch: So wie jener 1968 nach dem «Prager Frühling» die Doktrin von der «beschränkten Souveränität» der Mitgliedstaaten des Warschauer Pakts verkündet hatte, so propagiert dieser heute die Lehre von der beschränkten Souveränität der Staaten, die einmal der Sowjetunion angehört haben. Das Völkerrecht, das weiß man spätestens seit der Annexion der Krim im Jahre 2014, hat für Putin keine Bindewirkung.

Für die bis 1989/90 kommunistisch regierten Staaten Ostmittel- und Südosteuropas jedoch war und ist das Recht auf freie Bündniswahl, das ihnen die Charta von Paris verbürgt, von geradezu existenzieller Bedeutung. Es bedeutet für sie den endgültigen Abschied von der in Jalta 1945 über die Köpfe der Europäer hinweg verfügten Teilung des alten Kontinents. Hätten die Demokratien des Westens dieses Recht nach 1990 in Frage gestellt, hätten sie die friedlichen Revolutionen vom Herbst 1989 um ihren tieferen Sinn gebracht und ihre eigenen Werte verraten. Der Beitritt dieser Staaten zur NATO und zur Europäischen Union war nichts anderes als die Wahrnehmung jenes Selbstbestimmungsrechts, für das die Bürgerrechtsbewegungen unter Berufung auf die Schlussakte von Helsinki jahrelang gekämpft hatten.

Staaten haben ihre Staatsräson, Staatenvereinigungen wie die NATO und die Europäische Union sind auf eine Gemeinschaftsräson angewiesen. Daraus folgt das Gebot wechselseitigen Respekts für die elementaren Interessen der Partnerländer, soweit diese der Gemeinschaftsräson ihrerseits Rechnung tragen. Wenn es um das Verhältnis zu Russland geht, neigen aber viele deutsche Politiker, und zwar keineswegs nur linke Sozialdemokraten, dazu, sich praktischen Folgerungen aus diesem Imperativ zu entziehen. Ein Beispiel hierfür ist «Nord Stream», das Projekt einer russischen Gaspipeline durch die Ostsee. Es wurde zunächst zwischen Putin und dem sozialdemokratischen Kanzler Gerhard Schröder, seinem persönlichen Freund, vereinbart, von seiner in Sachen Russland sonst überaus realistischen christdemokratischen Nachfolgerin Angela Merkel aber nicht zuletzt wohl aus Rücksicht auf wirtschaftliche Interessen ihrer mecklenburg-vorpommerischen Wahlkreisheimat konsequent weiterverfolgt. Dabei war allen Beteiligten klar, dass dieses Vorhaben und vor allem Nord Stream 2 von ostmitteleuropäischen EU- und NATO-Mitgliedstaaten wie Polen und den baltischen Republiken als potenzielle Bedrohung empfunden wird, von den vitalen Interessen des Gas-Transitlandes Ukraine ganz zu schweigen.

In der aktuellen Ukrainekrise sind es ebenfalls nicht nur Sozialdemokraten, unter ihnen Generalsekretär Kevin Kühnert, sondern auch Unionspolitiker wie der bayerische Ministerpräsident Markus Söder, und, wie stets, Vertreter des Ost-Ausschusses der Deutschen Wirtschaft, die vor einer Konfrontation mit Russland warnen. Die neue rot-grün-gelbe Ampelregierung, in der Haltung gegenüber Russland bisher uneins, übt sich in europapolitischem Pathos und Solidaritätsbekundungen an die Adresse Kiews, beharrt aber auf dem deutschen Nein zur Lieferung von Defensivwaffen an die Ukraine und hindert andere NATO-Staaten daran, Waffen aus deutschen Beständen dorthin zu liefern.

Die Außenwirkung der widerspruchsvollen deutschen Haltung gegenüber Putins Russland ist fatal. Sie wäre es auch dann, wenn der inzwischen zurückgetretene Inspekteur der Deutschen Marine, Vizeadmiral Kay-Achim Schönbach, nicht bei einem Besuch in Indien mit demonstrativem Verständnis für Putin Aufsehen erregt und der deutsche Cheflobbyist des russischen Staatskonzerns Gazprom und damit auch von Nord Stream, Altkanzler Gerhard Schröder, auf seine pauschale Verteidigung des Moskauer Vorgehens in der Ukrainekrise verzichtet hätten. Deutschland erscheint vielen westlichen Beobachtern diesseits und jenseits des Atlantiks neuerdings als unzuverlässiger, weil zur Schaukelpolitik zwischen Russland und dem Westen neigender Partner: ein Eindruck, der dringend der Korrektur bedarf.

Als der amerikanische Präsident George W. Bush 2008 anlässlich des von Putin provozierten Georgienkrieges der Ukraine und Georgien zum raschen Beitritt in die NATO verhelfen wollte, widersetzten sich Frankreich und Deutschland diesem Wunsch nicht nur deswegen, weil in beiden osteuropäischen Ländern wesentliche innere Voraussetzungen einer Mitgliedschaft im westlichen Bündnis fehlten. Sie taten es auch, weil die deutsche Kanzlerin Angela Merkel und der französische Präsident Nicolas Sarkozy mehr Verständnis für historisch bedingte russische Bedrohungs- und Einkreisungsängste aufbrachten als der jüngere Bush. Auf ihrem Bukarester Gipfel vom April 2008 versprach die NATO der Ukraine und Georgien zwar die Aufnahme in das westliche Bündnis, verzichtete aber auf die von den USA und Polen gewünschte Einleitung des Beitrittsprozesses und vertagte ihn damit auf unbestimmte Zeit. Kein amerikanischer Präsident ist seitdem auf den Vorstoß von Bush zurückgekommen.

Putin weiß das. Ihm jetzt ausdrücklich zu versichern, eine NATO-Osterweiterung um die Ukraine stehe für lange Zeit nicht auf der Tagesordnung, wie Markus Söder es im Gegensatz zu Bundeskanzler Olaf Scholz fordert, hieße aber über die Köpfe der Betroffenen hinweg zu agieren und müsste den russischen Präsidenten in dem Eindruck bestärken, dass sich Erpressung zumindest in Deutschland auszahlt, die Europäische Union und die transatlantische Allianz sich mithin als spaltbares Material behandeln lassen.

Deutschland tut weiterhin gut daran, sich der Verantwortung bewusst zu bleiben, die sich aus seiner Geschichte ergibt. Schwere Schuld hat Deutschland im Zweiten Weltkrieg aber nicht nur Russland gegenüber auf sich geladen, sondern gegenüber allen Völkern der ehemaligen Sowjetunion und allen anderen Völkern, die Opfer seiner Aggression wurden, obenan den Polen. Nie wieder darf Deutschland den Eindruck erwecken, als strebe es, wie schon mehrfach in seiner Geschichte, eine Verständigung mit Russland auf Kosten Dritter an. Aus der Geschichte lernen heißt sich in der Gegenwart verantwortlich zu verhalten. Es wäre nicht verantwortlich, um vermeintlicher wirtschaftlicher oder politischer Vorteile willen Verbündete zu verprellen, denen man Solidarität versprochen hat und von denen man Solidarität erwartet, und gegen Prinzipien zu verstoßen, zu denen man sich ansonsten feierlich bekennt.

Die Ukrainekrise stellt die Deutschen auf die Probe. Sie müssen sich Fragen stellen, denen viele von ihnen bisher ausgewichen sind. Die Frage, ob es eine neue deutsche Ostpolitik geben kann, hat Bundeskanzler Scholz bereits verneint. In seiner Regierungserklärung vom 15. Dezember

2021 heißt es: «Ostpolitik im vereinten Europa kann nur eine europäische Ostpolitik sein.» Über eine solche gemeinsame europäische Ostpolitik muss ein Dialog mit Putin geführt werden. Zu einem nachhaltigen Erfolg wird dieser Dialog aber nur führen, wenn auch die atomare Großmacht Russland bereit ist, sich an den Prinzipen der Charta von Paris zu orientieren.

6. WAS PUTIN MIT HITLER VERBINDET

DER ULTRANATIONALISMUS ALS LETZTES STADIUM DES INTERNATIONALISMUS

März 2022

Vergleichen heißt nicht gleichsetzen: Das kann man nicht oft genug sagen. Vergleichen heißt nicht nur die Gemeinsamkeiten des Verglichenen herauszuarbeiten, sondern auch das Trennende, also die Unterschiede. Nur wenn man dies beachtet, können Vergleiche sinnvoll und lehrreich sein. Gerade bei den beliebten, aber fast immer irreführenden «Vergleichen» mit Hitler gilt es das zu bedenken, auch aus aktuellem Anlass: Natürlich ist Putin kein neuer Hitler, auch nicht nach seinem Überfall auf die Ukraine am 24. Februar 2022. Nichts deutet darauf hin, dass er die Juden hasst und ausrotten will.

Aber Hitler ist nicht nur der Mann, der das größte Verbrechen in der Geschichte der Menschheit, den Holocaust, in Gang gesetzt hat. Er war auch ein Ultranationalist. Als solcher lässt er sich durchaus mit anderen Ultranationalisten vergleichen, zum Beispiel mit seinem ursprünglichen Idol Benito Mussolini, auf den er sich in seiner Frühzeit als Politiker gerne berief, oder mit Slobodan Milošević, dem Serbenführer der Jahre 1989 bis 1991.

Wladimir Putin passt erschreckend gut in diese Reihe. Wie Milošević entstammt er dem kommunistischen Partei- und Staatsapparat. Mit dem Belgrader Politiker teilt er das Trauma des Untergangs eines multinationalen Staatsgebildes. Was dem einen jenes Großserbien war, zu dem sich Jugoslawien zuletzt entwickelt hatte, ist dem anderen die Sowjetunion, die sich im gleichen Jahr 1991 auflöste wie der einstige Staat des Marschalls Tito. Auch Mussolini kam von ganz links. Im Ersten Weltkrieg verwandelte sich der radikale Sozialist in einen glühenden Nationalisten. Während Hitlers Nationalsozialisten (und nicht nur sie) auf die Niederlage von 1918 und das «Diktat von Versailles» mit der Legende vom marxistisch-jüdischen Dolchstoß in den Rücken des angeblich im Felde unbesiegten Heeres reagierten, pflegten die italienischen Faschisten den Mythos von der «vittoria mutilata», dem verstümmelten Sieg: Sie behaupteten, dass die westlichen Siegermächte Italien um die Früchte seines heroischen Beitrags zum gemeinsamen Erfolg der Alliierten betrogen hätten.

Die politische Instrumentalisierung einer (wirklichen oder gefühlten) Niederlage und die Selbststilisierung zum Opfer mächtiger Feinde: Das ist es, was diese so unterschiedlichen politischen Führer miteinander verbindet. Viele Kommentatoren haben in jüngster Zeit auf frappierende Parallelen zwischen Hitlers Politik in den Jahren 1938 und 1939 und Putins gegenwärtiger Politik verwiesen. Der «Anschluss» Österreichs, die Angliederung des Sudetenlandes an das «Großdeutsche Reich», die Abspaltung der Slowakei von der Tschechoslowakischen Republik und die «Zerschlagung der Rest-Tschechei» damals, die Annexion der Krim, die Abtrennung erheblicher Teile des Donbass von der Ukraine und der russische Angriffskrieg gegen das slawische Brudervolk heute: Die Analogie des Vorgehens ist schlagend. Und nicht nur die Taten ähneln sich, sondern auch die Worte. Die Tiraden, die Putin gegen die «Drogensüchtigen» und «Neonazis» in Kiew, mit dem (jüdischen) Präsidenten Wolodymyr Selenskyj an der Spitze, richtet, finden ihre Entsprechung in den hemmungslosen Beschimpfungen, mit denen der deutsche Diktator im September 1938 die Prager Regierung unter Präsident Edvard Beneš überhäufte: Er warf ihr «terroristische Erpressung» und «verbrecherische Ziele» vor.

Doch die Parallelen gehen noch sehr viel weiter. Auch als «Historiker», sprich als Geschichtspolitiker, wirkt Putin wie ein gelehriger Schüler Adolf Hitlers. Auf dem Reichsparteitag «Großdeutschland», der am 6. September 1938, auf dem Höhepunkt der Sudetenkrise und fünf Monate nach dem «Anschluss» Österreichs, in Nürnberg begann, berief sich Hitler auf den besonderen Rang des «alten deutschen Reiches», also des Heiligen Römischen Reiches deutscher Nation, zu dem jahrhundertelang auch Böhmen und Mähren gehört hatten. Er rühmte die von ihm angeordnete Überführung der alten Reichsinsignien, darunter Krone,

Reichsapfel, Szepter und Schwert, von Wien nach Nürnberg und gab der «ganzen Welt zu bedenken, dass über ein halbes Jahrtausend vor der Entdeckung der Neuen Welt schon ein gewaltiges germanisch-deutsches Reich bestanden hat». Sieben Monate später, am 28. April 1939, rechtfertigte Hitler vor dem Großdeutschen Reichstag die Errichtung des «Protektorats Böhmen und Mähren» unter Berufung auf die Doktrin des amerikanischen Präsidenten James Monroe aus dem Jahr 1823, derzufolge sich europäische Mächte nicht in die Angelegenheiten Nord-, Mittel- und Südamerikas einmischen durften: «Genau die gleiche Doktrin vertreten wir Deutsche nun für Europa, auf alle Fälle aber für den Bereich und die Belange des Großdeutschen Reiches.»

Wenn Putin heute für die eurasische Großmacht Russland eine Einflusszone reklamiert, in der westliche Mächte, aber letztlich auch die Vereinten Nationen nichts zu suchen und nichts zu sagen haben, macht er dafür sehr ähnliche Gründe geltend wie Hitler vor über acht Jahrzehnten. Der Jurist Putin denkt in den gleichen Kategorien wie der prominenteste Staats- und Völkerrechtler der deutschen Zwischenkriegszeit, Carl Schmitt, der am 1. April 1939, zwei Wochen nach der Errichtung des Protektorats Böhmen und Mähren, in Kiel seinen alsbald publizierten Vortrag «Völkerrechtliche Großraumordnung mit Interventionsverbot für raumfremde Mächte» hielt. Den deutschen Herrschaftsanspruch über die Tschechen begründete Schmitt mit den besonderen Rechten, die sich daraus ergäben, dass Deutschland kein gewöhnlicher Nationalstaat, sondern von alters her ein «Reich», ja das Reich schlechthin sei.

Wie Hitler, Schmitt und andere deutsche Ultranationalisten bemühen sich auch Putin und seine Gefolgsleute um eine historische Untermauerung ihres Anspruchs auf eine geopolitische Einflusszone und auf die Wiederherstellung des Großreiches, das das eigene Land einmal gewesen war. In seinem im Juli 2021 auf russisch und ukrainisch veröffentlichten Aufsatz «Über die historische Einheit der Russen und der Ukrainer» geht er tief ins Mittelalter, bis zur Taufe des Heiligen Wladimir, des Fürsten von Nowgorod und Großfürsten von Kiew, im Jahre 988 zurück, um seine These von den gemeinsamen Ursprüngen und der weithin gemeinsamen Geschichte von Russen, Ukrainern und Belarussen zu begründen.

In pseudosakraler Manier spricht Putin sogar von diesen drei Zweigen der Alten Rus als «der großen russischen Nation, eines dreieinigen Volkes, bestehend aus Großrussen, Kleinrussen (Ukrainern) und Belarussen». Gegen Ende seines Artikels zeigt sich Putin überzeugt, «dass die Ukraine echte Souveränität nur in Partnerschaft mit Russland erreichen kann». Spätestens seit dem 24. Februar 2022 weiß man, was Putin unter «Partnerschaft» und «echter Souveränität» versteht.

Was Putin im historischen Teil seines Aufsatzes vorträgt, entspricht, wie Andreas Kappeler, einer der führenden deutschsprachigen Osteuropahistoriker, feststellt, weithin der traditionellen, wissenschaftlich aber höchst umstrittenen russischen Meistererzählung. Kappeler bewertet den Artikel als Ausdruck einer Radikalisierung von Putins Geschichtsbild: In seiner Gedankenwelt vermischten sich nunmehr «Sowjetpatriotismus, imperialer Nationalismus und ein Blut- und Boden-Pathos». Der Ultranationalismus als letztes Stadium des proletarischen Internationalismus: So könnte man in Abwandlung des Titels von Lenins Abhandlung «Der Imperialismus als höchstes Stadium des Kapitalismus» den ideologischen Wandlungsprozess beschreiben, der sich bei Putin wie zuvor schon bei Milošević vollzogen hat und wohl auch beim chinesischen Präsidenten und Parteiführer Xi Jinping vollzieht. Der Umschlag eines formelhaft erstarrten Internationalismus in einen an faschistische und nationalsozialistische Vorbilder erinnernden extremen Nationalismus zeigt einmal mehr, wie sehr der Marxismus-Leninismus an der Macht zu einem falschen Bewusstsein im Sinne von Marx geworden war.

Die Frage, ob sich dieser Wandel hätte aufhalten lassen, ist damit noch nicht beantwortet. Folgt man Putin, ist seine Politik eine Reaktion auf einen westlichen Wortbruch: Der Sowjetunion sei 1990 anlässlich der Verhandlungen über die Wiedervereinigung Deutschlands versprochen worden, die NATO werde sich nicht über die deutsche Ostgrenze hinaus ausdehnen. Ein solches Versprechen gibt es nicht. Die westlichen Demokratien hätten es auch nicht geben können, ohne vertragsbrüchig zu werden: Die Helsinki-Schlussakte der Konferenz über Sicherheit und Zusammenarbeit in Europa von 1975 und die Charta von Paris von November 1990, zwei auch von der Sowjetunion mitunterzeichnete internationale Verträge, verbürgten allen Unterzeichnerstaaten das Recht auf freie Bündniswahl.

Was es gab, waren mündliche Erklärungen des Bonner Außenministers Hans-Dietrich Genscher von Januar und Februar 1990, das westliche

Bündnis werde sich nicht nach Osten erweitern, und nahezu gleichzeitige Moskauer Äußerungen des amerikanischen Außenministers James Baker von Anfang Februar jenes Jahres, die sich auf das Territorium der noch existierenden DDR bezogen, aber auch weitergehend interpretiert werden konnten. Ein Mandat, für die NATO oder «den Westen» zu sprechen, hatten beide nicht. Die sowjetische Seite kam auf das angebliche, niemals schriftlich fixierte «Versprechen» auch nicht mehr zurück. Vereinbart wurde, was im Zwei-plus-Vier-Vertrag über die deutsche Einheit steht, nämlich Bestimmungen über einen militärischen Sonderstatus des bisherigen DDR-Gebiets. Im Mai 1997 unterzeichnete der russische Präsident Boris Jelzin einen Sicherheitsvertrag, die NATO-Russland-Akte, die für die neuen Mitglieder des westlichen Bündnisses in Ostmittel- und Südosteuropa einen vergleichbaren Sonderstatus vorsah.

Jelzins Nachfolger Putin ist erst im achten Jahr seiner Präsidentschaft, mit einer Kampfrede gegen den Westen auf der Münchner Sicherheitskonferenz im Februar 2007, als scharfer Kritiker der Osterweiterung der Westallianz hervorgetreten. Seine Empörung wuchs, als auf dem Bukarester Gipfel der NATO im April 2008 auch der Ukraine und Georgien die Aufnahme in das westliche Bündnis zugesagt wurde. Die NATO-Staaten reagierten damit auch auf einen sich zuspitzenden Konflikt zwischen Russland und Georgien. Auf dem Versprechen gegenüber Tiflis und Kiew hatte der amerikanische Präsident George W. Bush bestanden, der sich im letzten Jahre seiner zweiten Amtszeit befand, also wusste, dass die Einlösung der Zusage, wenn überhaupt, erst auf einen seiner Nachfolger zukommen würde. Den von den USA und Polen geforderten «Membership Action Plan» zur Vorbereitung des Beitritts aber verhinderten die deutsche Kanzlerin Angela Merkel und der französische Präsident Nicolas Sarkozy – vermutlich auch, weil sie, wohl zu Recht, davon ausgingen, dass Putin nicht den tatsächlichen NATO-Beitritt Georgiens und der Ukraine abwarten würde, um in beiden Ländern mit kriegerischen Mitteln einen Regimewechsel herbeizuführen. Eine weitere Ostausdehnung des Bündnisses war damit auf unbestimmte Zeit vertagt.

Wenn der Westen in der Zeit nach dem Ende des Kalten Krieges ein Land getäuscht hat, war es nicht Russland, sondern die Ukraine. Das Versprechen von George W. Bush war leichtfertig, weil die NATO damit etwas in Aussicht stellte, dessen Konsequenzen sie im Ernstfall nicht zu tragen bereit war. Zum Zeitpunkt des Gipfels von Bukarest stand nur eine Minderheit der Ukrainer hinter dem Projekt eines Eintritts in das Atlantische Bündnis. Sarkozy und Merkel machten zu Recht einen Unterschied zwischen den beiden ehemaligen Sowjetrepubliken Georgien und Ukraine auf der einen und den baltischen Republiken auf der anderen Seite. Die souveränen Staaten Estland, Lettland und Litauen waren 1940 im Zuge des Hitler-Stalin-Pakts von der Sowjetunion annektiert worden: ein von den Westmächten niemals anerkannter Völkerrechtsbruch. Das Baltikum bildete historisch einen Teil des alten Okzidents, des «lateinischen» Europa. In der historisch stark mit Russland verbundenen Ukraine gab es diese Westbindung nur im westlichen, nicht griechisch-orthodox, sondern griechisch-katholisch geprägten, kirchlich mit Rom verbundenen Teil des Landes. In Georgien fehlte diese Tradition. Je westlicher ein Land geprägt war, desto größer waren seine Chancen, in die NATO aufgenommen zu werden: Dieser Faktor spielte, wenn auch unausgesprochen, für das Atlantische Bündnis ebenso eine Rolle wie die Frage, wie stark jeweils russischen Sicherheitsbedürfnissen Rechnung getragen werden sollte.

Angesichts der massiven Vorbehalte gegenüber einer NATO-Mitgliedschaft der Ukraine und Georgiens in den eigenen Reihen hätte der Westen die Pflicht gehabt, sich in ständiger enger Abstimmung mit den beiden Bewerberländern im Dialog mit Russland um eine belastbare Sicherheitsordnung für ehemalige Sowjetrepubliken in Osteuropa zu bemühen, die in das westliche Bündnis strebten, deren Aufnahme aber einige, wenn nicht die meisten Verbündeten nicht unterstützen wollten. Solche Bemühungen gab es nicht, und das war eine folgenschwere Unterlassung. Der Beschluss von Bukarest gab sich als ein grundsätzliches Ja zur NATO-Mitgliedschaft Georgiens und der Ukraine, bedeutete aber ein faktisches Nein. Dieser faule, um nicht zu sagen: verlogene, Kompromiss weckte bei den Bewerberländern falsche Erwartungen und trug mit dazu bei, die Ukraine in die tragische Situation zu bringen, in der sie sich heute befindet.

Ob es jemals eine reale Chance gegeben hat, eine belastbare Sicherheitsvereinbarung mit Russland zu treffen, ist ungewiss. Der Westen hat die offene Situation nach der Epochenwende der Jahre 1989 bis 1991 genutzt, um seinem Bekenntnis zum Selbstbestimmungsrecht der Völker Taten folgen zu lassen. Er hat sein Verteidigungsbündnis für demokratische

Staaten geöffnet, für die die überwiegend friedlichen Revolutionen von 1989/90 vor allem eines bedeuteten: die Abschüttelung des Jochs von Jalta, der Beschlüsse jener Konferenz vom Februar 1945, mit denen die Sieger des Zweiten Weltkriegs Europa in einen freien und in einen unfreien Teil spalteten. Eine Grenze der westlichen Prinzipientreue war in der Folgezeit immer dann erreicht, wenn sie zum unkalkulierbaren Risiko zu werden drohte, also die Gefahr eines Dritten Weltkriegs in sich barg.

Auch heute lautet die Frage nicht: Prinzipien- oder Realpolitik? Sie lautet: Wo stößt die Orientierung an den eigenen Grundsätzen und Werten an ihre Grenzen? Es ist eben diese Abwägung der möglichen Folgen von Entscheidungen, auf die es ankommt, wenn man sich im Sinne von Max Weber um eine verantwortungsethische Politik bemüht. Eine solche Politik verlangt immer auch die Berücksichtigung historischer Erfahrungen. Zu diesen gehören, auch wenn man gegenüber historischen Analogien vorsichtig sein muss, die fatalen Folgen der Unterschätzung der Aggressivität Hitlers durch die Westmächte in den Jahren vor 1939.

Es war eine Illusion, wenn viele «Westler» und nicht zuletzt viele Deutsche nach dem Fall der Mauer glaubten, fortan würden «uns», das heißt: der westlichen Welt, existentielle Herausforderungen erspart bleiben. Putin konfrontiert die westlichen Demokratien mit der Frage, wie ernst sie ihre vielbeschworenen Werte nehmen. Niemand weiß, ob er inzwischen so sehr zum nihilistischen Desperado geworden ist und sich wie andere radikale Nationalisten vor ihm so stark in eine Opferrolle hineingesteigert hat, dass er bereit ist, auch den letzten Preis seiner nationalistischen Verblendung zu zahlen: das Risiko einer nuklearen Katastrophe für sein eigenes Land. Der extremste aller Ultranationalisten ist diesen Weg in den Untergang 1945 gegangen. «Vestigia terrent», heißt es in den Episteln von Horaz, auf deutsch: Die Spuren schrecken. So viel Vernunft gibt es in Putins Moskau hoffentlich noch, um diese Erkenntnis nicht beiseite zu schieben und sich klar zu machen, dass der Westen heute nicht mehr der von 1938 ist: dem Jahr der Münchner Konferenz, auf der Großbritannien und Frankreich durch Willfährigkeit gegenüber Hitler den Frieden retten zu können meinten. Die NATO wurde erst elf Jahre später gegründet.

7. DIE LEGENDE VON DER VERSÄUMTEN CHANCE

PUTIN, DIE OSTERWEITERUNG DER NATO UND DIE UKRAINE

Juli 2022

I.

Der Krieg gegen die Ukraine sei «die bewaffnete Reaktion Russlands auf den Fall der Berliner Mauer»: Mit dieser frappierenden These beantwortet der italienische Philosoph und Publizist Angelo Bolaffi die selbstgestellte Frage nach den tieferen Gründen der historischen Zäsur des 24. Februar 2022. Bolaffis Verdikt trifft ins Schwarze: Putin hat zwar nicht gefordert, die Mauer wieder zu errichten und die Wiedervereinigung Deutschlands rückgängig zu machen. Aber offensichtlich versteht er inzwischen den Verlust der russischen Kontrolle über Ostmittel- und Südosteuropa, der am 9. November 1989 unumkehrbar wurde, als Teil der «größten geopolitischen Katastrophe des 20. Jahrhunderts», als die er schon im April 2005 den Untergang der Sowjetunion bezeichnet hat. Darauf deuten zahlreiche Äußerungen des russischen Präsidenten hin, in denen er die Osterweiterung des Atlantischen Bündnisses als illegitimes Eindringen in die russische Einflusssphäre anprangert.

Um diese Deutung zur untermauern, wiederholt Putin immer wieder eine Behauptung, die in keinem westlichen Land einen solchen Widerhall findet wie in Deutschland – die Behauptung, der «Westen» habe mit der Expansion der NATO nach Osten ein Versprechen gebrochen, das er bei den Verhandlungen über die Wiedervereinigung Deutschlands im Jahre 1990 der Sowjetunion gegeben habe.

Wie es damals wirklich war, lässt sich am besten in einem neuen Buch der amerikanischen Historikerin Mary Elise Sarotte nachlesen, das

2021 bei Yale University Press erschienen ist: «Not One Inch», das dritte, auf umfassende Quellenstudien gestützte Buch der Professorin an der Johns-Hopkins-Universität zu den Folgen der friedlichen Revolutionen von 1989, bestätigt eindrucksvoll den bisherigen Forschungsstand: Weder die NATO noch die USA oder eine andere westliche Demokratie haben 1990 oder danach das von Putin behauptete Versprechen abgegeben, und die Sowjetunion hat darauf auch gar nicht bestanden. Was es gab, waren entsprechende mündliche Erklärungen des Bonner Außenministers Hans-Dietrich Genscher und vielfältig ausdeutbare Formulierungen des amerikanischen Außenministers James A. Baker und des deutschen Bundeskanzlers Helmut Kohl. Die immer wieder zitierten Äußerungen, die sie Anfang Februar 1990 während ihrer Moskauer Gespräche mit Gorbatschow machten, bezogen sich auf den militärischen Status des bisherigen DDR-Gebiets in einem künftigen, der NATO angehörenden wiedervereinigten Deutschland, ließen sich aber auch sehr viel allgemeiner interpretieren und sollten wohl auch in diesem Sinn verstanden werden.

Der Neuigkeitswert von «Not One Inch» wäre gering, ginge es darin nur um die diplomatische Grundlegung der deutschen Einheit. Doch Sarotte geht es um sehr viel mehr. Sie untersucht minutiös die auch im Westen und nicht zuletzt in den USA hoch umstrittene Osterweiterung der NATO in den 1990er Jahren. Dass ihre Sympathie den Akteuren gehört, die der Ausdehnung des westlichen Bündnisses skeptisch gegenüberstanden, verbirgt die Autorin nicht. Aber um ein objektives Urteil bemüht, räumt sie den Argumenten der Befürworter und der Rekonstruktion des Geschichtsablaufs so viel Raum ein, dass ihre sehr verhalten vorgetragene These, im letzten Jahrzehnt des 20. Jahrhunderts seien auf Seiten der USA und der NATO Chancen für eine grundlegend andere, kooperative statt konfrontative Gestaltung des Verhältnisses zwischen Russland und den westlichen Demokratien versäumt worden, wenig plausibel erscheint.

Die treibende Kraft der Osterweiterung der NATO waren zunächst *nicht* die Vereinigten Staaten von Amerika: Das lässt sich auf der Grundlage der Recherchen von Sarotte jetzt noch eindeutiger sagen als zuvor. Es waren vielmehr Ungarn, Polen und die Tschechoslowakei, die seit 1990 auf ihre Aufnahme in die westliche Verteidigungsallianz drangen. Ihnen ging es darum, sich gegen die Gefahr eines neuen Jalta abzusichern. Viereinhalb Jahrzehnte lang hatten die Staaten Ostmitteleuropas die Folgen der Spaltung Europas in einen freien westlichen und einen unfreien östlichen Teil ertragen müssen, wie sie von den Siegermächten im Februar 1945 auf der Krim verfügt worden war. In welcher Richtung sich die Sowjetunion und seit Ende 1991 Russland weiter entwickeln würden, war ungewiss.

In Bonn war man angesichts des Drängens der Ostmitteleuropäer in Richtung NATO besorgt, und das nicht zuletzt deshalb, weil bis 1994 noch Truppen der Roten Armee im Ostteil des wiedervereinigten Landes standen. Um Gorbatschows Stellung nicht zu gefährden und die Sowjetunion als vermeintlichen Stabilitätsfaktor zu erhalten, bemühten sich Bundeskanzler Kohl und Außenminister Genscher 1991 nicht nur, die Balten und die Ukrainer von ihrem Streben nach Unabhängigkeit abzuhalten. Sie versuchten auch, Warschau, Prag und Budapest davon zu überzeugen, dass eine Osterweiterung der NATO keine zukunftsträchtige Lösung ihrer Sicherheitsprobleme sei. In den ostmitteleuropäischen Metropolen sah man das anders. Die Architekten der friedlichen Umwälzung von 1989, die jetzt dort regierten, waren sich keineswegs sicher, dass es künftig keine Bedrohung aus dem Osten mehr geben würde. Vielmehr befürchteten sie das Gegenteil.

Die Entwicklung des postsowjetischen Russland gab den Warnern in den ehemaligen Warschauer-Pakt-Staaten Recht. Anders als in Polen, Ungarn und der (bis 1992 bestehenden binationalen) Tschechoslowakei – drei Staaten, die historisch zum alten, westkirchlichen Okzident gehörten – gab es in Russland keine Rechts- und Freiheitstraditionen, an die sich nach dem Ende der kommunistischen Herrschaft anknüpfen ließ. «Es gibt einen Herrscher, aber keinen Staat»: So hat der russische Schriftsteller Viktor Jerofejew die Geschichtslast des einstigen Zarenreichs jüngst beschrieben. Als Alexander Solschenizyn Ende Mai 1994 aus dem amerikanischen Exil nach Russland zurückkehrte, hielt er es für angebracht, vor Reformen nach westlichem Vorbild zu warnen und seine Landsleute aufzufordern, sich stattdessen an traditionelle russische Werte zu halten und die Monarchie wieder einzuführen. In der orthodoxen Kirche und bei Intellektuellen, die sich in der Tradition der Slawophilen des 19. Jahrhunderts fühlten, fand er damit viel Zustimmung.

Die Präsidentschaft Boris Jelzins büßte auch deswegen fortschreitend an Legitimität ein, weil sie von vielen Russen mit einer unkritischen Übernahme westlicher Vorbilder gleichgesetzt wurde. Tatsächlich beschränkte sich die Rezeption okzidentaler Errungenschaften im Wesentlichen auf die Förderung kapitalistischen Erwerbsstrebens und die periodische Abhaltung freier Wahlen. Die Korruption, die sich bis ins innerste Machtzentrum durchfraß, zerstörte viel von der politischen Autorität, die sich Jelzin als Reformer und Verteidiger der Demokratie 1991/92 erworben hatte.

Ein blutig niedergeworfener Umsturzversuch im Oktober 1993 machte aller Welt deutlich, wie stark die kommunistischen und radikal nationalistischen Kräfte inzwischen wieder waren. Im November 1994 begann der erste, mit brutaler Gewalt geführte Krieg gegen die Autonome Republik Tschetschenien: ein Konflikt, der Russland mit einem unbewältigten Kapitel seiner eurasischen Kolonialgeschichte konfrontierte. In der zweiten Hälfte der neunziger Jahre taten die Misere der Staatsfinanzen, die zunehmende Oligarchisierung der Macht und die mafiöse Unterwanderung vieler Banken und Unternehmen ein Übriges, um Russland weithin als «failing state» erscheinen zu lassen. So viel persönliches Wohlwollen der alkoholkranke Jelzin bis zuletzt im Washington Bill Clintons und in anderen westlichen Hauptstädten genoss, eine belastbare, auf Dauer angelegte Partnerschaft war mit *diesem* Russland schwer vorstellbar.

II.

Westliche Rückwirkungen konnten nicht ausbleiben. In den USA wuchs der innenpolitische Druck auf Präsident Clinton, dem Russland Jelzins keine Zugeständnisse mehr zu machen und das Atlantische Bündnis nach Osten auszudehnen. Auch wahltaktische Überlegungen spielten dabei eine Rolle. An einem möglichst schnellen Beitritt der ostmitteleuropäischen Länder waren vor allem die vielen Amerikaner interessiert, die selbst oder deren Vorfahren von dort stammten. In einigen der «swing states» konnte ihr Votum den Wahlausgang entscheiden, weshalb sie von beiden Parteien, besonders vehement aber von den oppositionellen Republikanern umworben wurden.

Clinton dürfte die daraus für seine Wiederwahl im Jahr 1996 erwachsenden Gefahren vor Augen gehabt haben, als er im Januar 1994 nach einem Treffen mit den Präsidenten der ostmitteleuropäischen Staaten in Prag auf einer Pressekonferenz erklärte, die Frage sei jetzt nicht mehr, ob sich die NATO für neue Mitglieder öffnen werde, sondern nur noch wann und wie. Was das «Wann» betraf, stand für Clinton nur eines fest: Er wollte auf keinen Fall durch ein rasches Vorpreschen die Chancen Jelzins mindern, 1996 erneut zum Präsidenten gewählt zu werden.

Nach den Zwischenwahlen vom November 1994, die den oppositionellen Republikanern Mehrheiten in beiden Häusern des Kongresses brachten, hatten die Bremser der Osterweiterung im Pentagon und im State Department einen schwereren Stand als zuvor. Sie verwiesen zwar weiterhin auf die hohe Bedeutung eines guten Verhältnisses zwischen den USA und der anderen großen Nuklearmacht, Russland, konnten sich aber immer weniger gegen die Beschleuniger des Beitrittsprozesses behaupten, die das postsowjetische Russland für zunehmend unberechenbar hielten. Dass die jungen Demokratien Ostmitteleuropas sich um eine Mitgliedschaft in der westlichen Allianz bemühen durften, war ohnehin nicht zweifelhaft. Das Recht auf freie Bündniswahl war ihnen in der Helsinki-Schlussakte der Konferenz über Sicherheit und Zusammenarbeit in Europa von 1975 und der Charta von Paris vom November 1990, zwei von der Sowjetunion mitunterzeichneten internationalen Vereinbarungen, zugesichert worden.

Die Grundsatzentscheidung, die NATO nach Osten zu öffnen, war mit einigen offenen Fragen verbunden. Wer außer Polen, Tschechien und Ungarn kam zu einem späteren Zeitpunkt noch für einen Beitritt in Frage? Sollte die NATO von sich aus eine östliche Grenze festlegen, über die hinaus sie sich nicht erweitern würde? Welche Probleme wären damit verbunden, wenn sie sich für die Aufnahme ehemaliger Sowjetrepubliken wie der drei baltischen Staaten entscheiden sollte, die historisch zum alten Okzident gehörten, also kulturell westlich geprägt waren? Falls die NATO die Tür auch für die seit Ende 1991 unabhängige Ukraine öffnen sollte, welche Rückwirkungen würde das auf Russland haben? Sollte eines Tages auch ein demokratisches Russland der NATO beitreten können, was schon Gorbatschow 1990 nicht ausgeschlossen hatte und auch Jelzin für denkbar hielt, oder sollte der Westen klarstellen, dass dies keine Option war?

Nach der Beendigung des Kalten Krieges eine neue Grenze zwischen «West» und «Ost» quer durch Europa zu ziehen war eine Möglichkeit, vor der die Clinton-Administration zurückschreckte. Sie wollte sich auch nicht darauf festlegen, dass das postsowjetische Russland für alle Zeiten «außen vor» bleiben müsse. Die baltischen Republiken Estland, Lettland und Litauen, die die Sowjetunion von 1940 im Vollzug des Hitler-Stalin-Pakts annektiert hatte, wollten die USA, die diese eklatante Verletzung des Völkerrechts niemals anerkannt hatten, durchaus im westlichen Bündnis sehen.

Viel schwieriger lag der Fall der historisch eng mit Russland verbundenen, überwiegend orthodoxen, zum Teil russischsprachigen Ukraine. Amerikanische Diplomaten zeigten sich in den neunziger Jahren entsetzt über die fehlende Reformbereitschaft der Kiewer Regierung. Die strukturellen Probleme der Ukraine ähnelten sehr denen von Jelzins Russland: grassierende Korruption auf allen Ebenen, wachsender Einfluss des organisierten Verbrechens auf das öffentliche Leben, Anhäufung großer Reichtümer in den Händen weniger Oligarchen, krasse soziale Ungleichheit, erbitterte Kämpfe zwischen verfeindeten politischen Lagern und die traditionellen Gegensätze zwischen prorussischen Kräften im Osten und den stärker westlich geprägten, ehedem zu Polen beziehungsweise zur Habsburgermonarchie gehörenden Landesteilen.

Mit der im Januar 1994 ins Leben gerufenen «Partnerschaft für den Frieden» (PfP) wollten die USA den Dilemmata entkommen, in die sie durch das grundsätzliche Ja zur Osterweiterung der Atlantischen Allianz geraten waren. Der PfP sollten sich neben den bisherigen NATO-Mitgliedern alle europäischen und asiatischen Staaten anschließen können, die an einer militärischen Zusammenarbeit mit dem Westen interessiert waren. Wie die Kooperation konkret aussehen sollte, war bilateral auszuhandeln. Auf dem Papier wurde die PfP zu einem großen Erfolg. Zu den Unterzeichnern gehörten faktisch alle europäischen Staaten, einschließlich neutraler Länder wie der Schweiz und viele ehemalige Sowjetrepubliken in Europa und Zentralasien, darunter formell auch Russland. Doch als Alternative zur NATO-Mitgliedschaft kam die PfP aus Sicht der

Ostmittel- und Südosteuropäer zu keiner Zeit in Frage, so dass das Problem der neuen Ostgrenze des Westens auf dem Tisch blieb. Für Sarottes These, dass der Westen bei gutem Willen sehr viel mehr aus dem Partnerschaftsprojekt hätte machen können, spricht infolgedessen wenig.

Dass 1997 die Aufnahme Russlands in die «G7», also deren Erweiterung zur «G8», und einige Zusicherungen des westlichen Bündnisses hinsichtlich des militärischen Status der neuen NATO-Mitglieder ausreichten, um den russischen Präsidenten zur Unterzeichnung der NATO-Russland-Akte und damit zur Hinnahme des NATO-Beitritts Polens, Tschechiens und Ungarns im Jahr 1999 (und damit künftig auch weiterer ehedem kommunistisch regierter Staaten) zu bewegen, war gewiss ein großer Erfolg für Clinton und den Westen insgesamt. Aber niemand konnte sich bei nüchterner Betrachtung darüber hinwegtäuschen, dass Russland mit den bisherigen Ergebnissen seiner Zusammenarbeit mit dem Westen zutiefst unzufrieden war und sich als Verlierer der Epochenwende von 1989/90/91 betrachtete: eine Einschätzung, die sich durch den Kosovokrieg von 1999, die von den Vereinten Nationen nicht autorisierte humanitäre Intervention der NATO gegen das mit Russland historisch eng verbundene Serbien, zu bestätigen schien. Für die Zeit nach den Präsidentschaften Clintons und Jelzins ließ das nichts Gutes erwarten.

III.

Anders als für die 1990er Jahre stehen für die Zeit nach der Jahrtausendwende ehedem geheime Staatsdokumente noch kaum zur Verfügung, so dass es wohl noch lange dauern wird, bis über die Präsidentschaft von George W. Bush und die frühe Ära Putin eine derart materialgesättigte Untersuchung geschrieben werden kann wie die von Mary Elise Sarotte über das Jahrzehnt davor. Das, was bisher bekannt ist, reicht aber völlig aus, um festzustellen: Das Verhältnis zwischen Russland und der westlichen Welt hat sich in den ersten beiden Jahrzehnten des 21. Jahrhunderts dramatisch verschlechtert. Unter dem jüngeren Bush schlugen die USA seit 2002 einen von nationaler Selbstüberschätzung und imperialer Arroganz geprägten Kurs ein, der die transatlantischen Beziehungen schwer belastete, die Krise im Nahen und Mittleren Osten unheilvoll verschärfte und im Verhältnis zu Russland auf Konfrontation statt auf Kooperation setzte. Russland erlebte eine Phase der autoritären, ja zunehmend repressiven Stabilisierung im Zeichen eines großrussischen Nationalismus mit scharf antiwestlichen Zügen, verbunden mit dem Streben, den Weltmachtstatus wiederherzustellen, den man seit der Auflösung der Sowjetunion im Jahr 1991 in Frage gestellt sah.

Zu einer Zäsur im Ost-West-Verhältnis wurde das Jahr 2008. Auf dem NATO-Gipfel im April jenes Jahres in Bukarest schlug George W. Bush, unterstützt von Polen, aber gegen den Rat der eigenen Geheimdienste und vieler wichtiger Beamter, die Aufnahme Georgiens und der Ukraine in das westliche Bündnis vor. Um den Beitritt zu beschleunigen, forderte er zugleich die Verabschiedung eines Membership Action Plan (MAP): ein Vorhaben, dem die deutsche Bundeskanzlerin Angela Merkel und der französische Staatspräsident Nicolas Sarkozy entgegentraten. Damit erneuerte sich zeitweilig eine Frontstellung, die der Westen im Vorfeld des Irakkriegs von 2003 erlebt hatte: Damals war es den USA gelungen, die ehemaligen Warschauer-Pakt-Staaten auf ihre Seite zu ziehen, während sich Frankreich und Deutschland dem aggressiven Vorgehen der Bush-Administration widersetzten. Das Ergebnis des Bukarester Gipfels war ein fauler Kompromiss: Die NATO sagte mit dem Versprechen, Georgien und die Ukraine als Mitglieder aufzunehmen, im Prinzip Ja zum Beitrittsbegehren beider Länder, mit der Ablehnung des Membership Action Plan in der Praxis aber fürs erste Nein.

Im Zeichen des Ukrainekriegs von 2022 ist Merkels Weigerung, 2008 einer raschen Aufnahme Georgiens und der Ukraine in die NATO zuzustimmen, verstärkt kritisiert worden, in Deutschland etwa von Oppositionsführer Friedrich Merz. Doch es gab damals gute Gründe, sich dem Washingtoner Vorstoß zu widersetzen. *Erstens* war es um die innere Beitrittsreife der Ukraine um 2008 kaum besser bestellt als in den neunziger Jahren, und für Georgien galt dasselbe. In der Ukraine sprach sich in Meinungsumfragen nur ein Drittel der Bevölkerung für den von Präsident Juschtschenko betriebenen NATO-Beitritt aus. Merkel und Sarkozy schätzten *zweitens* die historischen Bindungen zwischen der Ukraine und Russland ähnlich ein wie Clinton, und ebenso wie dieser hielten sie es für unklug, die russische Interpretation eigener Sicherheitsinteressen zu ignorieren. *Drittens* dürfte dem französischen Präsidenten und der deutschen Kanzlerin die Gefahr vor Augen gestanden haben, dass Putin die Einleitung des MAP zum Anlass nehmen könnte, in Tiflis und Kiew mit militärischer Gewalt einen Regimewechsel in seinem Sinn herbeizuführen, bevor die beiden ehemaligen Sowjetrepubliken in den vollen Schutz des Atlantischen Bündnisses kamen.

Das Ergebnis war fatal. Der Westen versprach etwas, was er nicht halten konnte. Das Bündnis war gespalten; George W. Bush, dessen zweite Amtszeit im Januar 2009 endete, war der einzige amerikanische Präsident, der sich aktiv für eine Aufnahme Georgiens und der Ukraine in die NATO einsetzte. Dass Putin seine Auffassung von russischen Großmachtinteressen im postsowjetischen Raum rücksichtlos durchzusetzen entschlossen war, zeigte er im kurzen Georgienkrieg vom August 2008, zu dem es freilich kaum gekommen wäre, wenn der georgische Präsident Michael Saakaschwili nicht im Konflikt um die abtrünnige Provinz Südossetien auf die Karte militärischer Gewalt gesetzt hätte. Mit der völkerrechtswidrigen Annexion der Krim im Februar 2014 und dem Beginn des hybriden Krieges im Donbass konterte Putin den Sturz des von ihm unterstützten Kiewer Präsidenten Janukowitsch und die geplante Assoziierung der Ukraine an die Europäische Union. Vermutlich waren es nur die massiven westlichen Sanktionen, die Putin davon abhielten, noch sehr viel weiter zu gehen und eine Landbrücke zwischen dem Donbass und der Krim, wenn nicht bis zu dem von der Republik Moldau abtrünnigen Transnistrien zu schlagen und so die Ukraine völlig vom Schwarzen Meer abzuschnüren.

IV.

Ob der Westen jemals eine Chance gehabt hat, einen Konflikt mit Russland über die Ukraine zu vermeiden, ist zweifelhaft. Wenige Wochen vor der Auflösung der Sowjetunion, am 15. November 1991, ließ der amerikanische Botschafter in Moskau, Robert Strauss, seine Regierung wissen: «Das revolutionärste Ereignis des Jahres 1991 für Russland könnte nicht der Zusammenbruch des Kommunismus sein, sondern der Verlust von etwas, was von Russland in allen seinen Schattierungen als Teil des eigenen *body politic* und als nahe am Herzen desselben empfunden wird: der Ukraine.»

Unter Clinton versuchten die USA, das Problem Ukraine auszuklammern. Wenn die Ukraine nicht als ein Beitrittskandidat der NATO wie Polen und die baltischen Staaten galt, dann, weil sie weniger «westlich» und Russland so viel näher und ähnlicher war als diese. Versuche, mit Russland über eine andere Form von Sicherheit für ehemalige Sowjetrepubliken wie die Ukraine oder Georgien ins Gespräch zu kommen, gab es nicht. Ob Jelzin in der Lage gewesen wäre, Russland auf irgendeine Form von «cordon sanitaire» für solche Staaten festzulegen, ist fraglich. Ob Putin dazu jemals bereit gewesen wäre, ebenfalls.

Tatsache ist, dass der Westen, von der Zeit der Präsidentschaft von George W. Bush abgesehen, darauf verzichtet hat, das Recht der freien Bündniswahl dort durchzusetzen, wo er mit massivem Widerstand Russlands rechnen musste. Insoweit hat er, soweit es um ehemalige Sowjetrepubliken jenseits des Sonderfalls Baltikum ging, der eigenwilligen russischen Interpretation von Sicherheitsinteressen sehr wohl Rechnung getragen und sich damit einem Anspruch gebeugt, den er, zumindest was Europa anging, prinzipiell ablehnte. Die Inkonsequenz erklärt sich aus der Überzeugung, dass andernfalls eine große, möglicherweise auch militärische Konfrontation mit Russland drohte.

Die Zweideutigkeit in Sachen NATO-Mitgliedschaft, die die westlichen Demokratien vor allem seit dem Bukarester Gipfel von 2008 der Ukraine gegenüber an den Tag legten, hat wesentlich zu der tragischen Situation beigetragen, in der sich das Land heute befindet. Um es in Form eines Paradoxons auszudrücken: Als der Westen in den 1990er Jahren *vielleicht* noch die Macht gehabt hätte, die Mitgliedschaft der Ukraine in der NATO gegen den Widerstand Russlands durchzusetzen, war die Ukraine noch längst nicht beitrittsbereit. Als sie sich seit 2019 der Beitrittsreife zu nähern begann, war der Westen schon längst nicht mehr in der Lage, ihre Aufnahme in das westliche Bündnis gegen den Widerstand Russlands durchzusetzen.

Die Fähigkeit zur Selbstkritik ist eine der Stärken des Westens. Deutschland hat dazu besonderen Anlass, weil es sich mit dem Nord-Stream-Projekt und namentlich mit der Gaspipeline Nord Stream 2 über elementare Interessen der Ukraine und seiner ostmitteleuropäischen Partner und Verbündeten in der EU und der NATO hinweggesetzt hat und Putin ohne Not weit entgegengekommen ist. Nicht zu entschuldigen braucht sich Deutschland hingegen für eine Politik, die trotz aller unüberbrückbaren Gegensätze zwischen Russland und dem Westen stets versucht hat, Chancen einer Verständigung mit Moskau auszuloten, um zumindest eine weitere Verschlechterung der Beziehungen zu verhindern. Eine Risikopolitik im Sinne von George W. Bush erschien den Regierungen in Berlin und Paris zu Recht als leichtfertiges Spiel mit dem Feuer.

Die westliche Selbstkritik geht aber seit langem sehr viel weiter und oftmals in die falsche Richtung. Am 5. Februar 1997 hat der Vater der amerikanischen «Containment»-Politik nach dem Zweiten Weltkrieg, George F. Kennan, in einem Aufsehen erregenden, von sogenannten «Realpolitikern» immer wieder zitierten Aufsatz in der «New York Times» die Osterweiterung der NATO den «verhängnisvollsten Irrtum der amerikanischen Politik in der gesamten Nach-Kalte-Kriegs-Ära» (the most fateful error of American policy in the entire post-cold war era) genannt.

Kennan fürchtete als Konsequenz einer Ausdehnung des westlichen Bündnisses nach Osten einen neuen Kalten Krieg, wenn nichts Schlimmeres. Aber der Westen hätte seine Prinzipien verraten und wäre dem Kampf der Ostmittel- und Südosteuropäer um Selbstbestimmung in den Rücken gefallen, hätte er im Sinne Kennans gehandelt. Ein neues «Zwischeneuropa», wie es sich nach dem Ersten Weltkrieg in dem Staatengürtel zwischen der Ostsee und dem Schwarzen Meer herausgeformt hatte, wäre vermutlich abermals zu einer weltpolitischen Krisenregion geworden. Eine realistische Alternative zur Mitgliedschaft in der NATO gab es für die jungen Demokratien Ostmittel- und Südosteuropas nicht, wenn sie künftig in (relativer) Sicherheit leben wollten.

In einem Aufsatz unter dem Titel «Why NATO should grow?» hat der stellvertretende Außenminister Strobe Talbott, der eigentliche Stratege der Erweiterung des westlichen Bündnisses, im August 1995 in der «New York Review of Books» als einen wesentlichen Grund für die Osterweiterung der NATO die Notwendigkeit genannt, sich auf den Fall einzustellen, dass Russland die Demokratie abschaffen und zu bedrohlichen Mustern internationalen Auftretens zurückkehren sollte, die manchmal seine Geschichte geprägt hätten, und das ganz besonders in der Sowjetzeit.

Wörtlich heißt es bei Talbott: «Die Ungewissheit über die Zukunft Russlands ist unentrinnbar (inescapably) einer der Faktoren, die es, wenn es um die europäische Sicherheit geht, zu bedenken gilt. Niemand spricht so unverblümt über diese Ungewissheit wie viele Russen.»

Kritiker wie der frühere amerikanische Botschafter in Warschau, Richard T. Davies, mochten Talbott entgegenhalten, er ignoriere die fatalen Auswirkungen, die die Osterweiterung der NATO für das Bemühen haben werde, sich mit Russland über die atomare Abrüstung und die Nichtweiterverbreitung von Nuklearwaffen zu verständigen, sein zentrales Argument konnten sie damit nicht entkräften.

Die Geschichte hat Talbott Recht gegeben. Was sich schon in den neunziger Jahren des 20. Jahrhunderts abzeichnete, war ein Einschwenken Russlands in die Denk- und Handlungsmuster, die die sieben Jahrzehnte der Sowjetherrschaft überdauert, zum Teil auch in dieser Zeit in verwandelter Form fortgewirkt hatten. Das Gefühl, vom Westen verkannt und missachtet zu werden, der Glaube, Träger einer besonderen historischen Mission zu sein, und der Anspruch, als bikontinentaler Großstaat zu den Führungsmächten der Welt zu gehören, waren stärker als die Einsicht, dass Russland seinen Niedergang nur aufhalten konnte, wenn es das Übel an der Wurzel packte und alle Kraft darauf verwandte, seine Industriestruktur grundlegend zu modernisieren, seine demokratischen, rechtsstaatlichen und zivilgesellschaftlichen Defizite zu überwinden und eine neue politische Kultur zu entwickeln.

So gesehen, haftete dem von Talbott befürchteten Rückfall Russlands in seine eigene Vergangenheit in der Tat etwas «Unentrinnbares» im Sinne der antiken Tragödie an. Der Ost-West-Konflikt, wie ihn die Welt in der zweiten Hälfte des 20. Jahrhunderts im Zeichen des Gegensatzes zwischen dem Sowjetblock und den Staaten des Atlantischen Bündnisses erlebt hatte, ist in der Zeit zwischen dem Mauerfall und der Auflösung der Sowjetunion zu Ende gegangen. Die Überzeugung, dass es einen tiefen Gegensatz zwischen westlicher Freiheit und östlicher Unterdrückung gab, hatten europäische Liberale freilich schon im 19. Jahrhundert und vor allem in der Zeit des Krimkrieges der Jahre 1853 bis 1856 geäußert, bei dem das Zarenreich auf der einen, Großbritannien und Frankreich auf der anderen Seite standen. Nicht minder alt war das Gefühl der russischen Slawophilen, dem rationalistischen und dekadenten Westen gegenüber eine ursprünglichere und darum überlegene Form des Europäertums zu vertreten.

Mit Hilfe Putins hat diese Denktradition in Russland die Oberhand gewonnen und Europa einen neuen und zugleich sehr alten Ost-West-Konflikt aufgezwungen. Was bleibt, ist die Ungewissheit über die Zukunft Russlands, von der Strobe Talbott 1995 sprach. Sie ist heute so groß wie nie zuvor.

8. WELCHE ZUKUNFT HAT DER WESTEN?

ZUR KRISE EINER POLITISCHEN KULTUR

Januar 2022

I.

Historiker sind nach einem bekannten Wort von Friedrich Schlegel rückwärts gekehrte Propheten. Sie tun deshalb gut daran, sich als Futurologen eine gewisse Zurückhaltung aufzuerlegen. Auf die Frage, ob der Westen eine Zukunft hat, drängt sich einem Historiker zunächst die Gegenfrage auf, was es denn mit der Geschichte des Westens auf sich hat. Oder anders gewendet: Was meint der Begriff «Westen» eigentlich?

Gelegentlich liest man, der «Westen» sei ein Konstrukt aus der Ära des Kalten Krieges, der Zeit des Weltgegensatzes zwischen westlichen Demokratien und kommunistischen Systemen vom Ende des Zweiten Weltkriegs bis zum Untergang erst des Ostblocks, dann der Sowjetunion. Dafür scheint zunächst manches zu sprechen, aber eine solche Verortung greift bei genauerer Betrachtung denn doch zu kurz. Was man heute den Westen nennt, reicht in vielerlei Beziehung bis ins hohe Mittelalter zurück. Am Anfang war, so könnte man überspitzt formulieren, der Investiturstreit des späten 11. und frühen 12. Jahrhunderts, der mit einem historischen Kompromiss, der ansatzweisen Trennung der Sphären von Papst und Kaiser, beziehungsweise Königen, also von geistlicher und weltlicher Gewalt, endete. Es war die erste in einer Reihe von Gewaltenteilungen, der die Trennung von fürstlicher und ständischer Gewalt, gipfelnd in der englischen Magna Charta von 1215, und später die von Montesquieu 1748 auf den Begriff gebrachte klassische Gewaltenteilung, die Trennung von gesetzgebender, ausführender und rechtsprechender Gewalt, folgten.

Es war nur das Europa der Westkirche, das lateinische Europa, das von dieser Tradition der Gewaltenteilung geprägt wurde, nicht das orthodoxe Europa, wo die geistliche Gewalt der weltlichen Gewalt untergeordnet blieb und das Gottesgnadentum des Monarchen bis zuletzt von ganz anderer Qualität war als im Westen. Die Entwicklung von einem rudimentären Dualismus zum institutionellen Pluralismus und zu einer Kultur des Individualismus hat nur der Westen Europas durchlaufen. Nur dieser Teil des alten Kontinents erlebte die Emanzipationsprozesse des späten Mittelalters und der frühen Neuzeit, die Renaissance und den Humanismus, die Reformation und die Aufklärung.

Zur Zeit von Montesquieu gab es neben dem alten, dem europäischen Westen längst einen neuen transatlantischen Westen. Dort, auf britischem Kolonialboden in Nordamerika, wurde mit der Virginia Declaration of Rights vom 12. Juni 1776, drei Wochen vor der amerikanischen Unabhängigkeitserklärung, die erste Menschenrechtserklärung der Geschichte verabschiedet. Die Idee der unveräußerlichen Menschenrechte wanderte wenig später dorthin, wo ihre geistesgeschichtlichen Wurzeln lagen: nach Europa. Die stark von amerikanischen Vorbildern geprägte Erklärung der Menschen- und Bürgerrechte durch die Nationalversammlung des revolutionären Frankreich vom 26. August 1789 war neben der Unabhängigkeitserklärung und der Verfassung der Vereinigten Staaten eine der klassischen Manifestationen des normativen Projekts des Westens: die Summe der politischen Errungenschaften der Aufklärung. Dazu gehören die Menschen- und Bürgerrechte, die Herrschaft des Rechts, die Gewaltenteilung, die Volkssouveränität und die repräsentative Demokratie.

Das normative Projekt des Westens war nie dasselbe wie die gesellschaftliche und politische Praxis des Westens. Zu den Unterzeichnern der ersten Menschenrechtserklärungen gehörten Sklavenbesitzer. Aber diese Erklärungen waren klüger als ihre oft in rassischen und männlichen Vorurteilen befangenen Verfasser. Auf den Fundamentalsatz, dass alle Menschen von ihrem Schöpfer mit gleichen Rechten geschaffen worden sind, konnten sich auch diejenigen berufen, die ganz oder teilweise von ihnen ausgeschlossen waren: die amerikanischen Ureinwohner etwa, die aus Afrika zwangsimportierten Sklaven und, was die Bürgerrechte angeht, die Frauen. Aus diesem Widerspruch zwischen Projekt und Praxis erklärt sich zu einem guten Teil die innere Dynamik des Westens in der Folgezeit oder, anders gewendet, die Verwandlung eines normativen Projekts in einen normativen Prozess.

Die Geschichte der westlichen Welt war seit den beiden atlantischen Revolutionen des späten 18. Jahrhunderts auf weiten Strecken dreierlei: erstens eine Geschichte von Kämpfen um die Aneignung oder Verwerfung der Ideen von 1776 und 1789; zweitens eine Geschichte gröbster Verstöße gegen diese Werte – Sklavenhandel und Sklaverei, Rassismus, Kolonialismus und Imperialismus; drittens eine Geschichte von Selbstkritik und Selbstkorrekturen, also von Lernprozessen. Abgeschlossen ist diese Geschichte bis heute nicht.

In kaum einem Land des alten Westens war der Widerstand gegen einige der Ideen von 1776 und 1789 so hartnäckig und massiv wie in Deutschland. Es hatte zwar einen höchst aktiven Anteil an der europäischen Aufklärung, verweigerte sich aber einigen ihrer politischen Konsequenzen. Es brachte im 19. Jahrhundert eigene Formen von Rechtsstaat hervor, sperrte sich jedoch gegen die Ideen der Volkssouveränität und der repräsentativen Demokratie. Der Erste Weltkrieg wurde von deutschen Intellektuellen zum Kampf zwischen den westlichen Ideen von 1789, also Freiheit, Gleichheit, Brüderlichkeit, und den angeblich überlegenen «deutschen Ideen von 1914», Werten wie Ordnung, Zucht und Innerlichkeit, erklärt. Der Höhe- oder besser Tiefpunkt der deutschen Auflehnung gegen die politischen Ideen des Westens war die Herrschaft des Nationalsozialismus. Erst nach seiner Niederwerfung durch die Alliierten im Jahr 1945 vollzog sich im Westen des geteilten Deutschlands jene umfassende Öffnung gegenüber der politischen Kultur des liberalen und demokratischen Westens, gegen die sich nach dem Ersten Weltkrieg noch große Teile der deutschen Gesellschaft und nicht zuletzt der Eliten gewehrt hatten – eine Öffnung, die im Ostteil Deutschlands erst im Zuge der friedlichen Revolution von 1989 und der Wiedervereinigung stattfinden konnte.

Inzwischen wissen wir, wieviel Vergangenheit die Umwälzungen der Jahre 1989 bis 1991 überlebt hat. In einigen der Staaten, die erst nach dieser historischen Zäsur der Europäischen Union und dem Atlantischen Bündnis beigetreten sind, sind Parteien an die Regierung gelangt, die an alte Vorurteile gegenüber der liberalen Kultur des Westens appellieren und im Zeichen einer «illiberalen Demokratie» dabei sind, die Unabhängigkeit der Gerichte und damit eine Conditio sine qua non des Rechtsstaates Schritt für Schritt zu beseitigen. Der Anspruch der Europäischen Union, eine Wertegemeinschaft zu sein, wird durch die Liquidation wesentlicher Errungenschaften der friedlichen Revolution von 1989 auf geradezu existenzielle Weise herausgefordert.

II.

Der «unipolare Moment», in dem sich die Vereinigten Staaten und mit ihnen der demokratische Westen nach dem Zusammenbruch des Sowjetkommunismus angekommen wähnten, war nur von kurzer Dauer. Der 11. September 2001, der Tag der islamistischen Terroranschläge in New York und Washington, erscheint uns im Rückblick als eine erste Inhaltsanzeige des 21. Jahrhunderts: die Herausforderung des hochindustrialisierten Westens durch einen asymmetrischen Gegner, der höchste Irrationalität in der Gestalt eines fanatischen Erlösungs- und Vernichtungsglaubens mit höchster Perfektion in der Beherrschung der modernen Technik verbindet. 9/11 zeigte die Verletzlichkeit des Westens. Die Art und Weise, wie die USA auf den Angriff von al-Qaida reagierten, war geeignet, den Westen und seine Vormacht weiter zu schwächen. Der Krieg in Afghanistan – dem Land, das zur wichtigsten Operationsbasis der gefährlichsten islamistischen Terrororganisation geworden war – wurde zum längsten Krieg in der Geschichte Amerikas (und seiner nordatlantischen Bundesgenossen in der NATO) und brachte nicht das erhoffte Ergebnis: Die Taliban, die einstigen Schutzherren von al-Qaida, haben inzwischen die Macht zurückerobert – eine schwere Niederlage nicht nur der Vereinigten Staaten, sondern des gesamten Westens.

Der zweite angebliche Anti-Terror-Krieg der USA, der gegen den Irak Saddam Husseins im Jahr 2003, verlief zwar militärisch erfolgreich, wurde aber zum politischen Debakel. Die Überzeugung von Präsident George W. Bush, ein islamisches Land wie der Irak ließe sich nach dem Vorbild Deutschlands (oder Japans) nach 1945 in eine pluralistische Demokratie westlicher Prägung verwandeln, war eine der groteskesten und ahistorischsten Fehleinschätzungen in der Geschichte von Großmächten. Nicht nur im Nahen Osten, sondern weltweit haben die Vereinigten Staaten dadurch drastisch an Prestige und weltpolitischer Bedeutung verloren – und mit den USA der Westen insgesamt.

Der islamistische Terrorismus ist in den ersten beiden Jahrzehnten des 21. Jahrhunderts nicht der einzige Widersacher geblieben, dessen sich der Westen zu erwehren hat. Inzwischen ist den USA in der Volksrepublik China ein Konkurrent und Rivale um die globale Vormachtstellung erwachsen, der eine weitaus höhere wirtschaftliche und technologische Leistungskraft entwickelt hat als die Sowjetunion in den sieben Jahrzehnten ihrer Existenz. Deren größter Nachfolgestaat, Russland, hat unter der Herrschaft Putins einen autoritären Transformationsprozess durchlaufen, der ein gewisses, wenn auch prekäres Maß an innenpolitischer Stabilität verbürgt und eine beträchtliche, mitunter aggressive außenpolitische Dynamik erlaubt. Neben Russland sind auch in Indien und Brasilien nichtwestliche Machtzentren entstanden, die es nahelegen, von einer neuen multipolaren Weltordnung zu sprechen. Doch im Hinblick auf den immer dominanteren amerikanisch-chinesischen Gegensatz ist auch bereits von einer neuen Bipolarität die Rede – weniger ideologisch ausgerichtet als der Kalte Krieg in den viereinhalb Jahrzehnten nach dem Zweiten Weltkrieg, aber nicht minder konfliktträchtig.

Auch innenpolitisch sind die Demokratien des Westens schon längst nicht mehr in der vergleichsweise komfortablen Situation, in der sie sich im ersten Jahrzehnt nach 1989/90 befanden. Die Herausforderungen durch nationalpopulistische Kräfte beschränkt sich nicht auf ostmitteleuropäische Länder wie Ungarn oder Polen. Auch in alten oder mittlerweile gefestigten jüngeren Demokratien verstehen sich vielbeschworene Werte des Westens wie die Hochschätzung von Toleranz und Pluralismus und die Einsicht in die Notwendigkeit von *repräsentativer* Demokratie, von «checks and balances», obenan der richterlichen Kontrolle von politischer Macht, nicht mehr von selbst. Den bisher krassesten Fall von Populismus an der Macht bilden die Vereinigten Staaten in der Ära Trump. Am Ende dieser Präsidentschaft war das weltweite Ansehen der USA so schwer erschüttert und der weitere Zusammenhalt des transatlantischen Westens so gründlich in Frage gestellt wie noch nie zuvor.

Die Wahl Joe Bidens zum Präsidenten der USA im November 2020 hat die Stärke des anderen, des verfassungspatriotischen Amerika deutlich gemacht. Aber die innere Gefährdung der freiheitlichen Traditionen der ersten modernen Demokratie dauert an, und für nicht wenige Demokratien Europas gilt dasselbe: Der liberale Verfassungsstaat bleibt in der Gefahrenzone.

III.

Den Höhepunkt seiner politischen und wirtschaftlichen Weltgeltung hat der Westen hinter sich. Europa hat seine dominierende Rolle in den beiden Weltkriegen des 20. Jahrhunderts eingebüßt; die Vereinigten Staaten sind nicht mehr die einzige globale Weltmacht; unter den Rivalen des Westens ist China an die erste Stelle gerückt. Die Europäische Union ist zwar zu einem globalen wirtschaftlichen, aber nicht zu einem weltpolitischen Machtfaktor aus eigenem Recht geworden. Sie bleibt militärisch auf die Partnerschaft mit den USA angewiesen. Ihre Handlungsfähigkeit wird durch nationale Egoismen geschwächt. Ihre demokratische Legitimation ist eine mittelbare: Sie hängt von der ihrer Mitgliedstaaten ab. Das Wort von der (zu erstrebenden) Souveränität Europas führt deshalb in die Irre. Es verschleiert zum einen die strategische Bedeutung, die die Vereinigten Staaten für Europa nach wie vor besitzen, und zum anderem die Tatsache, dass es einen einheitlichen europäischen Souverän nicht gibt. Die EU ist weiterhin ein Staatenverbund postklassischer Nationalstaaten, die einen Teil ihrer Hoheitsrechte gemeinsam ausüben und einen anderen Teil auf supranationale Gemeinschaftseinrichtungen übertragen haben.

Dass der Westen aufgehört hat, die Welt zu dominieren, bedeutet nicht, dass sein normatives Projekt seine Legitimation verloren hat und keine Ausstrahlung mehr besitzt. Das Gegenteil ist der Fall. Nicht wenige nichtwestliche Staaten haben sich rechtsstaatliche Verfassungen nach westlichem Vorbild gegeben und praktizieren seitdem mehr oder minder konsequent Spielarten von pluralistischer Demokratie. Westliche Beispiele haben aber auch Menschen- und Bürgerrechtler in autoritären oder totalitären Regimen immer wieder ermutigt, ihrerseits individuelle Rechte und freiheitliche Verfassungen einzufordern. Ein besonders markantes Beispiel aus neuerer Zeit ist der chinesische Schriftsteller und spätere Friedensnobelpreisträger Liu Xiaobo, der zusammen mit fünftausend anderen Unterzeichnern der «Charta 08» im Jahre 2008 ein Manifest zur Durchsetzung des Rechtsstaates in China vorlegte und deshalb zu elf Jahren Gefängnis verurteilt wurde. Er starb 2017 in der Haft. In seine Fußstapfen traten Zehntausende von Demonstranten, die sich 2020 in Belarus gegen die diktatorische Herrschaft von Präsident Lukaschenko auflehnten und seitdem einer noch schärferen Repression als vorher ausgesetzt sind.

Seit den Tagen von Präsident Woodrow Wilson, der im April 1917 die Parole ausgab, es gelte die Welt zu einer sicheren Heimstatt der Demokratie zu machen («The world must be made safe for democracy»), haben sich Amtsnachfolger im Weißen Haus immer wieder zu der amerikanischen Mission bekannt, die Welt zu demokratisieren. Damit war nicht selten der Glaube verbunden, die entscheidende Voraussetzung für eine westliche Vorstellungen entsprechende Entwicklung seien freie Wahlen. Auch westeuropäische Staats- und Regierungschefs ließen sich mitunter von dieser Hoffnung leiten.

Im Zuge des «arabischen Frühlings» von 2011 zeigte sich, dass diese Erwartung illusorisch war. In Ägypten gingen im Januar 2012 aus den ersten freien Wahlen nach dem Sturz der Militärdiktatur von Präsident Hosni Mubarak die islamistischen Muslimbrüder als Sieger hervor. Ihre Politik der Unterdrückung aller säkularen Kräfte rief 2013 erneut das Militär auf den Plan, das bald noch repressiver regierte als unter Mubarak vor 2011. Dass auch Mehrheiten eine Tyrannei errichten können, ist keine neue Erkenntnis: Vor dieser Gefahr hatten im 19. Jahrhundert schon liberale Denker wie Alexis de Tocqueville und John Stuart Mill gewarnt. In den Jahren nach 2011 erwies sich erneut, dass liberale, pluralistische Demokratien auf einer Vielzahl von Voraussetzungen beruhen: Eine lebendige Zivilgesellschaft, der Respekt vor der Meinung und dem Glauben von Andersdenkenden und vor den Rechten der parlamentarischen Opposition wie von Minderheiten aller Art und ganz allgemein die Achtung der «rule of law» gehören dazu – mithin alles, was im Begriff der politischen Kultur des Westens zusammengefasst wird.

Ohne die Trennung von geistlicher und weltlicher Gewalt, die Ur-Gewaltenteilung des westkirchlichen oder lateinischen Europa im hohen

Mittelalter, hätte sich die politische Kultur des Westens nicht entwickeln können. Mit der zunächst nur ansatzweisen Trennung von geistlicher und weltlicher Gewalt zog ein Teil Europas Konsequenzen aus der kategorischen Unterscheidung von göttlichen und irdischen Gesetzen, die auf Jesus zurückgeht («Gebt dem Kaiser, was des Kaisers ist, und Gott, was Gottes ist»). In letzter Instanz ist es *diese* Unterscheidung, die die Emanzipation des Menschen und die Säkularisierung der Welt ermöglicht hat. Nur auf Grund *dieser* Differenzierung konnte sich jene individualistische und pluralistische Streitkultur entwickeln, die im Verlauf der Jahrhunderte für den Westen konstitutiv wurde.

Die christliche Prägung der Unterscheidung zwischen göttlichen und irdischen Gesetzen schließt Angehörige anderer Religionen nicht aus der politischen Kultur des Westens aus. Für das friedliche Zusammenleben von Menschen unterschiedlicher religiöser, ethnischer und kultureller Herkunft aber ist die Bejahung des säkularen Charakters der westlichen Demokratie unabdingbar. Die Menschen- und Bürgerrechte unter einen religiösen Vorbehalt, etwa der Scharia, zu stellen ist unvereinbar mit der politischen Kultur des Westens. Die Demokratien des Westens verlören ihre normative Glaubwürdigkeit, ließen sie in diesem Punkt irgendwelche Zweifel zu.

Das normative Projekt des Westens ist bis heute unvollendet, und das vor allem in Hinblick auf die schon 1776 propagierte Universalität der Menschenrechte. Westliche Demokratien können ihre Werte niemandem aufzwingen und nichtwestliche Gesellschaften nicht daran hindern, Fehler zu wiederholen, die sie aus ihrer eigenen Geschichte kennen. Sie sind auch gut beraten, wenn sie der nichtwestlichen Welt in Sachen Durchsetzung der Menschenrechte nicht mehr versprechen, als sie halten können.

Das Beste, was die Staaten des Westens für ihre Vorstellungen von einer menschenwürdigen Ordnung tun können, ist, sich selbst an ihre Werte zu halten und eigene Abweichungen von diesen Werten zu kritisieren und zu korrigieren. Eine Zukunft hat der Westen nur, wenn er sich seiner Vergangenheit stellt und erkennt, dass seine politische Kultur gegenwärtig weniger von außen als von innen, durch illiberale Kräfte unterschiedlicher Ausprägung, bedroht wird. Wenn die Demokratien des Westens ihre Werte wirksam verteidigen wollen, müssen sie damit zuhause beginnen.

ANHANG

HELMUT SCHMIDT
AN
HEINRICH AUGUST WINKLER,
22. NOVEMBER 1983.

Der nachstehende Brief Helmut Schmidts bezieht sich auf meinen Aufsatz «Wohin treibt die SPD?» *(siehe oben S. 112 ff.)*

Sehr geehrter Herr Winkler,
vor einigen Tagen las ich Ihren Aufsatz in der «Zeit» vom 11. November. Ich fand ihn ausgezeichnet, besonders auch die letzten drei Absätze. Haben Sie vielen Dank!

Zu der gegenwärtig aktuellen Frage habe ich mich am letzten Wochenende auf dem Bundesparteitag in Köln und heute im Bundestag geäußert. Ich lege Ihnen Kopien beider Reden bei.

Mit freundlichen Grüßen
Ihr sehr ergebener

(Helmut Schmidt)

EGON BAHR AN HEINRICH AUGUST WINKLER, 21. MAI 2001.

Dem Brief Egon Bahrs ging eine Veranstaltung der Friedrich-Ebert-Stiftung in Berlin am 10. Mai 2001 voraus, in der ich in Anwesenheit Bahrs seine Haltung in der Polenkrise der frühen 1980er Jahre kritisiert hatte. Bei den im Brief erwähnten unterstrichenen Textstellen handelt es sich um die in meinem Aufsatz «Rohr des Anstoßes» (siehe oben Seite 217 ff.) zitierten Passagen aus Bahrs Gesprächsband «Was wird aus den Deutschen?».

Lieber Herr Winkler,
vielen Dank, dass Sie so schnell Ihre Zusage wahrgemacht haben und so freundlich waren, den relevanten Text zu unterstreichen.

Um der Beurteilung der damaligen Situation gerecht werden zu können, sind zwei Elemente zu berücksichtigen:

1. Wir haben das Ende der Sowjetunion nicht vorausgesehen mit dem Ergebnis, dass alle Überlegungen von der Fortsetzung der europäischen Teilung ausgingen. Aufgabe musste es also sein, die Ost-Westspannung zu entspannen, den weiteren Lauf des Kalten Krieges aufzutauen.
2. Wir waren geprägt durch bittere Erfahrungen. Der 17. Juni 1953 hatte bewiesen, dass der Status Quo nicht von innen zu ändern war, in Polen und Ungarn wurde diese Erfahrung 1956 erhärtet, 1961 durch den Bau der Mauer zementiert und 1968 durch die Intervention in der CSSR abgerundet.

Unsere Sorge war, dass der Nationalstolz in Polen anders als die mutige Berechenbarkeit der Verfasser der Charta 77, das Risiko unterschätzen könnte: Das Machtinteresse der Sowjetunion würde nicht zulassen, dass die sichere und unbehinderte Verbindung zu ihrer Elitearmee in der DDR durch Polen gefährdet wird.

Dann bliebe nur, wie immer seit 1953, leidenschaftlicher Protest bei westlicher Hilflosigkeit, wobei die betroffenen Menschen ihrem Schicksal überlassen blieben. Sollten die Polen diese Lektion unbedingt noch einmal lernen wollen? Wer wegen

Zigaretten- und Schnapspreisen zum Generalstreik aufrufen wollte, würde dafür in Deutschland kein Verständnis finden.

Ich gestehe, dass ich damals auch an die edlen, tapferen und kühnen polnischen Kavalleristen gedacht habe, die 1939 gegen die deutschen Panzer die letzte Attacke der Kriegsgeschichte geritten haben. Ein ziviler Mensch konnte das auch dumm nennen.

Hier kommt der Generationenfaktor ins Spiel: Brandt hatte einen ganz anderen Hintergrund erlebter und erlittener Geschichte als etwa Garton Ash, der als junger Wissenschaftler von der begeisternden (und geglückten) Solidarnosc-Bewegung geprägt wurde.

Damit komme ich zu Ihrer Formulierung, der ich nur mit Einschränkung zustimmen kann. Es gab sogar Sozialdemokraten, die meinten, in Auschwitz hätte Deutschland sein geschichtliches Recht auf Einheit verspielt. Der Aufmerksamkeitswert einer solchen These stand zu keiner Zeit in einem Verhältnis zum Gewicht oder dem Einfluss derer, die sie vertraten. Die Substanz der Nation zu bewahren, so lange es die Zweistaatlichkeit gab, deren Ende nicht abzusehen war, stellte seit den Passierscheinen die Substanz Brandtscher Deutschlandpolitik dar.

Das kann man «europäische Ordnungspolitik im deutschen Interesse nennen». Aber was denn sonst? Warum sollten wir nicht wie alle anderen Nationen deutsche Interessen vertreten? Gewaltverzicht wurde dem Selbstbestimmungsrecht übergeordnet. Mehr ging doch gar nicht, wenn das nationale Interesse nicht eines Tages weniger zuverlässigen Demokraten überlassen bleiben sollte. Es würde mir leid tun, wenn es in Polen weiterhin negativ empfunden würde, wenn die Deutschen ihren Interessen, nicht «im Namen Europas», sondern in der europäischen Einbindung gefolgt sind und hoffentlich, wie die Polen, auch weiter folgen werden.

Wobei wir damals der Auffassung waren, dass die Grundakte von Helsinki den Menschen in Osteuropa erst ein Dokument gegeben hat, auf das sie sich berufen konnten und das ihnen etwas Luft gab, auch den Mitgliedern von Solidarnosc.

Wir haben übrigens damals auf die Sowjetunion eingewirkt und vor den verheerenden Folgen eines Einmarsches gewarnt, der nicht unblutig verlaufen würde. Die Antwort war, dass der Aufmarsch eine hoffentlich ausreichende Drohkulisse sein würde; nur im Falle der Destabilisierung in Polen würde man ungern gezwungen sein, zu intervenieren.

Das Ergebnis ist klar: Solidarnosc hat Recht behalten. Sie haben das Risiko und die Toleranzgrenze Moskaus richtig eingeschätzt. Wir haben ihre Fähigkeit dazu unterschätzt. Aber ich füge an: Allein auf das damalige Wissen gestützt, also ohne den Ausgang zu kennen, würde ich sehr wahrscheinlich wieder so denken und handeln wie damals.

Mit freundlichen Grüßen

(Egon Bahr)

HELMUT SCHMIDT AN HEINRICH AUGUST WINKLER 26. JUNI 2013

Lieber Herr Winkler,
haben Sie herzlichen Dank für Ihren Brief vom 14. Juni und für beide Anlagen.

Nach meiner seit langem feststehenden Auffassung ist die allgemeine Erklärung der Menschenrechte, angenommen von der UN-Vollversammlung im Dezember 1948, nicht Bestandteil des Völkerrechts geworden. Sie wäre erst dann Bestandteil, wenn eine entsprechende Ergänzung der Charta der UN vorgenommen würde. Aber selbst in diesem Falle würden vielfältige Verstöße gegen das Völkerrecht keine Intervention in einem souveränen Staat rechtfertigen. Dabei bleiben Fälle von Genozid eine offene Frage. Die Übertreibung der responsability to protect ist in meinen Augen eine für den Frieden gefährliche Verirrung.

Aber daß wir beide in dieser Sache verschiedener Meinung sind war Ihnen und mir schon lange bewußt.

Mit besten Grüßen
Ihr

(Helmut Schmidt)

DANK

Zum Schluss möchte ich denen danken, die das Zustandekommen dieses Bandes auf vielfältige Weise gefördert haben: der Humboldt-Universität, die mir seit dem Ausscheiden aus dem Lehramt einen Raum samt technischem Gerät zur Verfügung gestellt hat, dem Deutschen Sparkassen- und Giroverband, dem Stifterverband für die Deutsche Wissenschaft, der Hans Ringier Stiftung, der Alfred Herrhausen Gesellschaft und dem Bankhaus Metzler für die materielle Förderung meiner Arbeit, Friederike Fleschenberg M. A. für die bewährte kontinuierliche Unterstützung bei Recherchen und Textredaktion, Nina Kremer für die administrative Betreuung seitens des Instituts für Geschichtswissenschaften der Humboldt-Universität zu Berlin sowie auf Seiten des Verlages C.H.Beck dem Cheflektor Dr. Detlef Felken, Janna Rösch und Alexander Goller für die auch diesmal wieder großartige Zusammenarbeit.

Gewidmet habe ich auch diesen Band meiner Frau, die an jedem der hier abgedruckten Beiträge durch Rat und Kritik einen höchst aktiven Anteil hat.

Berlin, im Juli 2022 Heinrich August Winkler

ABKÜRZUNGSVERZEICHNIS

ABC-Waffen	Atomare-Biologische-Chemische Waffen
AfD	Alternative für Deutschland
BKP	Bulgarische Kommunistische Partei
BRD	Bundesrepublik Deutschland
B. Z.	Berliner Zeitung
CDU	Christlich Demokratische Union Deutschlands
CSU	Christlich Soziale Union
DDR	Deutsche Demokratische Republik
DM	Deutsche Mark
DVP	Deutsche Volkspartei
ETA	Euskadi ta Askatasuna
EU	Europäische Union
FAZ	Frankfurter Allgemeine Zeitung
FDJ	Freie Deutsche Jugend
FDP	Freie Demokratische Partei
FPÖ	Freiheitliche Partei Österreichs
G7/G8	Gruppe der Sieben/Acht
GAP	Güneydoğu Anadolu Projesi
IRA	Irish Republican Army
KBW	Kommunistischer Bund Westdeutschlands
KPD	Kommunistische Partei Deutschlands
KPdSU	Kommunistische Partei der Sowjetunion
KSZE	Konferenz über Sicherheit und Zusammenarbeit in Europa
MAP	Membership Action Plan
MfS	Ministerium für Staatssicherheit
MSPD	Mehrheitssozialdemokratische Partei Deutschlands
NATO	North Atlantic Treaty Organization
NS	Nationalsozialismus
OSZE	Organisation für Sicherheit und Zusammenarbeit in Europa
PDS	Partei des Demokratischen Sozialismus

PfP	Partnership for Peace
SBK	Struktur- und Berufungskommission
SED	Sozialistische Einheitspartei Deutschlands
SPD	Sozialdemokratische Partei Deutschlands
USA	United States of Amerika
USPD	Unabhängige Sozialdemokratische Partei Deutschlands
WDR	Westdeutscher Rundfunk

ANMERKUNGEN

Die Anmerkungen beschränken sich auf die Angabe von Ort und Datum der Erstveröffentlichung und in einigen Fällen auf wichtige bibliografische Erläuterungen.

I.
Von der postnationalen Demokratie zum postklassischen Nationalstaat

1. Nation ja – Nationalstaat nein. Eine Kritik an Thesen von Günter Gaus und Hans Mommsen

Die Zeit, Nr. 8, 13. 2. 1981.

Das Interview mit Günter Gaus erschien am 30. 1. 1981 in der «Zeit» (Nr. 6) unter der Überschrift «Die Elbe – ein deutscher Strom, nicht Deutschlands Grenze», der Artikel von Hans Mommsen am 6. 2. 1981 in der «Zeit» (Nr. 7) unter dem Titel «Aus Eins mach Zwei. Die Bi-Nationalisierung Rest-Deutschlands».

2. Die Mauer wegdenken. Was die Bundesrepublik für die Demokratisierung der DDR tun kann

Die Zeit, Nr. 33, 11. 8. 1989.

3. Der Staatenbund als Bewährungsprobe. Das erreichbare Maß an Einheit verträgt keinen Aufschub mehr

Süddeutsche Zeitung, 16. 2. 1990.

Dieser Aufsatz ist auch abgedruckt in: Udo Wengst (Hg.), Historiker betrachten Deutschland. Beiträge zum Vereinigungsprozess und zur Hauptstadtdiskussion, Bonn 1992, S. 33–38.

4. Deutschlands zweite Chance. Zur historischen Bedeutung des 3. Oktober 1990

Badische Zeitung, 2. 10. 1990.

Der Beitrag erschien in der Beilage «Das Ende der Teilung» anlässlich der Wiedervereinigung Deutschlands.

5. Hauptstadt Berlin – eine unbequeme Notwendigkeit

Mannheimer Morgen, 14. 5. 1991.

6. Westbindung oder was sonst?
Ein Sammelband verkündet eine schillernde Botschaft

Politische Vierteljahresschrift 35 (1994), Heft 1, S. 113–116.

Besprechung von: Rainer Zitelmann/Karlheinz Weißmann/Michael Grossheim (Hg.), Westbindung. Chancen und Risiken für Deutschland, Frankfurt am Main/Berlin 1993.

Die Zitate von Lothar de Maizière: Interview mit Günter Müchler im Deutschlandradio «Zeitzeugen-Gespräch», am 25. 1. 2007; von Jürgen Habermas: Interview mit Barbara Freitag, in: ders., Die nachholende Revolution. Kleine politische Schriften VII, Frankfurt 1990, S. 99–113 (99).

7. Von der postnationalen Demokratie zum postklassischen Nationalstaat

Merkur. Deutsche Zeitschrift für europäisches Denken 51 (1997), Nr. 575, Heft 2, S. 171–176.

Der Text, ursprünglich ein Vortrag im Goethe-Institut in Rom vom November 1996, erschien im Februar 1997 in: Merkur. Deutsche Zeitschrift für europäisches Denken 51 (1997), Nr. 575, Heft 2, S. 171–176.

Die in dem Beitrag zitierten Texte sind: Karl Dietrich Bracher, Die deutsche Diktatur. Entstehung, Struktur, Folgen des Nationalsozialismus, Köln 1979[6], S. 544; ders., Wolfgang Jäger, Werner Link, Republik im Wandel 1969–1974 (Geschichte der Bundesrepublik Deutschland, Bd. 5/1), Stuttgart 1986, S. 406; Dolf Sternberger, Verfassungspatriotismus (Schriften, Bd. 10), Frankfurt 1990, S. 13–16; ders., Verfassungspatriotismus. Rede bei der 25-Jahr-Feier der Akademie für Politische Bildung (1982), ebd., S. 17–31; Jürgen Habermas, Eine Art Schadensabwicklung, in: «Historikerstreit». Die Dokumentation der Kontroverse um die Einzigartigkeit der nationalsozialistischen Judenvernichtung, München 1987[1], S. 62–76 (75); Heinrich August Winkler, Auf ewig in Hitlers Schatten? Zum Streit über das Geschichtsbild der Deutschen, ebd. S. 256–263, 263; Georg Wilhelm Friedrich Hegel, Grundlinien der Philosophie des Rechts. Sämtliche Werke. Neue kritische Ausgabe Bd. XII, Hamburg 1955, S. 14–17; Hans-Ulrich Wehler, Entsorgung der deutschen Vergangenheit? Ein polemischer Essay zum «Historikerstreit», Berlin 1987; Friedrich Nietzsche, Die fröhliche Wissenschaft, in: ders., Werke in drei Bänden, hg. v. Karl Schlechta, Bd. 2, München 1977, S. 226 f.; Robert Musil, Der Mann ohne Eigenschaften (Gesammelte Werke in Einzelausgaben, hg. v. Adolf Frisé), Hamburg 1952, S. 1122 f.; Günter Grass, Kurze Rede eines Vaterlandslosen Gesellen [1990], in: Tutzinger Blätter. Informationen aus der Evangelischen Akademie Tutzing, Heft 2, 1990, S. 37–39 [38]; ders., Ein weites Feld. Roman, Göttingen 1995, S. 324 f.; Fritz Stern, Die zweite Chance? Deutschland am Anfang und am Ende des Jahrhunderts (1991), in: ders., Verspielte Größe. Essays zur deutschen Geschichte, München 1996, S. 11–36; Friedrich Meinecke, Weltbürgertum und Nationalstaat (Werke, Bd. 7), München 1962 (1. Aufl.: 1907); ders., Die deutsche Katastrophe. Betrachtungen und Erinnerungen (Werke, Bd. 8), Stuttgart 1969, S. 322–445 (1. Aufl.: Wiesbaden 1946). Das Zitat aus den «Xenien»: Deutscher Nationalcharakter, in: Johann Wolfgang von Goethe, Werke, Weimarer Ausgabe, München 1987, Bd. 5, S. 218.

8. Wofür Berlin steht. Die widerspruchsvolle Geschichte der deutschen Hauptstadt

Der Text ist erschienen in: Kurt Biedenkopf, Dirk Reimers, Armin Rolfink (Hg.), Berlin – Was ist uns die Hauptstadt wert? Hg. im Auftrag der Deutschen Nationalstiftung, Opladen 2003, S. 15–24.

Auf die Rolle Berlins und Preußens in der Weimarer Republik gehe ich ausführlicher ein in: Der lange Weg nach Westen, Bd. 1: Deutsche Geschichte vom Ende des Alten Reichs bis zum Untergang der Weimarer Republik, München 2000[1], S. 378 ff.; auf den Hauptstadtstreit nach 1990 in: Bd. 2: Deutsche Geschichte vom «Dritten Reich» bis zur Wiedervereinigung, München 2000[1], S. 606ff; Die Zitate von Bismarck über Berlin im Reichstag, 4. 3. 1881: Ausgewählte Reden des Fürsten von Bismarck, Dritter Band: Reden aus den Jahren 1878–1881, Berlin 1990, ND Paderborn 2015, S. 489; gegenüber Moritz Busch: ders., Tagebuchblätter, Denkwürdigkeiten aus den Jahren 1880–1893, Bd. 3, Leipzig 1899, S. 35 ff.; Zitate von Herzfeld: Berlin als Kaiserstadt und Reichshauptstadt 1871–1945, zuerst erschienen in: Das Hauptstadtproblem in der Geschichte, Festgabe zum 90. Geburtstag Friedrich Meineckes. Jahrbuch für Geschichte des deutschen Ostens. Tübingen 1952, Bd. 1, S. 141–170 (142).

II.
Vom Erbe einer Diktatur

1. Der schöne Schein der Erinnerung. Ein Rektor im Zwielicht: Der Fall Fink

Frankfurter Allgemeine Zeitung, 5. 12. 1991.

2. Erneuerung verlangt Aufarbeitung. Die Geschichtswissenschaft an der Berliner Humboldt-Universität im Umbau

Süddeutsche Zeitung, 22./23. 2. 1992.

Das Zitat von Ruge in: Karl Marx. Die Frühschriften. Hg. v. Siegfried Landshut, Stuttgart 1953, S. 166 f.

3. Der Täter als Opfer.
Otto Köhler, Freiburg und die Humboldt-Universität

Geschichte in Wissenschaft und Unterricht 44 [1993], S. 585–588.

4. Danzig statt Dimitroff.
Berliner Straßennamen als Erinnerungspolitik

Der 1998 verfasste Text, ein Bericht über die Arbeit der Unabhängigen Kommission zur Umbenennung von Straßen in Berlin-Mitte, ist erschienen in: Uwe Lehmann-Brauns (Hg.), Wer ist Berlin?, Berlin 2014, S. 170–183.

5. Nachdenken über Rosa L.
Ein Denkmal als Kampf um die kulturelle Hegemonie

Der im «Tagesspiegel» vom 15. 1. 2002 veröffentlichte Beitrag ist eine leicht verkürzte Version des Textes. Die hier abgedruckte vollständige Fassung ist erschienen in: Arbeit am Mythos Rosa Luxemburg. Braucht Berlin ein neues Denkmal für die ermordete Revolutionärin? Friedrich-Ebert-Stiftung. Historisches Forschungszentrum. Gesprächskreis Geschichte, Heft 44, S. 9–16. Ausführlicher gehe ich auf die Rolle Rosa Luxemburgs ein in: Von der Revolution zur Stabilisierung. Geschichte der Arbeiter und der Arbeiterbewegung, 1918–1924, Bonn 1985[2], S. 114 ff.

III.
Streitfragen der inneren Politik

1. Wohin treibt die SPD?
Die Bundesrepublik braucht eine regierungsfähige Opposition

Die Zeit, Nr. 46, 11. 11. 1983.

Auf den Konflikt in der Weimarer SPD zur Auflösung der Großen Koalition im März 1930 gehe ich ausführlich ein in: Der Schein der Normalität. Geschichte der Arbeiter und der Arbeiterbewegung in der Weimarer Republik, 1924–1930, Bonn 1985[1], S. 736 ff.

2. Gysi, der Sattel und die Kuh.
Die Nachfolgepartei der SED steht vor einem Richtungsdilemma
und ihre Galionsfigur im Bundestag vor der Machtfrage.

Focus, 9. 12. 1996.

3. Separatismus auf Filzlatschen.
Der Marxismus-Leninismus ist tot,
und der Weg nach Europa führt über Berlin

Die Zeit, Nr. 43, 14. 10. 1998.

Die Zitate von Johann von Salisbury in: Joachim Leuschner (Hg.), Das Reich im Mittelalter, Stuttgart 1972[3], S. 20 f.; von Karl Marx in: ders./Friedrich Engels, Die heilige Familie oder Kritik der kritischen Kritik. Gegen Bruno Bauer und Konsorten, in: dies., Werke, Bd. 2, Berlin 1962, S. 3–223 (85); von Joschka Fischer: ders., Risiko Deutschland. Krise und Zukunft der deutschen Politik, Köln 1994, S. 195, 211, 232 f. Zu Jürgen Habermas: ders., Die postnationale Konstellation. Politische Essays, Frankfurt 1998, S. 91–169.

4. Auch geistiges Eigentum verpflichtet.
Plädoyer für nachträgliche Studiengebühren

Berliner Morgenpost, 18. 12. 1997.

5. Die verachtete Republik.
Weimars Schatten über Berlin

Cicero, Februar 2012.

Die Zitate von Kurt Tucholsky und aus der 2. Auflage von Carl Schmitt, Die geistesgeschichtliche Lage des heutigen Parlamentarismus, in: Heinrich August Winkler, Der lange Weg nach Westen, Bd. 1: Deutsche Geschichte vom Ende des Alten Reiches bis zur Wiedervereinigung, München 2000[1], S. 461 ff.; zu Dolf Sternberger: Bd. 2: Vom «Dritten Reich» bis zur Wiedervereinigung, München 2000[1], S. 432 ff. Eine deutsche Ausgabe der «Federalist Papers» ist: Alexander Hamilton, James Madison, John Jay, Die Federalist Papers. Übersetzt, eingeleitet und mit Anmerkungen versehen von Barbara Zehnpfennig, Darmstadt 1993.

6. Mehr Revolution wagen?
Warum die Empfehlung, die SPD solle nach links rücken, in die Irre führt

Die Zeit, Nr. 9, 21. 2. 2019.

Der Aufsatz von Matthias Geis und Bernd Ulrich, auf den mein Beitrag antwortet, ist unter dem Titel «Wacht auf, verdammt!» in der «Zeit» (Nr. 8) vom 19. 2. 2019 erschienen. Das Zitat aus Rosa Luxemburgs Artikel «Die Nationalversammlung» (Rote Fahne, 20. 11. 1918) in: dies., Gesammelte Werke, Bd. 4, Berlin 1974, S. 407–410 (408).

7. Görlitz, Godesberg und die Gegenwart.
Von den Mühen der SPD, eine Volkspartei zu werden und zu bleiben

Frankfurter Allgemeine Zeitung, 13. 9. 2021.

Die Parteiprogramme der SPD u. a. in: Programm der deutschen Sozialdemokratie, Bonn 1995. Zum Görlitzer Parteitag, seiner Vorgeschichte und seiner Resonanz: Heinrich August Winkler, Von der Revolution zur Stabilisierung. Arbeiter und Arbeiterbewegung in der Weimarer Republik 1918 bis 1924, Berlin/Bonn 1985[2], S. 434ff; Susanne Miller, Die Bürde der Macht. Die deutsche Sozialdemokratie 1918–1920, Düsseldorf 1978 (Zitat: S. 442). Zu den Reaktionen des Handwerks: Heinrich August Winkler, Mittelstand, Demokratie und Nationalsozialismus. Die politische Entwicklung von Handwerk und Kleinhandel in der Weimarer Republik, Köln 1972, S. 124–128. Zum Begriff «nivellierte Mittelstandsgesellschaft»: Helmut Schelsky, Gesellschaftlicher Wandel, in: Offene Welt, Nr. 41, 1956, S. 62–74. Zu den sozialmoralischen Milieus: M. Rainer Lepsius, Extremer Nationalismus. Strukturbedingungen vor der nationalsozialistischen Machtergreifung, Stuttgart 1966. Zur Krise der Volksparteien: Oskar Niedermayer, Die Erosion der Volksparteien, in: Zeitschrift für Politik, Neue Folge 57 (2010), S. 265–277. Zu Fritz René Allemann: ders., Bonn ist nicht Weimar, Köln 1956.

IV.
Wege und Irrwege der europäischen Einigung

1. Weltmacht durch Überdehnung?
Plädoyer für europäischen Realismus

Merkur. Deutsche Zeitschrift für europäisches Denken, Nr. 681, Januar 2006.

Mein erster Beitrag zur Debatte über einen türkischen EU-Beitritt, «Grenzen der Erweiterung. Plädoyer für eine privilegierte Partnerschaft mit der Türkei» ist unter der redaktionellen Überschrift «Wir erweitern uns zu Tode» in Nr. 46 der «Zeit» vom 7. 11. 2002 erschienen und in meinem Aufsatzband «Zerreißproben. Deutschland, Europa und der Westen. Interventionen 1990–2015», München 2015, S. 130–134 wieder abgedruckt. Den Begriff «posthume Adenauersche Linke» habe ich erstmals in dem Rezensionsaufsatz «Wollte Adenauer die Wiedervereinigung?» (Die «Zeit», Nr. 41, 7. 10. 1988), wieder abgedruckt in: Heinrich August Winkler, Deutungskämpfe. Der Streit um die deutsche Geschichte, München 2020[1], S. 136–145 [141]), benutzt. Grundsätzlich zum Problem der räumlichen Überdehnung («imperial overstretch»): Paul Kennedy, The Rise and Fall of the Great Powers. Economic Change and Military Conflict from 1500 to 2000, New York

1987[I], S. 515. Die Zitate von Stourzh: ders., Statt eines Vorworts: Europa, aber wo liegt es?, in: ders. (Hg.), Annäherung an eine europäische Geschichtsschreibung, Wien 2002, S. XI; von Habermas: ders., Eine Art Schadensabwicklung, in: «Historikerstreit». Die Kontroverse um die Einzigartigkeit der nationalsozialistischen Judenvernichtung, München 1987[I], S. 62–75 (75); von Weber: ders., Wirtschaft und Gesellschaft. Studienausgabe, 1. Halbbd., S. 23 (1. Teil, 1. Kap., § 5), 157 (1. Teil, 3. Kap., § 1).

2. Vom Staatenverbund zur Föderation.
Zur Krise des europäischen Einigungsprozesses

Frankfurter Allgemeine Zeitung, 13. 6. 2012.

Die in der Vorbemerkung erwähnten Analysen von Dieter Grimm liegen gesammelt vor in: ders., Europa ja – aber welches? Zur Verfassung der europäischen Demokratie, München 2016. Die Zitate von Fischer: ders., Vom Staatenbund zur Föderation. Rede vom 12. Mai 2000 in der Humboldt-Universität zu Berlin, in: Christian Joerges/Yves Mény/Joseph H. H. Weiler (eds.), What kind of constitution for what kind of policy? Responses to Joschka Fischer, San Domenico 2000, S. 5–17 (11); von Delors: Jaques Delors critique la stratégie de l'élargissement de l'Union, in: Le Monde, 9. 1. 2000; von Grimm: ders., Braucht Europa eine Verfassung?, in: ders. (Hg.), Die Verfassung und die Politik, München 2001, S. 215–254 (254); von Bogdandy: ders., Supranationaler Föderalismus als Wirklichkeit und Idee einer neuen Herrschaftsform. Zur Gestalt der Europäischen Union nach Amsterdam, Baden-Baden 1999; von de Gaulle: ders., Discours et messages. Après le renouveau mai 1958 – juillet 1962, Paris 1970, S. 401–407; von Habermas: ders., Die Krise der Europäischen Union im Lichte einer Konstitutionalisierung des Völkerrechts, in: ders., Zur Verfassung Europas. Ein Essay, Berlin 2011, S. 39–96 (48 ff., 67); von Marx: ders., Der achtzehnte Brumaire des Louis Bonaparte, in ders./Friedrich Engels, Werke, Bd. 8, Berlin 1960, S. 11–207 (204); von Merkel: Europa ist unser Glück, in: Süddeutsche Zeitung, 26. 1. 2012; von Reding: Mit einer Vision aus der Krise finden, in: Frankfurter Allgemeine Zeitung, 9. 3. 2012; von Sikorsky: Deutschland muss stärker führen, in: Die Welt, 30. 11. 2011.

3. Europas falsche Freunde.
Wer die Nationen abschaffen will, fördert die Nationalisten

Der Spiegel, Nr. 41, 21. 10. 2017.

Das erste angebliche Zitat von Walter Hallstein nach: Ulrike Guérot und Robert Menasse, Es lebe die europäische Republik, in: Frankfurter Allgemeine Sonntagszeitung, 24. 3. 2013; das zweite in: Robert Menasse, Heimat ist die schönste Utopie. Reden (wir) über Europa, Berlin 2014, S. 144; das dritte in: ders. Kurze Geschichte der europäischen Zukunft oder warum wir erringen müssen, was wir geerbt: Das Europa der Regionen, in: http://www.eurozine.com/kurze-geschichteder-europäischen-zukunft/. Die Zitate von Robert Menasse nach: ders., Heimat, S. 80, sowie ders., Der europäische Landbote. Die Wut der Bürger und der Friede Europas oder Warum die geschenkte Demokratie einer erkämpften weichen muss, Wien 2012, S. 98, 105. Das Zitat von Ulrike Guérot aus: ders, Warum Europa eine Republik werden muss! Eine politische Utopie, Bonn 2016, S. 160. Jakob Augsteins Essay erschien unter dem Titel «Vive la Sezession» in: Der Spiegel, Nr. 42, 14. 10. 2017. Die Zitate von Walter Hallstein aus ders., Europäische Reden. Hg. von Thomas Oppermann, Stuttgart 1979, S. 49, 488–496.

4. Die Legende von der europäischen Souveränität. Warum Macron in Deutschland missverstanden wird

Frankfurter Allgemeine Zeitung, 21. 10. 2021. © Alle Rechte vorbehalten. Frankfurter Allgemeine Zeitung GmbH, Frankfurt. Zur Verfügung gestellt vom Frankfurter Allgemeine Archiv.

Die Zitate von Merkel (2021) und Scholz in: Deutscher Bundestag, 19. Wahlperiode, 236. Sitzung, 24. 6. 2021, S. 30538, 30540; von Laschet im Interview mit Focus Online, 23. 9. 2021; Baerbock im «Triell» der Kanzlerkandidaten bei ARD und ZDF, 23. 9. 2021; von Macron: Elysée. Interview d'Emmanuel Macron pour une Europe souveraine, unie et démocratique, Paris, 26 septembre 2017; Elysée. Interview du Président Emmanuel Macron à la revu «Le Grand Continent», 12. 11. 2020; von Annegret Kramp-Karrenbauer, in Politico, 2. 11. 2020; von Grimm: Die Ursachen des europäischen Demokratiedefizits werden an der falschen Stelle gesucht, in: ders., Europa ja – aber welches? Zur Verfassung der europäischen Demokratie, München 2016, S. 121–131 (130); von Hillgruber, Souveränität – Verteidigung eines Rechtsbegriffs, in: JuristenZeitung 57 (2002), Nr. 22 (15. 11.), S. 1072–1080 (1077); von Bracher, in: ders., Die deutsche Diktatur. Entstehung, Struktur, Folgen des Nationalsozialismus, Köln 1979[6], S. 544; von Timmermans: «National, soweit wie möglich, europäisch, soweit wie nötig», in: FAZ, 4. 7. 2013; von Merkel 2013, in: Interview mit Phoenix und Deutschlandfunk, in: Presse- und Informationsamt der Bundesregierung. Medien-Monitoring, Presse/TV/Hörfunk, 13. 8. 2013.

5. Warnung vor deutschem Wunschdenken: Ein niederländisches Plädoyer für europäischen Realismus

Die Zeit, Nr. 17, 21. 4. 2022

Besprechung von René Cuperus, 7 Mythen über Europa. Plädoyer für ein vorsichtiges Europa, Bonn 2021. Zu Timmermans siehe den vorhergehenden Beitrag.

V.
Moral versus Interesse

1. Die Stunde der Vereinfacher. Einheit der Gegensätze: Was rechte und linke Populisten verbindet

Die Zeit, Nr. 6, 5. 2. 2015.

Zum frühen Populismus in den USA: John D. Hicks, The Populist Revolt. A History of the Farmers' Alliance and the People's Party (1931[1]), Minneapolis 1953[2], S. 205 ff. Die Zitate von Marx: ders., Der achtzehnte Brumaire des Louis Bonaparte, in: ders./Friedrich Engels, Werke, Bd. 8, Berlin 1960, S. 11–207 (204); von Dahrendorf: ders., Über Populismus. Acht Anmerkungen, in: ders., Die Wiederkehr der Geschichte. Vom Fall der Mauer zum Krieg im Irak. Reden und Aufsätze, München 2004, S. 314–320 (318); von Fraenkel: ders., Die repräsentative und die plebiszitäre Komponente im demokratischen Verfassungsstaat (1958), in: ders., Deutschland und die westlichen Demokratien, Stuttgart 1964[1], S. 71–109 (105); von Croach: ders., Postdemokratie (engl. Orig.: Cambridge 2008), Frankfurt 2008.

2. Wer hat die Deutschen zu Richtern der Nationen bestellt?

Süddeutsche Zeitung, 22. 12. 2015.

Die Zitate von Joas: Hans Joas, Mich schaudert das Tremolo in den Europareden (Interview), in: Frankfurter Allgemeine Zeitung, 6. 10. 2012; von Johann von Salisbury: Joachim Leuschner (Hg.), Das Reich des Mittelalters, Stuttgart 1972[3], S. 20 f. Zu Plessner: ders., Die verspätete Nation. Über die politische Verführbarkeit bürgerlichen Geistes (1. Aufl. unter dem Titel: Das Schicksal bürgerlichen Geistes im Ausgang seiner bürgerlichen Epoche, Zürich 1935), Stuttgart 1959. Ein erster Artikel von mir zur Migrationskrise ist unter dem Titel «Das Undenkbare denken» am 28. 9. 2015 in der «Frankfurter Allgemeinen Zeitung» erschienen.

3. Es gibt kein deutsches Moralmonopol.

Die Zeit, Nr. 18, 21. 4. 2016.

Die Zitate von Cuperus, Dröge, Blüm: Heinrich August Winkler, Zerbricht der Westen? Über die gegenwärtige Krise in Europa und Amerika, München 2017[1], S. 121 ff.; von Lafontaine: ebd. S. 23; von Kundnani: Hans Kundnani: German Power. Das Paradox der deutschen Stärken (engl. Original: Oxford 2015), München 2016, S. 181; von Marx: ders., Zur Kritik an der Hegelschen Rechtsphilosophie, Einleitung, in: ders./Friedrich Engels, Werke, Berlin 1959, Bd. 1, S. 278–391 (391). Zu Webers Unterscheidung: ders., Politik als Beruf, in: ders., Gesammelte politische Schriften. Neu herausgegeben von Johannes Winckelmann, Tübingen 1958[2], S. 493–548 (539 f.). Zu Münkler u. a.: Wie ahnungslos kluge Leute doch sein können (Interview), in: Die Zeit, Nr. 7, 11. 2. 2016.

4. Rohr des Anstoßes. Die SPD, Russland und Europa.

Leicht gekürzt in: Die Zeit, Nr. 44, 22. 10. 2020.

Die Zitate von Marx (1844/45): Karl Marx/Friedrich Engels, Die heilige Familie oder Kritik der kritischen Kritik. Gegen Bruno Bauer und Konsorten, in: dies., Werke, Bd. 2, Berlin 1962, S. 3–223 (85); von Bismarck (9. 11. 1876), in: Die Große Politik der Europäischen Kabinette 1871–1914, hg. v. Johannes Lepsius u. a., Berlin 1922, Bd. 2, S. 88; von Lassalle: Hermann Oncken, Lassalle. Zwischen Marx und Bismarck (1904[1]), Stuttgart 1965[6], S. 217; von Weil: Weils Woche. Homepage des niedersächsischen Ministerpräsidenten Stefan Weil, 7. 9. 2020; von Mützenich: «Ich weiß nicht, wo sich Sigmar Gabriel hinbewegt hat. Aber die Sozialdemokratie steht mitten im Leben», in: Neue Zürcher Zeitung, 23. 9. 2020; von Walter-Borjans: Bundesparteitag [der SPD], 6. 12. 2019, City Cube Berlin; von Bahr: Sebastian Riemer, Egon Bahr schockt die Schüler: «Es kann Kriege geben», in: Rhein-Neckar-Zeitung (Heidelberg), 4. 12. 2013; Egon Bahr, Was wird aus den Deutschen? Fragen und Antworten, Reinbek 1982, S. 22 f. Zum gleichen Thema siehe auch den im Anhang abgedruckten Brief Bahrs vom 21. 5. 2001 an den Autor. Ebenfalls im Anhang abgedruckt ist ein Brief Helmut Schmidts vom 26. 6. 2013, in dem es um das Thema Außenpolitik und Menschenrechte geht. Schmidt bezieht sich darin auf den Vortrag «Macht, Moral und Menschenrechte», den ich einige Tage zuvor bei der Deutschen Gesellschaft für Auswärtige Politik gehalten hatte. Er ist abgedruckt in: Internationale Politik 68 (2013), Nr. 4 (Juli/August), S. 116–127, sowie in meinem Aufsatzband «Zerreißproben. Deutschland, Europa und der Westen. Interventionen 1990–2015», München 2015, S. 65–78. Eine gekürzte Fassung erschien unter dem Titel «Das Beste vom Westen» in der «Zeit», Nr. 26, 30. 3. 2013.

5. Der falsche Charme der Schaukelpolitik.
Ein Beitrag zur Geschichte der deutsch-russischen Beziehungen

Frankfurter Allgemeine Zeitung, 7. 2. 2022.

Die Zitate und paraphrasierten Äußerungen von Wirth: Martin Walsdorff, Westorientierung und Ostpolitik. Stresemanns Russland-Politik in der Locarno-Ära, Bremen 1971, S. 31; von Seeckt: Theodor Schieder, Die Probleme des Rapallo-Vertrags. Eine Studie über die deutsch-russischen Beziehungen von 1922–1926, Köln 1956, S. 24; von Bahr 1963: Egon Bahr, Zu meiner Zeit, München 1996, S. 152 ff. Der Begriff «zweite Phase der Ostpolitik» stammt von Karsten D. Voigt, Schrittweiser Ausstieg aus dem Rüstungswettkauf. Nach dem Berliner Parteitag, in: Neue Gesellschaft/Frankfurter Hefte 31 (1984), S. 47–51 (48). Zum Projekt eines geheimen «back channel» zwischen SPD und KPdSU: Willy Brandt, Gemeinsame Sicherheit, Internationale Beziehungen und deutsche Frage 1982–1992, bearb. von Uwe Mai, Bernd Rother u. Wolfgang Schmidt. Berliner Ausgabe, Bd. 10, Bonn 2009, S. 59 ff. (mit Einzelbelegen). Zu Bahr 1981/82: Egon Bahr, Was wird aus den Deutschen? Fragen und Antworten, Reinbek 1982, S. 22 f. Zu Kühnert: Reinhard Veser, Gefährliche Liebe zur Röhre, in: Frankfurter Allgemeine Zeitung, 14. 1. 2022. Zu Schönbach: Mike Szymanski, Sätze, die eine Karriere kosten. Der Marinechef sagt, die Krim sei verloren – und verliert seinen Job, in: Süddeutsche Zeitung, 24. 1. 2022. Zu Schröder: Daniel Brössler, Eine Frage der Linie, in: Süddeutsche Zeitung, 31. 1. 2022. Zu Söder: «Russland ist kein Feind Europas» (Interview mit Timo Frasch und Konrad Schuller), in: Frankfurter Allgemeine Sonntagszeitung, 21. 1. 2022; zu Scholz: «Ich wünsche mir die Mehrheit in jeder Hinsicht» (Interview mit Daniel Brössler und Cerstin Gammelin), in: Süddeutsche Zeitung, 24. 1. 2022; Deutscher Bundestag. Stenografischer Bericht, 20. Wahlperiode. 8. Sitzung, 15. 12. 2021, S. 349.

6. Was Putin mit Hitler verbindet.
Der Ultranationalismus als letztes Stadium des Kommunismus

Leicht gekürzt in: Die Zeit, Nr. 11, 10. 3. 2022

Die Zitate von Hitler in: Max Domarus, Hitler. Reden und Proklamationen 1932–1945, München 1965, Bd. I/2, S. 923–932 (Sportpalastrede, 26. 9. 1938), S. 903–906 (Parteitagsrede vom 12. 9. 1938), Bd. II/1, S. 1173 (Reichstagsrede vom 23. 4. 1939); von Putin: Douglas Busvine, Putin calls on Ukraine military to overthrow government, Politico magazine, February 25, 2022; Vladimir Putin, Über die historische Einheit der Russen und der Ukraine, in: Osteuropa 71 (2021), Heft 7, S. 51–66 (Zitate: 57, 65); von Andreas Kappeler in: ders., Revisionismus und Drohungen in Vladimir Putins Text zur Einheit von Russen und Ukrainern, ebd. S. 67–76 (75). Zu W. I. Lenin: ders., Der Imperialismus als höchstes Stadium des Kapitalismus, in: ders., Werke, Bd. 62, Berlin 1960, S. 189–309; zu Carl Schmitt: ders., Völkerrechtliche Großraumordnung mit Interventionsverbot für raumfremde Mächte, Berlin 1939[1], bes. S. 71–87; zu Horaz: ders., Episteln I, 1, 74. Zu den Äußerungen von Genscher und Baker von Januar und Februar 1990 u. a.: Heinrich August Winkler, Geschichte des Westens, Bd. 3: Vom Kalten Krieg zum Mauerfall, München 2014[1], S. 1028 f. Zum Bukarester NATO-Gipfel vom April 2008: ders., Geschichte des Westens, Bd. 4. Die Zeit der Gegenwart, München 2015[1], S. 301 f. Der vorliegende Text ist eine leicht überarbeitete Fassung der Erstveröffentlichung.

7. Die Legende von der versäumten Chance.
Putin, die Osterweiterung der NATO und die Ukraine

Erschienen in: Internationale Politik 77 (2022), Nr. 4 (Juli/August), S. 106–113.

Die Zitate von Angelo Bolaffi: Intervista a Angelo Bolaffi: Le Bombe? Risposta Russa alla caduta del Muro, in: Il Reformista, 12. 4. 2022; von Putin: Annual Address to the Federal Assembly of the Russian Federation. April 25, 2005. The Kremlin, Moscow. President Vladimir Putin. http://en.kremlin.ru/events/president/transcripts/22931; von Mary Elise Sarotte: «Not One Inch». America, Russia and the Making of Post-Cold War Stalemate. Yale University Press, New Haven and London 2021, S. 137, 187; von Viktor Jerofejew: ders., Atombombe am Ende des Tunnels, in: Die Zeit, Nr. 17, 21. 4. 2022; von George F. Kennan, A Fateful Error, in: New York Times, 5. 2. 1997; von Strobe Talbott, ders., Why NATO should grow?, in: New York Review of Books, 10. 8. 1995; von Richard T. Davies, Should NATO grow? A dissent, ebd., 21. 9. 1995; zur Renaissance von slawophilem und antiwestlichem Denken im Russland Jelzins: Jutta Scherrer, Requiem für den Roten Oktober. Russlands Intelligenzija im Umbruch 1986–1996, Leipzig 1997, S. 52 ff., sowie mit weiterer Lit.: Heinrich August Winkler, Geschichte des Westens, Bd. 4: Die Zeit der Gegenwart, München 2016[3], S. 101 ff.

8. Welche Zukunft hat der Westen?
Zur Krise einer politischen Kultur

Erschienen in: Frank-Walter Steinmeier (Hg.), Zur Zukunft der Demokratie. 36 Perspektiven, München 2022, S. 37–45, unter dem Titel: Das unvollendete Projekt. Bemerkungen zur Krise der politischen Kultur des Westens.

Das Zitat von Friedrich Schlegel: ders., Fragmente, in: Athenäum. Eine Zeitschrift von August Wilhelm Schlegel und Friedrich Schlegel. Ersten Bandes Zweytes Stück, Berlin 1798, S. 80. Der Begriff «unipolarer Moment» bei: Charles Krauthammer, The Unipolar Moment, in: Foreign Affairs 70 (1990/91), No. 1, S. 23–33.

Anhang

Helmut Schmidt an Heinrich August Winkler, 22. November 1983.
Egon Bahr an Heinrich August Winkler, 21. Mai 2001.
Helmut Schmidt an Heinrich August Winkler, 26. Juni 2013.

PERSONENREGISTER